여자Life스쿨

Prologue '방황' 해야 삶의 '방향' 을 찾을 수 있다 8

Class 1 자아 찾기

- '나' 를 안다는 것 18
- 수면 아래에서 잠자고 있는 달란트를 찾아 26
- 흔적 없이 사라진 자신감 '팔팔' 하게 회복하기 34
- 여자에게 일이란 무엇인가 39

Class 2 커리어 코칭

- 종이 위에 '나' 를 녹여낸다는 것 : 기본형 자기소개서의 미학 48
- 길고 복잡한 에세이형 자기소개서, 잘 쓰는 요령 따로 있다 59
- 대학생을 위한 스마트 경력 설계 66
- 애사심도 스펙이다 76
- 함께 어울리는 사람을 보면 커리어 스타일이 보인다 81
- 잘나가는 커리어 우먼을 통해 배우는 경력 설계 87
- 현실과 이상의 간극이 큰 그대에게 97
- 경력 3년 차, 성공적인 이직을 위한 스마트 가이드 106
- 줄줄 새는 시간도둑, 목표 설정 방망이로 때려잡기 117

Class 3 자기 계발 교양 강좌

- 글쓰기 '좋아요' 댓글 많이 달리는 인기 SNS 스타 노하우 128
- 말하기 '나만의 스토리텔링' 으로 PR 포인트 만들기 134
- 책읽기 여자, 인문학에 눈뜨다 139
- 떠나기 미국으로 유학 가기 전에 알아야 할 7가지 150
- 처세술 1 밉보이지 않게 부탁하는 법 159
- 처세술 2 똑똑한 뒷담화만큼 전략적인 정치 기술은 없다 165

Class 4 일상 속 힐링 체험

- 생산적인 수다와 한심한 폭풍 수다, 그 경계에서 174
- 아픈 마음 가만히 바라보기 179
- 페이스북, 트위터, 카카오톡, 일주일 미루고 생활하기 185
- 땅을 치고 싶은 후회, 사뿐하게 이겨내기 190
- 미쳐버리기 직전 스트레스 다독이기 196
  : 스트레스 해소법이 딱히 없는 당신을 위한 추천 스트레스 해소법

Step 1 여자가 사랑하기 전에 알아야 할 것들

- **남자 편** 남자와 여자의 사랑 전개방식에는 차이가 있다 206
- **여자 편** 남자와 여자의 사랑 전개방식에는 차이가 있다 211
- 사랑에 빠지는 아주 특별한 원칙 215
- 알랭 드 보통 식 연애 & 사랑 스터디 220
- 다 죽어가는 연애감 살리는 필살기 225

Step 2 만남

- 가장 경계해야 할 것, 그 죽일 놈의 '필링(feeling)' 234
- 스펙 좋은 남자를 사랑할 때 감수해야 하는 것들 239
- 지극히 평범한 그녀가 연애를 잘하는 이유 244
- 연애 초기, 그의 유년기를 공략하라 250
- 결혼할 남자에게 꼭 확인해봐야 할 것들 256

Step 3 전략

- 나에게 반만 반한 남자 제대로 찔러보기 264
- '밀당', 유형별 승리 노하우 268
- 소개팅 남의 알쏭달쏭한 문자, 이렇게 대처하라 278
- 에로틱한 대화, 섹스 타이밍은 언제? 285
- 안정적인 장기 연애로 접어들고 싶을 때 꼭 시도해야 할 것들 292
- 빠져나올 수 없게 만드는 섹시한 대화의 기술 297
- 오래오래 사랑하며 행복하게 304

Step 4 이별

- 이제는 헤어져야 할 때 : 이별을 알리는 신호들 312
- 이별 관찰, '우리는 왜 사랑했을까?' 319
- 이별의 슬픔, 셀프 테라피로 '다독다독' 326
- 그가 남긴 이별 사유의 진짜 의미 바로 알기 333
- 지지부진한 이별 똑똑하게 끊어내기 340

Prologue

'방황'해야 삶의 '방향'을 찾을 수 있다

사람이 온다는 건 실은 어마어마한 일이다.
그는 그의 과거와 현재와
그리고
그의 미래와 함께 오기 때문이다.
한 사람의 일생이 오기 때문이다.
__정현종의 시 〈방문객〉 중에서

"도대체 어떤 직업을 선택해야 할지 아직도 모르겠어요. 마음이 자꾸 바뀌거든요. 영화나 TV 드라마를 볼 때마다 바뀌고, 선배나 친구들에게서 자신들이 하고 싶은 일에 대한 소개나 정보를 들을 때도 자꾸 귀가 팔랑거려요. 저처럼 하고 싶은 일이 수시로 바뀌는 게 정상인가요?"

조금 더 치열하게 싸우고 높이 비상할 것을 권하는 약육강식의 사회는 점점 더 '치열한 꿈'을 강요한다. 비록 지금 당장은 초라하지만 언젠가 반짝반짝 빛날 수 있는 꿈, 현재보다 더 근사하고 멋진 내가 되는 꿈, 다른 사람들처럼 제법 괜찮은 삶을 살아갈 수 있는 꿈, 그리고 가슴 떨리는 삶을 살, 그런 꿈을 어서 꾸라고 말이다.

정신까지 몽롱해지는 반복되는 꿈 주문을 듣고 있노라면 인생의 뚜렷한 목표 하나, 어울리는 직업 하나, 가고자 하는 명확한 길 하나도 빨리 결정하지 못한 스스로가 한없이 초라해 보인다. 하지만 사실 그 꿈이란 녀석은 절대 쉽게 만질 수도 찾을 수도 없다. 꿈은 오랜 방황을 통해 비로소 방향을 찾을 수 있는 복잡하고 어려운 대상인 까닭이다. 어딘가에 꼭꼭 숨어 인내심의 한계를 시험했다가 어느 순간 고개를 내미는 것이 바로 꿈이다.

부푼 기대감으로 첫발을 내딛은 첫 직장에서 맵디매운 눈물을 한참 흘린 뒤에야, 있는 돈 없는 돈 끌어다 사업을 벌였지만 작은 수확조차 거두지 못한 후에야, 꿈에 그리던 신의 직장에 들어갔건만 알 수 없는 허기를 느끼고 나서야 비로소 어떤 일을 하고 싶은지 어렴풋이 감을 잡는 비극이

일어나기도 한다.

　유명 아나운서에서 소설가로 변신한 손미나 씨. 그녀는 한창 전성기를 달리던 무렵, 어렵사리 들어간 방송국 문을 박차고 나와 오지로 떠났다. 하루 24시간이 부족하리만큼 바쁘게 살았지만, 정작 스스로에게 '행복하니?' 라고 물었을 때 답을 할 수 없어 긴 방황의 여정을 기꺼이 선택했다.

　많은 사람들을 만나 이야기를 나누고 대중에게 정보와 웃음을 선사하는 직업이 천직이라고 믿었는데, 이토록 허기와 갈증이 나리라고 상상하지 못했다. 그녀는 자신에게 더 잘 어울리는 일, 자신이 누구인지 명확하게 정의할 수 있는 일, 이만하면 됐다 하는데도 더 욕심을 내어 잘하고 싶은 일을 찾아 떠났고, 현재 여행 작가라는 타이틀을 거쳐 '소설가 손미나' 라는 새 이름표를 달고 살아가고 있다.

　삼십 대 중반에 조금 더 어울리는 기회를 스스로에게 선사한 그녀는 참 운이 좋다. 한평생을 바친 뒤에야 비로소 '이것이 내 꿈이었구나!' 싶은 일을 찾은 이들도 적지 않으므로.

　프랑스 작가 베르나르 뒤 부슈롱. 그는 국립행정학교를 졸업한 후 20년 동안 항공 분야에서 책임자로 일했고, 이후에는 에너지 기업에서 석유

및 석탄 제품 구입과 판매 책임자 등을 맡아 일했다. 조직에 매여 정해진 월급을 받으며 예측 가능한 반복되는 일상을 사는 것이 자신에게 가장 어울리는 일이라고 믿었다. 그러던 그가 무려 일흔여섯 살에 생애 첫 소설인 『짧은 뱀』을 발표했다. 이 작품은 당시 프랑스 최고 문학상인 아카데미 프랑세즈 상을 수상하기도 했다. 남몰래 가슴속에 소심하고도 부끄럽게 그러나 강렬하게 품어온 꿈이 완성된 순간이었다.

어디로 가야 목적지가 나올지 고민하며 걷다 넘어지고 일어나 봐야 조금씩 형체를 드러내는 꿈. 어쩌면 청춘은 애초부터 꿈을 꾸는 시기가 아닐지도 모른다. 꿈을 꾸기보다 자신에게 어울리는 꿈을 찾기 위해 탐색하고 방황해야 하는 시기가 아닐까.

그럼에도 나는 잡힐 듯 말 듯 꿈틀거리기만 하는 꿈이 당신 앞에 툭 하고 떨어지기를 소망하며 이 책을 썼다. 과연 이것이 젊은 여성들에게 맞는 조언이고 답인가 싶어 몇 날 며칠을 씨름하며 한 줄을 겨우 쓴 날도 있고, 이것만큼은 꼭 전해주고 싶다는 흥분으로 손가락이 춤추듯 키보드를 눌러댄 날도 있다. 전작인 『여자 Life 사전』보다 더 구체적이고 실용적이고 사실적이면서도 따뜻한 이야기를 담아내기 위해 토막 잠을 자며 씨름했다. 아

마도 이 한마디를 듣고 싶은 욕심 탓이었을 게다.

"고마워요, 언니!"

『여자 Life 사전』을 출간하고 참 많은 사랑과 관심을 받았다. 스물아홉 살에 여전히 어떤 일을 직업으로 삼아야 할지 몰라 방황 중이라는 독자의 한탄이 담긴 메일을 받아보기도 했고, 이제 막 취업을 했지만 앞으로 커리어우먼으로 성장하기 위해 어떤 노력을 해야 할지 막막하다는 워킹우먼의 사연과, 번번이 실패하는 연애에 자존감이 흔들린다는 울음 섞인 SNS 메시지도 받았다. 아! 독자를 가장해 작업을 걸어온, 기분 좋은 젊은 남자의 전화도 있었다.

이 책 『여자 Life 스쿨』은 그 사연들에 대한 애정으로 탄생했다. 함께 바라보고 고민하는 시간 속에서 어제보다 오늘이 더 멋진 'better me', 아니 'better us'가 되기를 바라며 여자들을 위한 '인생학교' 콘셉트의 글을 쓰고 마음을 담았다. 절실하게 필요하지만 아무도 알려주지 않았던 지식과 지혜로 가득한 인생학교!

사회에 나온 지 10년이 훌쩍 지난 지금, 서른 중반을 아쉽게 넘겨버린 요즘 나는 예전보다 조금은 덜 흔들리고 조금 덜 방황하며 조금 더 행복하

게 살아가는 방법을 알게 되었다. 그 기분 좋은 깨달음의 고소한 냄새가 날아가기 전에 그대에게 배달하고자 한다. 언젠가 한 번쯤 꼭 만나고 싶은 당신과 함께 여자의 인생을, 꿈을, 사랑을 이야기하며 오직 여자들만을 위한 이곳, 『여자 Life 스쿨』에서.

Class 1 — 자아 찾기

Class 2 — 커리어 코칭

Class 3 — 자기 계발 교양 강좌

Class 4 — 일상 속 힐링 체험

Class
1

자아 찾기

WHO AM I?

'나'를 안다는 것

우리 삶의 책임이 세상에 있다고 말하지 말자.
세상은 우리에게 아무런 책임이 없다.
우리가 있기 전에 세상이 먼저 있었다.
__마크 트웨인

"자신의 성격 중 장단점에 대해 설명해주세요."
"제 성격의 장점은 어떤 상황에서도 긍정적이라는 점이고요, 단점은, 단점은……."

나는 종종 모의 면접관으로 참여해 취업 준비생들의 면접을 코칭한다. 그때마다 느끼는 것은 '자신을 안다는 것이 이렇게 낯설고 힘든 일이구나!' 하는 것이다. 스무 해를 넘게 살아왔는데도 자신의 성격 중 장점과 단점 하나조차 명확하게 설명하기 힘들다니, 그들이 실망스럽다가도 어쩌면 당연한 현상이 아닐까 하는 생각이 들었다.

불현듯 누군가 서른 중반이 된 내게 가장 '나다움'을 잘 피력할 수 있는 자기소개를 해보라고 한다면, 과연 어떤 문장과 단어들로 나를 표현할 수

있을까?

　잠시 고민해본 결과, 대답이 영 신통치 않았다.

　"여성지 취재 기자로 6년간 근무하면서 페미니즘에 눈을 뜨게 되었고, 이를 발판으로 커리어와 연애 등의 영역에서 여성이 더욱 주체적으로 살아갈 수 있는 방법에 대한 교육 프로그램을 개발하고 운영하는 일에 관심을 갖게 되었습니다. 현재 '여자 라이프 스쿨' 대표를 맡아 여성의 인생 교육 프로그램을 운영하고 있습니다. 혼자 있는 시간을 좋아하고, 특히 머릿속에 떠다니는 생각들을 글로 풀어내는 일을 무척이나 소중하게 생각합니다."

　대충 이런 식의 소개가 떠올랐다. 그런데 과거에 해왔던 일, 현재 하고 있는 일, 흥미를 가지고 앞으로 더 노력하고자 하는 일을 담은 이 소개 내용이 과연 30년 이상을 살아온 나를 충분히 설명하는 걸까? 대체 왜 여성지 취재 기자라는 직업에 관심을 가지게 된 것인지, 하필이면 왜 커리어와 연애에 애정을 쏟게 된 것인지, '여자 라이프 스쿨'이라는 비즈니스 모델은 언제부터 생각하게 된 것인지, 그런 연결고리가 생략된 채 현재의 나를 소개하기란 불가능하다.

　사건의 인과 관계를 파악해야 그 사람의 선택과 행동에 더 공감할 수 있듯이, 내가 살아온 인생의 기승전결을 면밀히 살펴보아야 '나'라는 사람이 지닌 정체성의 비밀을 풀어낼 수 있다. 쉽게 말하면, '나'를 안다는 것은 삶의 맥락을 이해한다는 말과 가장 유사하다. '지금의 나'라는 존재에 영향을 준 과거와의 유기적 관계를 파악하고, 그 시간과 경험들이 어떤 유의미한 작용을 하는지 총체적으로 바라볼 수 있어야 한다.

　어쩌면 자아 탐색의 시작은 과거에서 현재 그리고 미래를 잇는 보이지 않는 끈을 찾아 떠나는 지루한 여정일지 모른다. 시간에 묻혀 역사 속에 켜켜이 숨어 있는 이야기들을 재조명하는 작업을 통해 여전히 베일 속에 감춰져 있는 '나'라는 사람의 기질, 적성, 흥미, 가치관 등을 발견해나가는 것이 바로 과거로의 시간 여행이 필요한 진짜 까닭인 셈이다. 우리의 과거 속에는 생각보다 많은 미래에 대한 단서와 현재를 설명할 증거들이 꿈틀거리고 있을지 모르니 말이다.

자! 이제 '나를 찾는 과거로의 시간 여행'을 함께 떠나볼까?

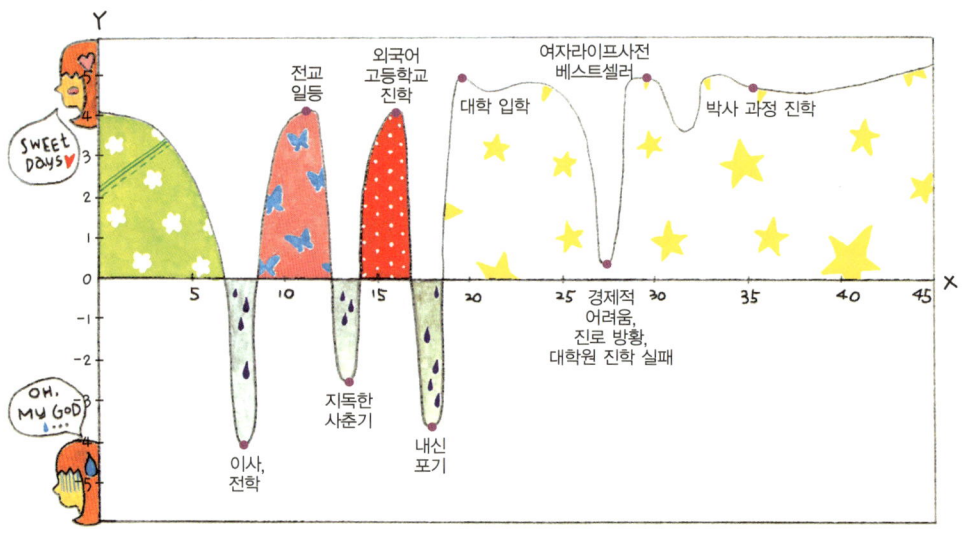

과거로 떠나는 시간 여행에서 주목해야 할 포인트는 희로애락이다. 현재 나이를 5년 단위로 나눠 X 좌표를 만들고, 기쁨과 슬픔을 -5부터 +5까지 표기할 수 있도록 Y 좌표를 구분한 뒤 기억나는 대표적인 사건 기록과 함께 당시의 희로애락 지수를 표기해보자. 예를 들어, '19세 대학 입시 실패'(희망하는 대학 진학에 실패하고, 취업에 유리한 A대학 경영학과 진학)라고 당시 사건을 기록한 뒤 -4에 점을 찍으면 된다. 이와 같은 작업을 통해 지

금까지 인생의 굴곡 가운데 가장 행복했던 추억, 불행했던 기억들은 어떤 것이었는지 돌아보고 이러한 사건들이 지금의 자신에게 어떤 영향을 주었는지, 그리고 그날 이후 자신이 어떻게 변화했는지 살펴볼 수 있다.

과거라는 렌즈를 통해 현재를 들여다보는 연습을 했다면, 이제는 지금의 자신을 현미경으로 들여다볼 차례. 자신의 이름을 가만히 불러보며 좋아하는 것, 싫어하는 것, 잘하는 것, 못하는 것, 해보고 싶은 것, 후회하는 것은 무엇인지 솔직 담백하게 묻고 대답해보자.

특히 콤플렉스가 생기게 된 기억, 여전히 사무치게 후회가 되는 일, 가장 자랑하고 싶은 일 등을 인지하는 것은 무척이나 중요하다. 막연하게 미루어놓았던 기억과 감정 속에 나조차 몰랐던 자신에 대한 단서들이 가득 담겨있기 때문이다.

질문의 범주가 너무 커서 대답하기 힘들다면 무리하여 애써 답할 필요는 없다. 정말 시시껄렁하다고 생각되는 작은 질문에 대한 답부터 찾아도 좋다. 자신을 안다는 것은 성격, 적성, 흥미, 가치관, 행복 요소, 꿈, 대인 관계 능력처럼 자신을 구성하는 중요한 틀을 이해하는 것뿐만 아니라, 슬플 때 들으면 위로가 되는 노래, 현재 헤어스타일에 가장 잘 어울리는 패션 코디법, 좋아하는 케이크 종류, 가장 아끼는 세 권의 책들처럼 자질구레하고 소소한 삶의 모양을 파악하는 것까지 모두 포함되기 때문이다.

Action! 나의 인생 곡선 그리기

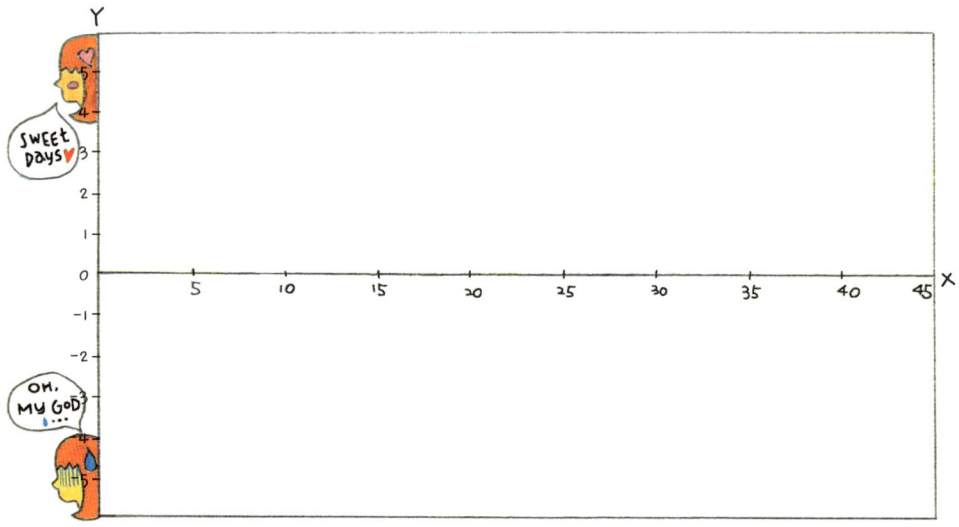

바짝 구운 쇠고기와 약간 핏기가 돌게 굽는 것 중 더 선호하는 것은 어떤 것인지, 어떤 옷을 입을 때 가장 기분이 좋아지는지, 최근 가장 기억에 남는 여행지는 어디인지 등 구체적인 질문부터 머뭇거림 없이 답할 수 있을 때 조금은 자신감이 생긴다.

하지만 어떤 질문부터 던져야 할지, 어떤 물음들이 나의 욕망과 생존 기반들을 암시하는 것인지 잘 모를 당신을 위해 두 번째 미션인 '자화상 그리기'에 도전해보자.

'자화상 그리기'는 자신의 이야기이기는 하지만 '당신은 누구입니까?' 처럼 거대하고 직설적인 질문에 무의식적으로 반응하는 방어기제를 낮춤으로써 자신도 몰랐던 감정들을 돌아볼 수 있다. 이것은 자신도 놓치고 있던 중요한 메시지를 점검할 수 있는 좋은 방법 중 하나이다.

자! 나를 찾아가는 두 번째 미션인 자화상 그리기에 도전해볼까?

Action! 자화상 그리기

자화상을 그릴 거예요. '나'라고 생각하는 여자를 눈, 코, 귀, 팔, 다리 등을 포함해 전신으로 그려주세요. 스케치 형식이 아닌 뚜렷한 필선으로 그려주세요.

자! 이제 여러분이 그린 그림을 가만히 바라보며 말을 걸어볼 거예요. 지금부터 아래 질문에서 요구하는 신체 옆에 답을 써주세요. 만일 대답하기 힘든 답이 있다면 따로 표기를 해두세요. 지금부터 시작할게요.

1. [오른쪽 눈] 지금 가장 보고 싶은 사람은 누구입니까?
2. [오른쪽 귀] 가장 듣기 좋아하는 말은 무엇입니까?
3. [코] 개인적으로 가장 좋아하는 냄새는 어떤 것인가요?
4. [머리] 언젠가 꼭 한 번쯤 만나보고 싶은 사람은 누구인가요?
5. [입] 세상에서 가장 사랑하는 한 사람을 기억해볼까요?
6. [오른손] 지금까지 경험한 것 중 가장 성취감을 느꼈거나 자랑스러웠던 일은 무엇입니까?
7. [오른발] 기억에 남는 장소 중에 가장 좋았거나 의미 있는 곳을 써보세요.
8. [옷] 가능하다면 꼭 가지고 싶은 직업 두 가지를 적어보세요.
9. [왼쪽 눈] 다시는 만나고 싶지 않은 사람, 나를 늘 불편하게 하는 사람의 이름은 무엇인가요?
10. [왼쪽 귀] 지금껏 가장 상처가 되었던 말을 기억해보세요.
11. [왼손] 사무치게 후회되는 일을 떠올려볼까요?
12. [왼발] 다시는 돌아가고 싶지 않은 곳, 힘든 장소에 대한 기억을 써보세요.

SMART GUIDE

자화상은 무의식 속 자신의 모습을 반영하는 경우가 많아요. 자신을 닮은 그림을 바라보며 과거부터 현재에 이르기까지 일어난 수많은 사건들 중에 무의식적으로 강점과 약점을 형성하는 데 영향을 준 특별한 사건의 의미와 상징을 정리하다 보면 자신조차 인식하지 못했던 삶의 메시지를 해독할 수 있어요.

어떤 질문에 답을 하기 힘들었나요? 이유는 뭘까요? 어떤 질문에 대한 답을 할 때 가장 가슴이 아프거나 떨렸나요? 그 감정들을 가만히 살펴보세요. 그 안에 미처 깨닫지 못한 우리의 '본연'이 숨어 있을지 몰라요.

나의 삶을 지탱하는 가장 중요한 요소, 터닝 포인트, 가슴 잔여물, 잠자고 있던 소망들을 만나고 그것들과 이야기하는 일. 그것이 바로 나를 알아가는 가장 첫 번째 관문일 것입니다.

CHECK!

미술치료에서는 인물화 그리기를 통해 내담자의 무의식적인 욕구, 감정, 대인관계, 성격 등 다양한 측면을 해석할 수 있다고 보고 있어요. 물론 인물화 그리기로 심리상담을 할 때는 그림을 그리는 태도, 대화 내용 분석 등 다양한 요소들을 함께 살펴 임상경험을 지닌 전문가가 평가를 해야 한답니다. 지금부터 인물화 해석과 관련된 매우 기초적인 내용들만 살짝 언급할 테니 자신의 자화상과 비교해보세요.

[눈]

🍎 눈은 마음의 창이라고 하죠?

만일 눈을 매우 강조해 커다랗게 그렸다면 시기심, 호기심, 불안 등이 높다고 볼 수 있고, 매우 작은 눈은 내향성, 자기 몰두 등을 나타낸답니다. 반면 속눈썹은 여성성, 주목받고자 하는 욕구, 화려함을 좇는 욕망 등을 나타내지요.

[코]
🍊 코는 일반적으로 힘을 상징해요.

큰 코는 힘에 대한 갈등, 지배 욕구 등을 의미하고, 긴 코는 공격성, 우월에 대한 욕구를 나타낸다고 볼 수 있어요. 만일 삼각형의 코를 그렸다면 미성숙을 나타낸다고 보는데, 콧구멍을 강조해서 크게 그린 경우 유아적 성향이나 욕구불만, 분노 등이 담겨 있다고 볼 수 있답니다.

[입]
🍊 입은 애정과 관계 있어요.

작은 입이나 입을 그리지 않은 경우는 애정 욕구가 거부되었거나 우울함을 상징할 수 있어요. 더불어 동그랗게 벌리고 있는 큰 입은 의존성이 큰 사람들에게 잘 나타난답니다. 반대로 가운데가 우묵하게 들어간 입술은 자기애나 인정받고 싶은 욕구가 강한 성향을 나타내기 쉬워요.

[팔]
🍊 혹시 어떤 팔을 그리셨나요?

긴 팔은 성공을 바라는 성취 욕구, 타인에게 애정이나 주목받고 싶은 욕구를 의미하고, 두껍고 커다란 팔은 우월하고 싶은 마음, 적극성, 공격성 등을 나타낸답니다. 더불어 몸에서 수직으로 밀착된 팔은 자신을 억제하려는 성향을, 몸 뒤로 감추거나 팔짱을 낀 팔은 현재 상황에 대한 거부감과 방어적 감정을 의미해요.

[옷]
🍊 옷을 얼마나 상세하게 묘사하셨나요?

인물화에서 세밀하게 묘사된 옷은 사회적 자기애를 표현하는데, 장식과 꾸밈이 많은 옷은 본질적인 것보다 장식적인 것을 중시하고 외향적인 성향을 암시해요. 특히 단추나 주머니는 의존성을 의미한답니다.

[머리]
🍊 머리는 지능이나 타인을 향한 관심과 관련이 있어요.

머리를 잘리게 그리거나 머리카락이 없다면 지적 생활의 무관심 또는 자신감 결여를 나타내고, 반대로 머리를 크게 강조했다면 지적 욕구가 강하고 자기중심적 성향이 강하다고 볼 수 있어요. 만일 머리카락을 특히 정성껏 그렸다면 성적 관심이 강한 사람이라고 볼 수 있답니다.

수면 아래에서 잠자고 있는 달란트를 찾아

"내 삶의 줄거리에는 이렇다 할 사건들이 없다. 간단히 말하면 이렇다. 나는 1869년 12월 마지막 날, 프랑스 북부의 르카토캉브레지에서 태어났다. 유복한 상인이었던 나의 선친은 아들인 내가 법관이 되기를 원했으므로 나는 열여덟 살부터 스물두 살까지 생캉탱의 한 법률사무소 서기로 충실하게 일하려고 노력했다."

피카소와 더불어 20세기 미술의 거장으로 불리는 앙리 마티스가 쓴 편지의 일부분이다.

한눈에 보아도 천재성이 드러나는 화가 마티스는 스물두 살 무렵까지만 해도 자신이 타고난 달란트가 무엇인지 모른 채 전혀 다른 곳에서 꿈을 찾고자 했다. 하지만 건강상의 이유로 무료한 병실 생활을 하던 중 어머니에게서 선물로 받은 물감으로 그림에 눈을 떴다. 마티스는 그림과 데생에 흠뻑 빠져 매일 이른 아침부터 그림을 그렸고, 독학으로 프랑스 미술 명문학교인 에콜 데 보자르에 입학했다. 그 후 누구보다 빠른 속도로 천부적 재

능을 보이며 색채 화가로서 입지를 다지기 시작했다.

마티스의 편지 내용과 인생을 서두에 소개한 까닭은 그의 모습과 지금 어디선가 미래를 비관하고 있을 청춘들의 얼굴이 오버랩되었기 때문이다. 무언가를 잘할 수 있는 능력, 즉 재능은 누구에게나 있다. 단지 언제 발견하느냐에 따른 차이가 있을 뿐이다. 조금만 더 가꾸고 다듬으면 보석처럼 빛날 수 있는 능력 하나쯤은 누구나 타고난다.

하지만 아무리 천부적 재능이 있는 사람이라 하더라도 세밀하게 자신을 들여다보며 관찰하지 않으면 그것을 암시하는 사인을 놓치기 십상이다. 때로는 더디게 발견되기도 하고 은근하게 말을 거는 까닭에 재능을 발견하는 일은 인내와 끈기가 필요하다. 이런 이유로 어떤 사람들은 일찌감치 '재능 발굴 과제'에서 손을 떼기도 한다. 적잖은 시간과 반복적인 관찰, 그리고 자신에 대한 끊임없는 애정과 믿음이 수반되어야 답을 찾을 수 있는 꽤나 복잡한 숙제를 해결하기가 귀찮은 까닭이다.

하지만 늘 그렇듯이 우리가 찾는 파랑새 같은 정답은 의외로 가까이 있다. 무심코 흘려보낸 과거의 기억, 의미 없이 반복해온 일상 속에서 재능은 계속 말을 걸어왔을지 모른다.

"당신은 이걸 잘해요. 여기에 재능이 있어요."

수많은 철학자와 학자들도 재능은 끌림, 동경, 습득 속도, 만족감으로 암시된다며 같은 이야기를 해왔다. '재능 DNA'는 잘할 수 있는 일에 대한 정보를 접하거나 실제로 그런 일을 하는 사람에게 심장의 두근거림, 설명할 수 없는 묘한 설렘, 떨림 등으로 그런 능력이 숨어 있음을 암시한다는 것이다.

예를 들어, TV 드라마 주인공의 '주얼리 디자이너'란 직업에 이상하게 끌린다면, 그래서 마음에 꼭 드는 옷을 발견하고도 지갑 사정 때문에 아쉽게 발길을 돌려야 하는 마음처럼 두고두고 눈에 밟힌다면 그것은 주얼리 디자이너를 잘 수행할 수 있다는 신호라는 것이다.

정말 그랬다. 나의 친구 중 한 명은 뒤늦게 미술대학에 학사 편입해 서른 무렵에 늦깎이 대학생이 되었다. 서울에 소재한 멀쩡한 4년제 대학 경영학과를 졸업한 뒤 6년 만의 '황당한 선택'이었다. 우리는 모두 그녀의 변신을 걱정했다. 효율성이라는 잣대로 본다면, 대학을 졸업하고 잘 다니던 직장을 때려치우고 선택한 '생뚱맞은' 미대 편입은 어리석은 행위로밖에 보이지 않았기 때문이다.

하지만 그녀는 어느 날 갑자기 순간적인 선택으로 미대 편입을 결정한 것이 아니었다. 적잖은 시간 동안 스스로를 면밀히 관찰한 끝에 자신에게 더 잘 어울리는 길을 선택한 어려운 결정이었다.

"어린 시절을 돌아보니 나는 초등학교를 다닐 때부터 미술시간을 좋아했어. 미술대회에 나가 상도 곧잘 타와 재능이 있다는 담임 선생님의 이야기도 들었지. 중학교 때는 막연하게 예고에 진학하고 싶었지만, 아빠가 예체능은 가시밭길이라며 인문계 진학을 권했고 나는 큰 불만 없이 따랐어. 그런데 이제 알겠어. 나는 은행 창구에 앉아 계산기를 두들기며 새로운 고객들을 대하는 일보다, 손끝에서 뭔가를 창작해내는 일을 좋아하고 가슴 떨려 한다는 것을 말이야. 무엇보다 그것에 재능이 있다는 걸 알게 됐어."

실제로 그녀는 직장에 입사한 뒤에도 꾸준히 뭔가를 배웠다. 꽃꽂이와 제과제빵을 배우고, 성인반 미술학원에 등록해 데생과 정물화를 공부하면서 주얼리 디자이너 과정들을 하나씩 수료했다. 처음에는 단지 취미생활

을 위한 투자라고 생각했지만, 2년 남짓한 시간이 지나자 그녀는 주얼리 디자이너로서의 길을 가고 싶다며 구체적인 정보를 탐색하기 시작했다. 그 결과, 현재 그녀는 쇼핑몰에 자신의 이름을 딴 주얼리 액세서리들을 만들어 납품하고 있다.

"내 꿈? 머지않은 장래에 내 이름을 딴 브랜드로 작품들을 만들어 백화점에 납품하는 거야. 평생 열정적으로 할 수 있는 일이 될 것 같아."

재능을 찾는다는 것은 자신의 꿈이 무엇인지를 깨닫는 것처럼 복잡하고 어렵다. 김연아 선수처럼 운 좋게 가족과 주변 사람들의 도움으로 유년기에 일찍 재능을 발견하고 그 길에 진입하기도 하지만, 대부분은 자아가 성숙기에 접어들 무렵에 어렵사리 재능에 눈을 뜬다. 이런저런 경험들 속에서 반응하는 자신의 모습을 근거로 조금씩 재능에 대해 감을 잡고, 그 재능과 실제로 어울리는 일을 해봄으로써 막연하던 생각은 확신이 된다.

내가 여러 대학에서 강의를 하고 수많은 학생들을 만나면서 깨달은 사실은, 자신의 재능을 좀 더 빨리 발견하기 위해서는 유년 시절과 현재 동경하는 직업 사이의 교집합을 찾는 일이 중요하다는 것이다. 유년 시절에 잘했던 것과 즐겁게 몰두했던 것들을 나열하고, 그것들과 현재 마음을 빼앗기고 있는 일들 사이의 교집합을 찾아보는 데 정답이 숨어 있을지 모른다. 이 둘 사이에는 분명한 접점이 있기 때문이다.

예를 들어보자. 내가 얼마 전에 상담한 한 학생은 유년 시절에 '글짓기', '웅변하기', '노래하기', '손들고 발표하기', '장기자랑 때 춤추기', '정밀화 그리기' 등을 잘했다고 한다. 더불어 현재 끌리는 직업군에는 '쇼핑 호스트', '교사', '은행원', '아나운서', '심리 상담사', '작가'라고 적었다. 언뜻 보기에는 유년 시절에 잘했던 것과 현재 끌리는 직업군 사이에 별 연관성이 없어 보인다. 하지만 분명한 교집합이 있다. 재능은 막연한 끌림과 동경 그리고 빠른 습득 속도로 암시의 신호를 보내는 까닭이다.

아나운서, 쇼핑 호스트, 교사, 은행원, 심리 상담사 등은 모두 '말하기'를 잘해야 하는 직업군이다. 이 학생이 유년 시절에 잘했던 발표하기, 노래하기, 웅변하기 등과 닮아 있다. 또한 심리 상담사, 작가는 '공감 능력'과 '감성'이 필요한 직업군으로 정밀화 그리기, 글짓기, 노래하기 등 유년 시절의 재능과 유사성이 있다. 한마디로 이 학생은 '공감 능력과 감성'이라는 요소와 '말하기'라는 요소가 결합된 일, 이를테면 문화 프로그램 진행 또는 커뮤니케이션 전문 강사 같은 일을 직업으로 삼을 때 숨겨진 재능을 100% 발휘할 수 있다.

반면, 스스로 아무리 생각해도 별다른 재능 하나 없는 탓에 자조 섞인 실망감만 든다면 반드시 하나의 꿈만 가져야 한다는 강박관념부터 버려야 한다. 한 가지 정체성으로 일관해야 한다는 생각 자체가 스스로를 가두고, 꿈틀거리는 수많은 가능성을 잔인하게 짓밟는 것일 수 있기 때문이다. 끌리는 뭔가를 꾸준히 실천해가는 과정에서 정체성이 만들어지고, 타고난 재능을 확인할 수 있는 기회와 만나고, 또한 그 과정을 통해 조금씩 베일 속에 감춰져 있던 후천적인 재능과 얼굴을 마주하게 되는 것인지도 모른다.

4개의 보따리로 숨겨진 재능 찾기

당신의 숨겨진 달란트가 궁금하다면, 다음 4개의 보따리 작업을 함께해보자. 막연하게 생각하고 있는 것들이 구체적으로 보이기 시작할 것이다.

1. 유년기, 청소년기 그리고 현재에 이르기까지 관심이 있거나 직업으로 삼기 위해 고민했던 열 가지 직업들을 순서에 상관없이 쭉 나열하세요.

2. 열거한 열 가지 직업들을 보고 유사성이 있다고 판단되는 직업끼리 4개의 보따리에 나누어 넣어주세요. 그리고 각 보따리에 담긴 직업들의 공통점은 무엇인지 간단하게 써주세요.
3. 공통점으로 도출된 단어들끼리 나열해보세요.
4. 4개의 단어들을 엮은 뒤 잘할 수 있는 직업들을 정리해보세요.

EXAMPLE 1

1. 지금까지 관심 분야의 직업들 나열하기

쇼핑 호스트, 기자, 서비스 강사, 작가, 방송국 예능 PD, 교사, 광고회사 카피라이터, 홍보대행사 AE, 홈쇼핑 MD, 인사 담당자, 아나운서, 영어회화 강사

2. 닮은꼴끼리 분류하기

 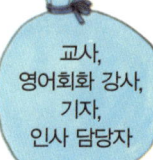 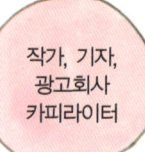 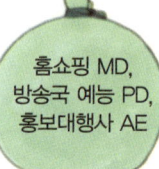

쇼핑 호스트, 서비스 강사, 교사, 아나운서, 영어회화 강사 — 말하기

교사, 영어회화 강사, 기자, 인사 담당자 — 교육

작가, 기자, 광고회사 카피라이터 — 글쓰기

홈쇼핑 MD, 방송국 예능 PD, 홍보대행사 AE — 기획력

EXAMPLE 2

해외무역영업, 헬스 트레이너, 물리 치료사, 심리 치료사, 학원 강사, 여행 가이드, 아동 복지사

 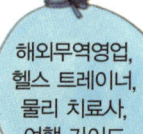 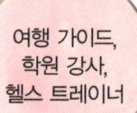 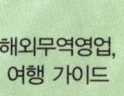

물리 치료사, 심리 치료사, 아동 복지사 — 이타주의적 서비스 제공

해외무역영업, 헬스 트레이너, 물리 치료사, 여행 가이드 — 육체적 활동 중요

여행 가이드, 학원 강사, 헬스 트레이너 — 말로 전달하고 안내하기

해외무역영업, 여행 가이드 — 해외 근무

달란트 진단하기

우리의 타고난 재능은 동경, 끌림, 습득 속도 등의 요소로 끊임없이 암시합니다. 이는 시대를 거슬러 수많은 학자들과 철학자들이 공통적으로 이야기한 꿈을 발견하는 원칙이기도 하지요. 예를 들어, 헤어 디자이너를 보면서 그 직업에 끌리고 동경한 경험이 있는 사람이라면 타고난 감각과 재능으로 그 일을 잘할 수 있는 DNA가 내재되어 있다는 증거예요. 대체로 손재주나 미적 감각이 전혀 없는 사람들은 헤어 디자이너라는 직업을 보고도 끌리지 않습니다.

여러분이 서로 닮은 직업이라고 분류한 기준이 바로 여러분에게 내재되어 있는 달란트의 특질들입니다. 이를테면 4개의 보따리에 닮은 직업들로 분류한 기준이 각각 '말하기', '기획력', '교육 중심 업무', '글로 표현하기'라면, 당신의 달란트는 새로운 콘텐츠를 창작해 기획하고 글과 말로 표현하는 것을 좋아하는 것입니다. 이를 통해 타인에게 알리는 일로 풀어나갈 수 있는 직업을 선택할 때 타고난 달란트와 시너지를 발휘할 수 있다고 풀이할 수 있습니다. 예를 들면, '기업 교육 강사', '교수', '방송 기자' 등과 같은 직업군이 4개 키워드의 성격을 모두 충족하는 직업군이 될 수 있겠네요.

example 2의 경우에는 육체적 활동과 커뮤니케이션 능력으로 타인에게 도움을 줄 수 있는 '스쿠버다이빙 강사', '번지점프 트레이너' 등을 고려해봐도 좋겠어요. 해외에서는 이런 전문 교육들이 인기가 있거든요.

자, 그럼 당신의 숨겨진 달란트를 지금부터 찾아볼까요?

흔적 없이 사라진 자신감 '팔팔'하게 회복하기

며칠 전, 한 학생이 사무실로 찾아왔다. 지난 학기에 졸업하고 7개월 남짓한 백수생활을 했다는 그녀는, "왜 취업이 되지 않는 것 같냐?"라는 질문에 돌연 굵은 눈물부터 뚝뚝 흘렸다. 지금 당장 취업만 된다면 영혼이라도 팔고 싶은 심정이라는 그녀는 자신의 문제점을 이렇게 정리했다.

"특별한 게 없는 것 같아요. 서울 소재 대학을 나오고, 남들 다 다녀오는 어학연수 다녀오고, 학점도 크게 뛰어나지 않은 3점 후반인 데다가 특기할 만한 경력이나 남다른 대외활동이 없어서 실패하는 거 아닌가 싶어요."

그녀는 자신의 문제점을 평범한 것으로 꼽았다. '평범한 대학', '평범한

학점', '평범한 스펙', 이러한 것들이 취업에 실패하는 이유라고 분석했다. 그런데 정말 이것들이 문제일까?

"미안한데, 나라도 널 선택하지 않을 거 같아. 너와 상담을 하는 동안 나까지 무기력해지고 우울해지는 기분이 들었거든. 어쩌다 이렇게 됐니?"

속마음을 들키고 싶지는 않았지만, 무조건 '괜찮아! 잘될 거야.' 라는 말을 건넬 수는 없었다. 초봉 2천만 원 이상이면 어디든 상관없이 일할 수 있다고 외치는 그녀는 헝그리 정신까지 갖춘 '넘치는 인재' 였지만 아무것도 하고 싶지 않은, 아니 할 수 없어 보이는 모습에 반할 기업은 없을 테니까 말이다. '한 달 내 무조건 취업' 이라는 목표를 설정하고, 내가 그녀에게 준 미션은 바로 자신감 회복 프로젝트!

반복된 실패를 경험한 사람들은 자신을 믿는 힘을 상실한다. 남들이 보기에는 충분히 할 수 있는 일임에도 본인 스스로는 도저히 할 수 없는 일로 단정 짓고 일찌감치 몸을 낮춘다. '뛰어봤자 벼룩 신세'로 전락하는 것이다.

행동주의자들이 벼룩을 대상으로 재미있는 실험을 했다. 그 실험 결과에 따르면, 벼룩들은 대부분 처음 실험에서 평균 20cm 정도의 높이까지 뛰었다. 그러나 이 벼룩들을 모아놓고 10cm 높이의 유리컵으로 덮어놓았더니 결과가 달라졌다. 10cm의 유리컵 천장에 부딪히는 경험을 반복한 벼룩들은 유리컵을 치운 뒤에도 7, 8cm 이상을 뛰지 못했다. 실패한 경험을 토대로 그 이상은 할 수 없다고 일찌감치 판단하고 그만큼만 행하게 되는 퇴행 현상이 나타난 것이다.

동물원에서 사육되는 코끼리에게도 동일한 모습이 관찰된다. 육중한 몸무게의 주인공이라면 동물원 우리쯤은 쉽게 부수고 나올 수도 있을 텐데 한 마리도 탈출을 꿈꾸지 않는다. 새끼 코끼리 시절부터 발목에 쇠사슬을

찬 채 작은 우리에 갇혀 지낸 코끼리들은 그곳이 세상의 전부라고, 그렇게 사는 방법밖에 없다고 길들여지기 때문이다. 긴 코를 흔들며 재롱을 피우는 것 외에 할 수 있는 것이라고는 아무것도 없다고 믿는 것이다.

고백하건대 뛰어봐야 벼룩이라고 생각했던 시간이 내게도 있다. 대학 시절에 나는 극심한 패배의식과 열등감에 사로잡힌 자신감 제로의 여자였다. '0.24', 이 숫자는 내가 대학교 2학년 때 받은 학점이니 어느 정도 '한심이'였는지 가늠할 수 있을 터. 하지만 3학년이 되고 나는 달라지기를 시도했다. 이번 학기만큼은 제대로 공부도 해보고, 엉망이 된 학점도 계절 학기로 보완해 남들처럼 살아보자는 굳은 결심으로 학점 만들기에 몰입했다. 강의실 맨 앞자리에 앉아 수업을 듣고, 매일 도서관에 가서 과제를 바로바로 해결했으며, 수업교재는 물론 교수님이 추천해주신 참고서적까지 읽으면서 열정으로 한 학기를 보냈다. 그 결과, '4.02'라는 믿을 수 없는 학점이 성적표에 찍혀 나오는 기적을 경험했다.

100원짜리 일을 잘 해내고 나니 500원짜리 일이 욕심나더라. 그해 나는 조금 더 큰 성취 경험을 이루고 싶은 욕심에 독일로 교환학생을 신청했고, 한 학기 동안 한국 학생들 가운데 독일어를 가장 잘하는 사람이 되겠다는 목표를 설정했다. 0.24에서 4.02의 신화를 이룬 여자니까 이 정도 목표도 해낼 수 있을 것 같은 묘한 자신감이 생긴 것이다. 목표가 생기니 구체적인 실행 방법들이 떠올랐다.

독일에서 홈스테이를 할 때, 나는 매주 주인집을 대청소해주는 조건으로 그 집 식구들과 매일 저녁 식사를 함께할 수 있었다.

"매주 정원과 집 모두 깨끗하게 '싹싹' 청소할게요. 대신 매일 저녁 식탁에 저를 초대해주세요, 가능할까요?"

실제 독일인의 저녁 식탁에 초대만 된다면 매일 두 시간씩 고급 회화를 더 배울 수 있겠다는 판단에서 제안한 거래였다.

그렇게 한 학기가 지나자 나는 그곳 대학에서 상위권 클래스에 속한 한국 학생이 되어 있었다. 그 후 나는 '0.24 - 4.02 - 독일 교환학생'의 성취 경험들을 토대로 잘나가는 동네 입시학원 보조 강사로 아르바이트를 하며 등록금을 모으기도 했고, 졸업 후 국내 최대 홍보대행사의 AE(광고 기획자) 최종 면접을 당당하게 통과하는 성과도 이루어냈다.

자신감은 '자신을 믿어주는 굳은 마음'이다. 즉, 어떤 일을 해낼 수 있다거나 꼭 그렇게 되리라고 스스로를 믿는 힘 말이다. 그러나 자신감 회복은 몇 번의 단계와 꾸준한 훈련을 통해서만 가능하다. 100원짜리 성취 경험을 여러 개 저축해야 '나도 1,000원짜리 일을 할 수 있겠구나.'라는 마음이 생긴다. 작은 일들을 여러 번 반복해 성취해보아야 더 큰일도 능히 잘해낼 수 있다는 자신감이 생긴다. 작은 성취 경험조차 저축된 바가 없는 사람은 절대 1만 원짜리 성공을 꿈꿀 수 없다.

'왜 나는 꿈조차 꾸지 못하고 있을까?' 하고 한탄스럽다면, 꿈조차 그리지 못할 만큼 움츠러든 자신감부터 운동시키자. 팔팔하고 씩씩하게 뛰어다닐 수 있도록 말이다.

자신감 회복을 위한 팔팔 프로젝트

'팔팔 프로젝트'는 8주(두 달) 동안 8개의 성취 경험들을 이루는 것을 목표로, 1년 동안 총 네 번(초급, 중급, 고급, 마스터)의 같은 주기를 도는 프로그램을 뜻합니다. 첫 번째 초급 과정에서는 무리하지 말고 일주일 동안 이루고자 하는 작은 목표들을 나열해 꼭 성취하도록 노력합니다. 예를 들면, 일주일 동안 '1kg 감량', '매일 7시 반 기상', '다리 꼬고 앉지 않기' 같은 초보적인 과제들을 정하고 매주 실행 여부를 체크합니다.

초급 과정이 완성된다면 중급 과정, 즉 조금 더 난이도가 있는 목표 설정으로 이동합니다. 예를 들면, '영어회화 일주일에 세 번 수강', '대학원 시험에 필요한 교재 1권 읽기' 등으로 움직이면 됩니다. 단, 팔팔 프로젝트 고급 편부터는 이 프로젝트를 통해 성취하고 싶은 상위 개념까지 목표로 넣는 것을 원칙으로 합니다. 자! 당신의 자신감 지수, 8주 후에 만나볼까요?

기간	목표 내용	실행 여부
1주		
2주		
3주		
4주		
5주		
6주		
7주		
8주		
총점		

"짝짝짝! 축하합니다."

팔팔 프로젝트 총점이 70점 이상인 당신은 다음 단계로 이동 가능합니다. 당신은 이제 좀 더 대단한 것을 꿈꾸고 실행할 수 있는 힘이 생겼으니까요. 70점 미만인 분들은 다시 8주 동안 다른 목표들을 설정하고 처음부터 다시 시작해주세요.

여자에게 일이란 무엇인가

"아니! 남편 잘 만난 여자가 왜 일을 하겠니? 저기 저 여자들, 불쌍하지 않니?"

결혼 후, 시어머니가 나에게 들려주신 말씀 중 아직도 곱씹게 되는 말이다. 어느 날 퇴근 시간 무렵에 길게 줄을 서서 만원 버스를 기다리는 여성들을 가리켜 시어머니가 '불쌍하다'고 표현했던 것이다. 유복한 집안에 시집을 가거나 돈 잘 버는 남편을 만났다면 추운 겨울에 시린 손발을 호호 불어가며 고생하지 않아도 되었을 것이라는 뜻이다. 시어머니의 해석은 내게 신선한 충격이었고 큰 파장이었다.

그 말은 아직도 가끔씩 내게 찾아와 말을 건다.

"대체 여자에게 일이란 무엇인가?"

『긍정심리학』의 저자 권석만은 일을 생업, 커리어, 소명의 세 가지로 구분했다. '생업'이란 생계유지를 위한 소득 활동을 의미하는 것으로 경제적 가치가 일의 주된 목적이 된다. 반면, '커리어'는 사회적 성공과 관련된 경력을 의미하는 것으로 성취와 만족감이 일을 하는 주요한 이유가 된다. '소명'은 일을 통해 사회에 이바지할 수 있는 유용하고 의미 있는 활동을 뜻하는 것으로 이타주의적인 활동에 무게를 둔다.

권석만의 정의를 빌리면, 시어머니는 일을 '생업'으로 풀이했을 가능성이 높다. 생존을 위해 무능한 남편과 어려운 생활형편 때문에 마지못해 일터로 나온 불행한 노동자. 시어머니는 이렇게 일하는 여자를 '불행한 노동자'라고 확신하며, 사회적·경제적 지위가 낮은 '힘없는 여자'라고 해석하는 듯했다. 즉, 시어머니에게 일이란 고생스럽고 불행한 삶을 상징하는 일종의 지표 같은 것이었다.

"어머니, 꼭 돈을 벌려고 일을 하는 게 아닌 사람들도 많아요."

"아니, 돈을 버는 게 아니면 왜 추운 겨울에 저렇게 고생을 하고 다녀? 골프를 치거나 재미있는 취미생활들이 얼마든지 많은데, 굳이 왜 저렇게 시간을 쓰는 거니?"

사실, 시어머니가 영 틀린 말을 하는 것은 아니었다. 오랫동안 일은 강제와 의무적으로 집행된 '고된 노동'의 성격이 강했기 때문이다. 여성에게는

더욱 그러했다. 중세 시대까지 일을 하는 여성은 창녀와 하녀의 단 두 계급밖에 존재하지 않았을 정도이니까. 고통, 노역, 고통스러운 일이란 뜻이 함축된 라틴어 '라보르(labor)'가 '일'이라는 단어의 유래가 되었다는 점만 보더라도 역사적으로 일은 피할 수 있다면 피하고 싶은 힘든 노동에 불과했다.

그러나 시대가 바뀌면서 이 '고된 노동자'가 되기를 기꺼이 희망하는 여성들이 적지 않다. 여전히 여성에게는 척박한 환경과 투쟁하면서 일과 가정의 균형을 찾기 위해 고군분투하고, 엄청난 학력 인플레이션에 도전하면서 일을 희망한다. 이제 여성들에게 일은 '생업'보다 '커리어'의 개념으로 진화되었기 때문이다.

서른여섯 해를 살면서 내가 가장 막막하고 답답했던 순간이 언제였을까를 떠올려 보니 잠시 경력 단절이 되었던 서른한 살 무렵이었다. 6년간 근무한 회사를 그만두고 기자라는 타이틀을 벗고 보니 나를 설명하기가 참 힘들었다. 낯선 모임에 나가거나 새로운 사람들을 만날 때마다 "안녕하세요, 이재은입니다."라는 초등학교 수준의

짧은 말로밖에 전할 게 없었다. '이재은'이라는 이름에 담긴 본질을 전할 수 있는 방법을 두리번거리며 찾아보았지만 기껏해야 성격, 결혼 유무, 사는 동네 같은 점점 더 유치한 접근밖에는 다른 방법이 없었다. 기자라는 타이틀을 달고 있을 때나 지금이나 나는 분명 실존하고 단지 일이 사라진 것뿐인데 나라는 생명체를 사는 동네, 나이, 취미 등

으로밖에 표현할 수 없음을 깨닫고 절망했다.

"아! 일은 나와 세상이 함께 호흡할 수 있도록 연결해주는 끈이었구나."

그 후 나에게 일은 '커리어', 그 자체가 되었다. 사회 공동체 안에서 무언가를 성취하고, 그것을 통해 인정받으며 끊임없는 성장을 갈구하는 일 말이다. 재능을 발견하고 그것을 무기로 세상과 비싸게 거래하는 성취감을 맛보는 것, 미처 보지 못한 세상이 얼마나 크고 거대한지를 깨닫는 것은 가슴 뛰는 흥분이었고, 더 '나은 나'를 삶의 목표로 삼을 수 있는 계기를 만들어주었다. 여성 교육 아카데미를 운영하며 '여성 라이프 디렉터'로 활동한 후부터 나의 모든 사고, 행동, 스타일도 영향을 받기 시작했고, 말 한마디나 문장 하나에도 여성 라이프 디렉터로서 알맞은 색깔을 담기 위해 노력했다. 그렇게 내 일은 나를 만들었다.

애착을 갖게 된 여성 라이프 디렉터라는 일은 아내이자 엄마인 나에게 큰 권력을 선물해주기도 했다. 하지만 언제까지고 남편이라는 안락한 구명조끼를 입고 유유자적 파도타기를 할 수 있을 것 같았던 결혼생활은 시간이 지나면서 뜻하지 않은 갈등과 위기를 마주하게 했다. 그리고 그때마다 영구적일 것 같았던 구명조끼는 한순간에 찢어질 수 있는 연약하기 그지없는 것임을 깨닫게 되었다.

'사네, 안 사네' 하며 전쟁 같은 다툼을 할 때에도, 갑작스러운 생애 주기의 변화로 '이재은'이라는 여자가 아닌 '누구의 아내', '누구의 엄마'라는 타이틀이 삶을 옥죌 때에도, 어떻게 살아야 정답인지 너무나 혼란스러

울 때에도 쓰러지지 않고 나를 지킬 수 있게 한 것은 다름 아닌 일이었다. 일을 하면서 스스로를 응원할 수 있었고, 모든 것을 잃었을 때에도 나를 지킬 수 있는 최소한의 힘이 있음을 확인받을 수 있었고, 일을 통해 얻은 사람들의 응원과 조언으로 위기를 극복할 수 있었다. 그리고 일을 통해 나는 딸과 끈끈한 여성 연대를 형성해나가고 있다. 그것은 혈연관계에서 부여되는 동질감과는 다른, 일종의 사명으로 점착된 소망이다.

다섯 살이 된 딸아이는 이제 아침이면 부산을 떨면서 일터로 나가는 엄마를 보며 일하는 여성을 당연한 여성 모델로 받아들이게 되었고, 독립 재산제를 운영하는 엄마의 삶을 통해 사탕이나 장난감이 필요할 때 어떻게 협상해야 하는지를 배우게 되었다. 또한 별도의 공간에서 사적인 시간을 보내는 엄마를 보면서 결혼 후에도 독립된 삶을 살아가는 데 필요한 요소들을 간접적으로 학습하게 되었을 것이다. 엄마의 삶을 통해 딸은 변화된, 더욱 자유롭고 당당한 '여자의 삶'을 체득할 수 있으리라.

부모로부터 물려받은 어마어마한 재산도, 세상이 인정하는 대단한 기득권도, 몇 대째 내려오는 품격 있는 가풍이 있는 것도 아니지만 나는 자신한다. 자기다운 삶을 살기 위해 노력하는 엄마의 모습, 그 자체가 딸에게는 살아 있는 유산이 될 수 있음을 말이다. 더 '나은 나'를 꿈꾸는 여자의 삶이 얼마나 매력적인지를 엄마가 물려준 문화로 깨닫게 될 것이다. 굵은 눈발이 펑펑 쏟아지는 한겨울에도, 무서운 폭우가 쏟아지는 한여름에도 일터로 향하기 위해 종종걸음으로 분주히 걸어가는 여자들의 뒷모습이 불쌍하지 않은 이유, 눈물 나게 아름답고 자랑스러운 이유가 바로 여기에 있다.

평생 열정적으로 일하기 위해 점검해야 할 요소들

⚫⚫ 잘할 수 있는 일(재능)과 잘하고 싶은 일(흥미)을 탐색한다

좋아하는 일에 매력을 느끼며 점점 더 잘해보고 싶다는 열정이 생길 때 미처 발견되지 않았던 잠재력이 발휘될 수 있다. 따라서 자기 분석을 통해 잘할 수 있는 일은 어떤 분야이며, 잘하고 싶은 일은 어떤 것인지 정확히 진단해볼 필요가 있다. 재능과 흥미를 모두 느낄 수 있는 일을 찾는다면, 비록 출발이 늦더라도 빠른 속도로 성장할 수 있다. 설령 예기치 못한 상황으로 경력이 단절되더라도 타고난 재능과 흥미를 무기로 빠르게 회복할 수 있다.

⚫⚫ 선호하는 일터의 환경을 파악한다

선호하는 근무환경이 어떤 것인지도 고민해볼 필요가 있다. 현재 자신의 생체리듬이 풀타임과 파트타임 중 어디에 더 맞는지, 또는 대기업과 중소기업 중 어디를 더 선호하는지 객관적으로 따져볼 것. 여자, 특히 결혼한 여자에게 일이란 가정생활과의 균형과 조화가 가장 중요한 요소로 작용할 수 있기 때문에 재취업 희망자라면 현실과 타협이 가능한 일부터 시작하는 것이 현명하다. 선호하는 근무환경과 업무의 성격이 결정되었다면, 실무자로서 안정적으로 업무를 수행하는 데 최소 얼마나 걸리는지에 대해서도 체크할 것. 만반의 준비와 각오를 다지고 일터로 향해야 큰 걸림돌 없이 오랫동안 일할 수 있다.

◐◕ 일을 하는 데 장애가 되는 요소들을 찾는다

현재 일을 유지하는 데 방해가 될 수 있는 요소들을 먼저 정리해본다. 그만둘까 말까를 고민하게 하는 핵심 문제가 건강 문제인지, 동기 부여 미설정인지, 자녀 양육인지, 남편과의 갈등인지를 객관적으로 검토해보자. 문제를 알아야 해결할 수 있는 방법을 적극적으로 모색할 수 있다.

◐◕ 어떤 엄마로 남고 싶은가에 대해 정의한다

이상적인 엄마의 모델은 현모양처부터 유능한 커리어 우먼까지 제각각이다. 일터에 뛰어들기 전에 어떤 엄마이고 싶은지에 대한 엄마 모델을 정립하는 것은 육아로 발목이 잡힐 때마다 다시 일터로 발길을 돌릴 수 있게 '신성한 변명'이 되어준다.

◐◕ 궁극적인 비전과 커리어 로드 맵을 디자인한다

"당장 일이 하고 싶어!"라는 이유 하나로 일터로 뛰어들면 또다시 집으로 돌아가게 된다. 일을 해야 하는 비전을 설정하고, 이를 위해 중·장기적으로 어떤 과정들을 밟아 실현할 것인지에 대한 밑그림을 그리자. 목표 없는 일이란 '힘든 놀이'에 불과하다.

Class 2

커리어 코칭

CAREER COACHING

종이 위에 '나'를 녹여낸다는 것
: 기본형 자기소개서의 미학

"자기소개서가 정말 스펙을 커버할 수 있을까요?"

얼마 전 TV를 보다가 흥미로운 프로그램을 발견했다. 그것은 케이블 TV에서 진행하는, 10인의 멘토들에게서 인생 조언을 듣는 강연 토크쇼이다. 마침 그날 강연자는 유명 컨설팅 펌부터 국내 대기업 인사 부서에까지 인사 전문가로 이름을 떨치고 있는 박은영 디엔에이 인사총괄 전무. 그날 채널이 고정되었던 것은 순전히 그녀가 내뱉은 이 한 문장 때문이었다.

"이력서의 띄어쓰기 하나, 면접 때 사용하는 단어 하나가 지원자의 열정

과 인성을 대변할 수 있습니다."

많은 구직자들이 이력서나 자기소개서를 작성하기에 앞서 왜 이런 작업이 필요한지, 왜 기업은 면접만 보면 되지 글로 자신을 소개하라는 귀찮은 과제를 던져주는지 고민해볼 필요가 있다. 적잖은 비용과 시간이라는 기회비용을 지불하면서 자신을 소개하는 글쓰기를 채용 과정에 포함한 것은, 박은영 전무가 이야기한 것처럼 자신을 종이 위에 풀어내는 단어, 문장, 경험, 에피소드, 심지어 띄어쓰기를 통해 그 사람이 보이기 때문이다. 어떤 인생을 살아온 사람인지, 기업이 원하는 사람인지를 판단할 수 있는 단서를 제공한다. 그리고 그 단서들은 면접을 통해 실제와 일치하는지 아닌지를 확인하는 작업을 거치게 된다. 한마디로 면접의 초대장이 바로 자기소개서인 셈이다.

그런데 문제는 요즘 자기소개서들이 자꾸 진화한다는 데 있다. 형식도 바뀌고, 기업마다 질문 내용들도 매년 달라지고, 선호하는 전개 방식도 트렌드를 반영해 변하고 있다. 도대체 어떻게 써야 '야, 요놈 봐라! 면접 한 번 봐볼까?', '우리가 찾던 그런 인재야!' 라는 느낌을 면접관에게 선사할 수 있는 걸까?

먼저 자기소개서의 종류부터 살펴보자. 최근 자기소개서의 형식은 크게 두 가지 타입으로 나뉜다. 하나는 '성장 배경', '성격의 장단점', '학창 시절 및 사회 경험', '지원 동기 및 포부'를 간단히 묻는 S(standard) 타입이다. 다른 하나는 '열정을 다한 사례', '창의적 태도로 문제 해결을 도모한 사례', '가장 성취감을 느꼈던 사례', '개인의 희생을 감수하고 조직의 이익을 위해 헌신했던 사례', '직업 가치관' 등의 질문을 퍼부으며 마치 주제에 맞는 에세이를 요구하는 듯한 E(essay) 타입이다.

E 타입이 상대적으로 분량도 길고 질문도 복잡해서 작성하기 어렵게 느

꺼진다. 하지만 E 타입을 적용하는 기업들은 '스펙보다 스토리'를 중시하는 열린 채용을 진행한다는 점을 알게 된다면, 기꺼이 감수하고 싶은 작업이 되지 않을까 싶다. 명심해야 할 것은 두 가지 타입 모두 구직자가 기업에 맞는 인재임을 증명하는 데 목적이 있다는 점이다.

모든 항목마다 직무 또는 기업에 초점을 맞춰 어떤 요소를 강조할지 전략적으로 접근하는 태도가 필요하다. 자기소개서를 작성할 때 꼭 기억해야 할 것은 '문장의 화려함'이 아니라 '매력적인 소재'가 핵심이라는 것이다. 경험 소재를 통해 자신을 드러내고, 자신이 적당한 인재라는 것을 상대방에게 어필하는 방법을 전략적으로 고민해 가장 매력적인 몇 가지 소재만 채택해야 한다.

"하지만 어떤 소재를 선택해야 할지가 가장 어려운걸요. 어떤 항목에, 어떤 에피소드를 연결해야 할지 그걸 잘 모르겠어요."

사실 자기소개서에 원칙은 없다. 자신을 드러내고 섬세하게 묘사할 수 있는 방법을 알고 있는 사람은 오직 자기 자신뿐이며, 그 누구도 '무릎팍 도사'처럼 정답을 팍팍 말해줄 수는 없다. 그럼에도 불구하고 자기소개서를 어떻게 써야 할지 감조차 잡지 못해 땅이 꺼져라 한숨을 쉬고 있는 사람이 있다면, 도움이 될 만한 원칙을 알려줄 테니 귀는 쫑긋, 눈은 크게 부릅뜨기를!

S 타입 자기소개서 작성 원칙

★ **성장 배경**: 직무나 기업을 선택하는 데 영향을 준 태초의 계기 설명
★ **성격의 장점**: 직무가 요구하는 자질 가운데 나에게 있는 한 가지를 강조
★ **성격의 단점**: 직무가 요구하는 자질 가운데 아직 미약한 한 가지와 극복 방법
★ **지원 동기**: 가장 자랑하고 싶은 첫 번째 이력과 직무의 연관성 전개
★ **학창 시절 및 사회 경험**: 두 번째, 세 번째로 자랑하고 싶은 이력과 직무 연관성 설득
★ **입사 후 포부**: 직무와 관련된 전문지식 PR + 입사 후 진행할 업무 아이디어

이 원칙의 핵심은 두 가지이다.

첫째, 모든 항목마다 지원하는 직무와 연관성을 강조할 것!

둘째, 모든 항목은 따로 놀 게 아니라 흐름과 맥락이 있도록 연결할 것!

다시 말해 한 장의 자기소개서가 하나의 메시지, 즉 '내가 당신이 찾는 그 사람입니다.'라는 주제가 확실한 가운데 각각의 항목은 영화나 드라마처럼 기승전결 형식을 띠며 서로 유기적으로 연결되어야 한다. 다음의 사례들을 통해 좀 더 구체적으로 살펴볼까?

성장 배경 – 방송국 리포터

방송인에 대한 저의 열망은 여고 시절부터 시작되었습니다.

학업에 전념해야 하는 십 대부터 저는 방송에 대한 '끼'가 있었습니다. 한 예로 여고 방송국원 시절, 모 기업의 후원으로 동기들과 청소년 영화제에 참여할 단편 영화를 만들었습니다.

영화 주제는 여고에서 벌어질 수 있는 친구들 사이의 우정과 질투였습니다. 영화를 제작하면서 등장인물이 되어 연기한 뒤 무대에서 내려오면 원래의 자아로 다시 돌아와야 한다는 점이 힘들었지만, 감정의 순환을 훈련하는 계기가 되었습니다.

저와 친구들이 열정을 다한 결과, 한국화재와 한국대학교 청소년 영화제에서 대상을 수상하는 결과를 맛볼 수 있었습니다. 그리고 엔딩 장면에 주인공 역할로 제 이름이 올라가던 순간, 저는 방송인으로서 인생의 희로애락을 맛보고 싶다는 꿈을 가지게 되었습니다.

방송인을 준비하는 K 씨의 사례이다. 자상하고 인자하신 어머니, 엄격하지만 속정 넘치는 아버지로 시작하는 '집안 배경' 대신, 성장 과정 중 청소년 영화제에 참여했던 구체적인 에피소드를 소개함으로써 방송인으로서의 꿈을 가지게 된 배경과 계기를 보여주었다. 즉, 성장 배경의 작성 원칙인, 직무나 기업을 선택하는 데 영향을 준 태초의 계기가 잘 설명되었다. 👍👍

학창 시절 및 사회 경험 - 중견기업 해외영업직

"프랑스 인 친구에게 한국을 세일즈하라!"

학창 시절 동안에 영어회화 실력을 기르고 다양한 국적의 친구들과 돈독한 우정을 쌓았습니다. 2009년부터 현재까지 페이스북을 통해 캐나다인, 미국인, 프랑스인, 네덜란드인, 일본인 친구들에게 주말마다 한국어를 가르쳐주는 봉사활동을 하고 있습니다. 더불어 간헐적으로 홈스테이 호스트로서 우리나라를 방문한 페이스북 친구들에게 무료 홈스테이 기회를 제

공해오고 있습니다.

　한 예로 얼마 전 프랑스인 친구 스티브가 우리나라를 방문했을 당시, 홈스테이를 하는 일주일 중 2박 3일 동안 다니엘과 우리 가족이 함께 남이섬 여행을 다녀왔습니다. 스티브가 힘들지 않게 여행 동선, 음식 메뉴, 대화 주제까지 꼼꼼히 계획을 짜 여행한 결과, 프랑스로 돌아간 스티브에게서 며칠 전 한 통의 편지를 받았습니다.

　"너로 인해 난 한국이란 나라를 더 사랑하게 되었어!"

　외국인 친구들과의 인연을 계기로 '한국영어훈련소'라는 곳에 들어가 4개월 동안 오전 6시 반부터 밤 10시까지 혹독한 훈련을 받았습니다. 4개월이라는 짧은 기간 동안 무서운 집중력으로 노력할 결과, K 호텔의 데스크 업무를 6개월간 진행할 정도로 유창한 영어 실력을 갖추게 되었습니다.

　수년간 외국인 친구들과 맺어온 끈끈한 유대감과 유창한 영어 실력은, 해외시장을 개척하고 기존 고객들을 관리해 영업 매출을 증가시키는 해외영업에 꼭 필요한 기본 자질이라고 생각합니다.

'유창한 영어회화 실력'과 '다양한 국적의 친구 관계'라는 두 가지 소재로 해외영업 직무에 필요한 기본 자질이 자신에게 있음을 잘 강조했다. 딱 맞는 소재와 에피소드의 연결이 돋보이는 글이다. 더군다나 자칫 딱딱하고 지루할 수 있는 글에 직접 인용 문구를 넣어 리듬감을 가미한 것도 Good Idea!

성격의 장단점 - 금융권 영업직

성격의 장점은 강인한 정신력입니다.

이를 증명하는 한 예로, 지난해 교육실습에 참여하는 한 달 동안 열여덟 차례에 걸친 영어과 수업 전담 및 연구수업을 진행해야 하는 상황에 처한 바 있습니다. 특히 학습에 의욕이 낮은 영어 '하' 반 학생들을 맡게 되어 연구수업을 진행하기 어려운 환경이었습니다. 하지만 하반 수업을 맡는 영어과 교사 네 분의 수업을 참관하고, EBS 강사들의 강의법을 한 달간 분석한 뒤 교생 대표로 수업을 준비했습니다. 졸업논문 막바지 작업까지 겹쳐 부담감과 스트레스가 가중되었고, 결국 링거 투혼까지 벌여야 했습니다. 그러나 맡은 임무는 무조건 잘해야 한다는 강인한 정신력으로 버텨냈고, 마침내 교육실습 평가회 때 교장 선생님으로부터 '성공적이고 장악력 있는' 수업을 했다는 칭찬을 들었고, A⁺ 학점을 받을 수 있었습니다.

반면, 단점은 외모에 어울리는 스타일링에 서툴다는 점입니다. 많은 고객들을 상대하는 영업직에서 매력적인 외모는 분명한 장점으로 작용할 것입니다. 때문에 이를 보완하기 위해 남성 패션 잡지를 정기 구독하며 스타일링 연출법을 공부하고 있습니다. 또한 이미지 전문 강사들의 강의를 참관하며 유행에 민감하면서 품격 있는 외모 연출에 투자하고 있습니다.

입사 후 수원 영통 지점에서 '남자의 품격'을 자랑하는 신입사원이 되고 싶습니다.

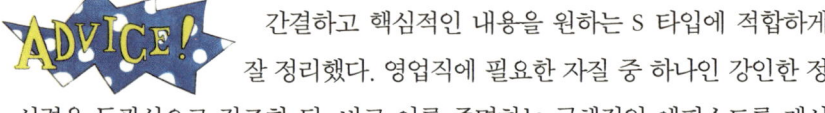

간결하고 핵심적인 내용을 원하는 S 타입에 적합하게 잘 정리했다. 영업직에 필요한 자질 중 하나인 강인한 정신력을 두괄식으로 강조한 뒤, 바로 이를 증명하는 구체적인 에피소드를 제시

했다. 강인한 정신력을 발휘해 습득한 결과물, A⁺학점까지 보여주는 방식이 Very Good!

단점을 설명할 때도 '우유부단하다', '지나치게 신중하다' 등 막연하고 일반적인 내용 대신, 직무와 연관해 아직 부족한 점이 무엇인지 고민한 뒤 실질적이고 구체적인 내용을 고백하고 어떻게 보완하려고 노력하고 있는지 보여주는 것이 보편적인 원칙이다.

지원 동기 및 포부 - 홍보대행사 AE

"백화점 직원을 위한 크리스마스 케이크를 판매합니다!"

아이스크림 매장에서 2년간 판매직 주말 아르바이트를 한 적이 있습니다. 단순한 서비스 판매직이었지만 매장 매출에 일조하고 싶어 여러 가지 홍보 방안을 고안해 점장님께 전달한 바 있습니다.

한 예로 크리스마스 시즌을 맞아 평소 판매되던 크기의 반 사이즈의 아이스크림을 하트 무늬로 만들어 저가로 판매하는 이벤트 전략을 기획했습니다. 바쁜 업무에 치여 크리스마스 준비를 제대로 할 수 없는 인근 백화점 직원들을 타깃으로 맞춤 브로슈어와 현수막을 내걸고 이틀간 판매했습니다. 그 결과, 크리스마스 매출이 전년 대비 35% 이상 증가했습니다.

홍보 업무는 일관적인 IMC 전략을 위한 기획력과 창의력, 그리고 트렌드를 읽는 통찰력이 요구됩니다. 이와 같은 제 경험과 자질을 토대로 전문성을 갖춘 홍보인으로 성장하겠습니다.

더불어 입사 후에 현재 가장 일반적으로 활용되고 있는 SNS 기반의 홍보 전략을 더욱 세부적이고 실질적으로 발전시킬 수 있도록 다음과 같이 노력하겠습니다.

첫째, 온라인에 효과적인 스토리텔링 콘텐츠를 생산해 SNS를 활용한다.

둘째, 원소스 다채널 홍보 전략을 위한 문화 마케팅 활용 방법을 연구한다.
셋째, 리스크 관리 역량을 확장하기 위한 리스크 관리 전문가 과정 프로그램을 수료한다.
전문성과 타고난 감각으로 승부하는 인재로 성장할 것을 약속드립니다.

ADVICE! 지원 동기는 가장 자랑스러운 이력, 즉 자신이 보유한 소재 중 '가장 좋은 것'을 들이밀며 그 이력이 직무를 수행하는 데 어떻게 도움이 될 수 있는지를 설득하는 항목이다. L 지원자의 경우 홍보 직무와 관련된 더 직접적인 이력이 없는 점이 아쉽지만, 아르바이트 경험 중 홍보 업무와 가장 닮아 있는 사례를 잘 뽑아냈다. 입사 후 포부를 쓸 때는 자신이 해당 직무에 대해 얼마만큼 지식을 갖추고 있는지를 입사 후 3년 이내의 계획을 통해 보여주는 것이 관건이다. 위의 자기소개서는 소재의 아쉬움은 있지만 직무 적합성이 높아 100점 만점에 85점!👍
그렇다면 마지막으로 다음 글을 보고 문제를 풀어보자.

CHECK! 저희 집 기상나팔은 새벽 5시에 울립니다. 수산시장에서 활어 도매업을 하시는 부모님을 본받아 저 역시 새벽 5시면 잠자리에서 일어납니다. 부모님은 늘 몸 대신 머리를 쓰고 살라며 신문 읽기를 당부하셨습니다. 덕분에 중학교 때부터 조간신문 읽기가 습관이 되었습니다. 아침마다 신문을 읽고 내용을 정리해 NIE(Newspaper In Education) 노트를 만들었습니다. NIE 노트는 생각의 깊이와 폭을 넓혀주는 지식의 보고였습니다.
고등학교 2학년 때는 신문사 학생 기자 아카데미에 참여해 현직 기자들로부터 취재법과 기사 작성법, 사진 촬영법 등을 배웠습니다. 이 과정에서 신문 기사의

절반 이상이 홍보 담당자들의 도움으로 만들어진다는 것을 알고 홍보 업무에 매력을 느꼈습니다. 입사 후 A사의 기상나팔이 되어 사내 이슈를 발굴하기 위해 노력하겠습니다.

출처 : 『뽑히는 자기소개서』

1. 위의 성장 배경 항목은 어떤 직무를 지원하기 위함인가요?
[   ]

2. 위의 내용에 맞는 제목을 만들어볼까요?
[   ]

자기소개서 항목의 제목은 내용을 다 작성한 뒤 맨 마지막에 키워드 중심으로 작성하는 게 요령이다. 먼저 고유명사를 중심으로 내용과 연관성 있는 4~6개의 키워드를 뽑는다. 위 글에서 보자면 '새벽 5시', '조간신문', 'NIE 노트', '학생 기자', '기사 작성법', '홍보 업무' 등을 꼽을 수 있다. 키워드가 선발되면 그중 2, 3개를 넣고 연결해 문장을 만들면 된다. 물론 흥미를 높일 수 있는 수식어와 서술어를 추가하면 더 매력적이다. 예를 들면, '조간신문 습관으로 보도자료 작성 달인되다', '홍보인 운명을 타고난 학생 기자', '조간신문 읽으며 홍보 업무 예습한 OOO' 같은 제목을 만들 수 있겠다.

정답
1. 홍보 업무   2. "새벽 5시, 홍보인을 꿈꾸며 NIE 리딩은 시작됐다"

1. 한 항목에는 한 가지 소재, 한 가지 주제만 풀어내라.
2. 한 가지 소재와 연관된 에피소드를 구체적으로 나열하라.
3. 에피소드에는 분명한 주제가 있어야 한다.
4. 첫 문장은 무조건 짧게, 두괄식으로 전달하라.
5. 에피소드에 등장하는 '자극적인' 고유명사들로 소제목을 뽑아라.
6. 각각의 항목이 결국 하나의 메시지를 잘 전달하는지 점검하라.
7. 항목별 소제목은 키워드 2, 3개를 넣어 연결해 만들어라.

길고 복잡한 에세이형 자기소개서, 잘 쓰는 요령 따로 있다

점점 더 많은 기업들이 성장 배경, 성격의 장단점, 학창 시절 및 사회 경험, 지원 동기 등 간단한 문항의 기본형 자기소개서 대신 긴 호흡의 에세이형 자기소개서를 입사서류로 요청한다.

에세이형 자기소개서는 지원하는 기업의 발전 방안에 대한 구체적 아이디어부터 창의적 문제 해결 방식, 열정을 다해 노력했던 성취 경험까지 기업마다 요구하는 주제와 질문 방식이 다양한 것이 특징이다. 분량도 항목당 1,000바이트를 훌쩍 넘는다.

읽기도 쓰기도 힘든 에세이형 자기소개서가 트렌드로 자리 잡는 이유는 대체 뭘까? 기업이 '에세이형 자기소개서'를 선호하는 이유는 스펙으로는 가늠할 수 없는 인

성, 가치관, 삶의 관점, 미래 가능성 등 인재가 꼭 갖춰야 할 진짜 요소들을 그들의 스토리로 맛볼 수 있기 때문이다.

'A 기업 인턴 6개월'이라는 식의 한 줄짜리 이력에서는 보이지 않던 풍경이 자신을 풀어내는 이야기에서 고스란히 드러난다. 어떤 태도로 인생을 살아가는지, 별것 아닌 작은 경험에서조차 삶에 대한 교훈을 끌어낼 수 있는 역량을 지닌 사람인지, 갈등 상황과 위기 환경에서 대응하는 자세는 어떠한지 등을 관찰자의 눈으로 판단할 수 있는 중요한 단서가 되는 것이다.

'스펙보다 스토리'를 가진 인재를 지지하는 기업의 '착한 생각'은 칭찬할 만하지만, 문제는 대학생활 내내 짧은 수필 한 편 써보지 않은 구직자들이 A4 용지 두 장이 훌쩍 넘는 분량의 글을 쓴다는 것은 머리에 쥐가 날 정도로 힘든 일이라는 것이다. 대체 어떤 방식으로 글을 구성하고 이끌어가야 한단 말인가?

지피지기 백전백승이라는 뻔한 전술을 여기에 적용할 수 있다. 먼저 에세이형 자기소개서의 질문 항목 중 상당수는 열정, 도전, 리더십, 창의 등처럼 추상적인 키워드로 이루어져 있다. 인문학이나 철학 시간도 아닌데 애매한 개념들에 대한 성취 경험을 집요하게 묻는 형국이다. 추상적인 개념과 연관성 있는 성취 경험을 구체적으로 묘사하기 위해서는 '추상적 개념'부터 이해할 필요가 있다.

"당신에게 H란 무엇입니까?"라는 한 광고 문구처럼 당신에게 열정, 도전, 리더십은 무엇인지 스스로 답을 내릴 수 있어야 한다. 그래야 그 정의에 맞는 에피소드를 찾을 수 있다. 예를 들어, '살아오면서 도전적으로 임했던 사례는 무엇이며, 그것을 통해 배운 것은 무엇인지 기술하시오.'라는 질문의 경우, 먼저 '도전'이라는 개념부터 자신의 언어로 정의할 수 있어야 이에 맞는 사례와 교훈을 도출할 수 있다.

실제 작성 사례를 살펴볼까?

EXAMPLE 1
살아오면서 도전적으로 임했던 사례는 무엇이며, 그것을 통해 배운 것은 무엇인지 기술하시오.

저는 '도전'을 본래 목표를 뛰어넘어 더 많은 것을 시도해 성취하는 것이라고 생각합니다. 한 예로, 대학 3학년 때 J 소주 마케팅 공모전을 준비했습니다. 준비 당시, 처음 해보는 공모전이었기에 본선 진출만 목표로 삼았습니다. 그러나 발품을 팔고, 공장을 방문하고, 다양한 고객들을 만나 의견을 수렴하면서 이왕이면 좀 더 잘해보고 싶은 욕심이 생겼습니다.

공모전의 콘셉트는 여행과 소주의 결합이었고, 바로 실행해도 아무런 문제점이 없는 실행 전략을 짜기 위해 여행사와 관계 기관 담당자들의 조언을 들었습니다. 그것을 참고로 '술술 풀리는 소주 여행'이라는 제목을 정하고, 우리나라의 숨어 있는 소주 상품을 소개하는 여행상품 아이디어로 응모했습니다. 그 결과, 공모전에서 우수상을 수상했고 처음 목표했던 것보다 더 많은 성과를 거둘 수 있었습니다.

많은 사람들이 목표를 설정하고 그 목표 달성만을 좇을 때, 저는 목표 이상을 이루기 위해 열정을 쏟았습니다. 도전 없는 안일한 유지 이외에 어떠한 성장도 이룰 수 없다는 것을 깨달았습니다. 공모전 응모를 통해 치밀한 준비와 추진력의 중요성을 배울 수 있었고, 도전하는 자만이 늘 깨어 있는 삶을 살아갈 수 있음을 배웠습니다.

'도전에 대한 정의 + 정의와 닮아 있는 사례 + 도전 경험을 통한 메시지 도출'을 통해 일관된 이야기를 전할

수 있었다. 도전의 개념을 '본래의 목표를 뛰어넘는 시도와 성취'라고 정의했기 때문에 목표 이상의 성취를 이룬 공모전 사례가 질문에서 요구한 '도전적으로 임한 사례'로 충분히 납득된다.

EXAMPLE 2. 창의력을 발휘해 좋은 성과를 얻은 경우를 구체적 예시를 통해 설명하시오.

창의란 가장 본질적인 사고에 접근하는 문제 해결 방식을 말합니다. 어린이집에서 보육 교사로 아르바이트를 할 당시, 책을 읽어주는 것에 거부감을 나타내는 유아들이 많았습니다. 그래서 '도대체 왜 아이들이 책 읽어주는 시간을 따분해할까?', '어떤 방법으로 책을 읽어주면 좋을까?'를 고민하게 되었습니다. 그러다가 3, 4세 또래의 유아들에게 책은 귀로 듣고 이해하는 행위가 아닌, 눈으로 보고 느끼는 감각적 놀이라는 본질을 깨닫게 되었습니다.

그 후 저는 긴 이야기는 동화책 본래의 줄거리보다 그림 중심으로 내용을 재구성해 아이들에게 전달했습니다. 예를 들어 『백설 공주와 일곱 난쟁이』의 경우, 독이 든 사과를 먹고 죽을 뻔하다가 다시 살아나게 되는 백설 공주의 운명보다 키가 작은 일곱 명의 난쟁이들과 키가 큰 백설 공주가 서로 놀리지 않고 사이좋게 지내며 우정을 쌓아가는 모습을 강조해 전달했습니다.

그림과 일치되는 이야기가 귀에 들리자 아이들은 집중하기 시작했고, 책 읽어주는 시간을 더욱 좋아하는 모습을 보였습니다. 가장 본질적인 방법으로 사고하는 접근 방식인 창의를 발휘하면 유용한 문제 해결점을 찾을 수 있다는 교훈을 얻었던 사례입니다.

창의적인 삶은 우리 일상에서도 얼마든지 실천이 가능하다는 것을 깨달았습니다. 세상을 바꿀 수 있는 대단한 아이디어도 창의일 수 있지만, 일상에서 빈번하게 나타나는 문제와 갈등을 바라보는 더욱 근본적이고 본질적인 사고가 느리지만 사회를 변화하는 힘이라고 생각합니다.

창의적 관점의 교육을 지향하는 교사가 되겠습니다.

ADVICE! 예시 1과 마찬가지로 '창의에 대한 정의 + 정의에 맞는 창의적 사례 + 창의 경험을 통한 메시지 도출'을 구성으로 한 글이다. '창의'를 본질적 사고로 접근하는 문제 해결 방식이라고 정의했고, 이와 일맥상통하는 사례, 즉 어린이집에서 다른 방식으로 유아들에게 책을 읽어준 별것 아닌 에피소드를 평범하지 않은 창의적 사례로 설득했다.

잠깐 정리하고 넘어가면, 추상적 개념이 포함된 에세이형 질문 항목에 대해서는 '추상적 개념에 대한 정의 + 정의와 닮아 있는 사례 + 성취 경험을 통한 메시지 도출' 공식이 항목의 글을 작성하는 하나의 방법이 될 수 있다.

그런데 최근에는 다른 형태의 에세이형 자기소개서 질문 항목들이 계속 등장하고 있는데, 그중 상당수가 여러 개의 질문들이 복문 형태로 구성된 복합형 질문이다. 예를 들면, **'이제까지 가장 강하게 소속감을 느낀 조직은 어디이며, 그 조직의 발전을 위해 헌신적으로 노력한 것 중 가장 기억에 남는 경험은 무엇입니까? 개인적으로 더 많은 노력을 기울였던 일과 그때 했던 행동과 생각, 결과에 대해 구체적으로 작성해주십시오.'** 라는 식이다.

읽는 데만 해도 한참 걸리는 복문 형태의 질문에 대한 글을 작성할 때 가장 중요한 것은 '구조화'이다. 몇 개의 질문들로 구성되어 있는지, 각각의 질문들은 무엇을 요구하는지를 구조화해 글을 작성해야 질문에 대해 빠짐없이 충실한 답을 할 수 있다.

예를 들면, 다음과 같이 구조화하는 것이다.

① 가장 소속감을 느낀 조직은 어디입니까?
② 조직의 발전을 위해 헌신했던 구체적 상황을 이야기하시오.
③ 그 당시 가장 노력한 일에 대한 행동, 생각, 결과를 각각 명시하시오.

이렇게 복잡하게 얽혀 있는 복문의 질문을 구조화한 뒤 각 질문에 대한 답변을 작성해 한데 엮으면 글이 완성된다. 이것이 복문 질문의 에세이형 자기소개서를 잘 쓰는 비결이다. 이 같은 질문은 애사심을 발휘할 수 있는 인재인지 아닌지를 가늠하기 위한 의도이니만큼, 개인의 이익보다 조직의 성장과 이해를 위해 노력을 기울인 사례를 찾는 것이 포인트!

① 가장 큰 소속감을 느꼈던 곳은 대학교 3학년 때 1년간 아르바이트를 한 두레 출판사입니다.
② 개인적 이익을 뒤로하고 헌신을 다한 사례로는, 보조 기획 업무를 진행할 당시에 교환학생의 기회를 포기하고 단행본 출간 업무에 매진했던 것입니다.
  당시 제게 주어진 일은 기획자를 도와 단행본 출간을 기획하고 마감까지 총괄적으로 보조하는 일이었습니다. 그런데 당시 기획자가 갑작스러운 다리 수술로 자리를 비우게 되면서 후임 기획자를 3개월간 지원하는 업무를 맡게 되었습니다. 해당 업무에 대해 모두 파악하고 있는 사람은 저 한 명뿐인 상황이었습니다. 문제는 이 무렵에 캐나다 대학 교환학생 합격 통지를 받았기에 선택에 대한 갈등이 깊어졌습니다. 아르바이트생으로서 책임을 다할 것인지, 개인의 성장을 위한 기회를 잡아야 하는지 사이에서 많은 고민을 했습니다.
③ 갈등 상황에서 가장 노력했던 부분은 개인적인 일정을 조율하는 일이었습니다. 학교 관계자에게 제가 처한 상황을 알리고, 부탁에 부탁을 거듭한 끝에 교환학생 일정을 다음 학기로 변경할 수 있었습니다. 당시 이 같은 결정을 한 것은, 대안이 존재하는 일과 존재하지 않는 일이 있다면 후자에 맞추어 문제를 해결해야 한다는 판단 때문이었습니다. 트렌드에 민감한 단행본은 출간 시기를 놓치면 출간 자체가 아예 물거품이 될 수도 있기에 제 개인

적인 일정을 조율했습니다. 결국 출판사의 단행본 출간 업무에 대한 맡은 바 임무를 완수했습니다.

"졸업 후 우리 회사에서 일해줄 수 있겠어요?"

이런 제 모습을 지켜본 편집장님은 제게 신입사원 입사 제안을 했습니다. 개인적 이익을 희생했다고 생각했는데, 조직의 성장을 돕는 일이 결과적으로 개인의 성장까지 도모하는 일임을 깨달은 경험이었습니다.

ADVICE! 긴 복문의 질문을 구조화해 단문들로 만든 뒤, 각 단문의 질문들에 대해 하나하나 놓치지 않고 구체적으로 답변했기 때문에 '질문에 대한 답'을 충실하게 한 사례이다. 또한 각 단문의 질문들이 궁금해하는 요지를 두괄식으로 표현해 명확하게 전달한 것이 강점이다. 게다가 질문의 의도인 '애사심 발휘 경험 여부'에 부합하는 사례를 통해 기업이 원하는 인재상에 대한 일치감을 강조했다. Very Good!

이력서의 한 줄짜리 소개로는 절대 가늠할 수 없는 숨겨진 잠재력과 삶의 태도를 알아보고자 탄생된 것이 에세이형 자기소개서라고 이해한다면, 위축되지 말고 질문에 담긴 의도부터 파악하자.

첫째, 글을 못 쓴다고 주눅 들지 말고 질문부터 제대로 파악할 것!

둘째, 자신이 깨달은 인생 교훈과 삶의 철학을 살살 녹여낼 것!

이것이 바로 어렵게만 느껴지는 '에세이형 자기소개서'를 멋들어지게 잘 쓰는 비결이다.

대학생을 위한 스마트 경력 설계

"잡다하게 한 건 많은 것 같은데 이력서에 쓸 건 별로 없네요. 딱 1년만 시간이 더 주어진다면 경력 설계를 정말 잘할 수 있을 것 같아요."

커리어 코칭을 하다 보면 대단한 스펙을 보유한 대학생들을 많이 만난다. 건축공학을 전공한 한 친구는 성적우수 장학금을 3회 받은 바 있고, 중국어를 구사할 줄 알며, 토익 점수가 800점이 훌쩍 넘었다. 또한 동네 학원에서 강사로 일한 경력, 6개월간 독일 어학연수 경력, 자동차 회사 아르바이트 경력, 그리고 필리핀 단기 봉사활동과 대학 축제 때 보컬을 맡아 공연한 이색 경력까지 화려했다. 대학 4년을 어찌나 알차게 보냈는지 그의 얼굴에는 세상에 대한 기대감과 열정으로 가득 차 있었다.

하지만 참으로 안타깝게도 그의 커리어는 그다지 매력적이지 않다. 현재 건설회사의 해외영업직 입사를 희망한다는 당찬 각오와 달리, 그 목표에 대한 전략적 고민과 흔적은 그 어디에서도 찾아볼 수 없기 때문이다. 자

신의 직업 인생이 어디로 향해 갈 것인지에 대한 구체적인 계획을 설계하고, 방향에 맞는 수행 경력들을 쌓아가는 것이 경력 로드맵이다. 그런데 그에게는 가장 중요한 방향이 보이지 않는다는 치명적인 결함이 있다.

커리어(career)란 전 생애에 걸쳐 가정, 학교, 사회에서 경험하게 되는 것들 중 일과 관련된 경험을 말한다. 즉, 직업 목표와 관련된 활동들만 커리어라는 이름을 붙여 부르는 것이다. 위의 경우에는 건설회사의 해외영업이라는 직업과 관련된 사전 노력과 투자들만 커리어 관점에서 인정할 수 있는 경력이다. 도착지가 어디인지 보이는 길이 있는 커리어, 한 가지 색깔을 확실하게 띠는 커리어, 유기성과 일관성이 결합된 커리어, 그것이 바로 대학생활 동안 명심하고 만들어야 할 경력 설계의 핵심이다.

지난 2010년 〈중앙일보〉 경제 면에 소개된 한 여성 구직자의 커리어를 보면서 경력 설계에서 고려해야 하는 요소들에 대해 조금 더 구체적으로 고민해보자.

- **학   력** : 선문대 광고홍보학과 졸업
- **수상 경력** : 대한민국 대학생 광고 경진대회 충남 지역 파이널리스트, 교내 우수 동아리상
- **자 격 증** : 정보기술자격 파워포인트 부문(한국생산성본부)
- **경   력** : 교내 광고기획 동아리 '애드블루' 회장(2008년 3월~2009년 2월), 광고대행사 평일기획 인턴(2009년 7~8월), 광고 연구원 AE(광고 기획자) 과정 수료(2009년 8월~2010년 2월)
- **지원 직무** : 광고회사 AE

광고회사 AE를 지원하는 그녀가 대학생활 동안 형성한 커리어는 성공적이다. 학력, 수상 경력, 경력, 자격증까지 모든 활동이 현재 지원하는 직무인 광고회사 AE와 100% 싱크로율을 자랑하며 일치한다. 그녀의 경력을 보면 어디로 가고자 하는지 길이 보인다.

"아니, 어떻게 자신의 커리어 목표를 이렇게 빨리 정할 수 있단 말이에요! 전공이 맞지 않을 수도 있고, 하고 싶은 일이 좀처럼 나타나지 않을 수도 있고, 모처럼 흥미를 갖고 활동했던 일들이 최종 선택하는 직업과 어울리지 않을 수도 있잖아요?"

물론 맞는 말이다. 하지만 참으로 애석하게도 이윤 추구를 목표로 하는 기업에서는 개인의 진로 탐색을 위해 소모되는 시간에 긍정적이지 않다. 졸업 전에 이미 기업이 원하는 맞춤형 인재가 되어 있어야 뽑아줄지 고민해보겠다고 팅기고 있으니, 대학 재학 기간 동안 맞춤형 커리어 설계 없이는 대기업의 문턱을 넘기가 참으로 어렵다.

그런데 재미있는 사실은 희망 직무와 유기성이 있는 경력들 중에서도 비중이 다르다는 것이다. 면접관의 입장에서 탐나는 90점짜리 경력이 있는가 하면, 그러든가 말든가를 중얼거리게 하는 70점짜리 경력도 있다.

퀴즈로 한번 이해를 도와볼까? 위의 예시 커리어들 중 광고회사 입장에서 가장 높은 점수를 줄 수 있는, 호기심을 가질 만한 경력은 무엇인지 다음 항목들 중 하나를 골라보자.

① 선문대학교 광고홍보학과 졸업
② 대한민국 대학생 광고 경진대회 충남 지역 파이널리스트
③ 교내 광고기획 동아리 '애드블루' 회장
④ 광고 대행사 평일기획 인턴

⑤ 광고 연구원 AE 과정

정답은 몇 번일까? 잠깐! 정답을 말하기 전에 꼭 명심해야 할 사항이 있다. 그것은 바로 기업이 선호하는 인재에 대한 속마음인데, 요약하면 다음과 같다.

"기업은 기업에서의 경력을 좋아하고 직무와 닮아 있는 경험을 선호한다."

그렇다. 기업은 철저히 이윤 창출 입장에서 인재를 채용하기 때문에 학교 동아리, 봉사활동보다는 기업 내 아르바이트나 인턴 활동, 기업 주최의 대외활동 등과 같은 기업 냄새가 나는 경력을 좋아한다. 그중에서도 현재 희망하는 직무와 연관성이 높은 활동에 마음을 빼앗긴다.

이 원칙을 적용하면 정답은 바로 ④번! 광고 시장에서 제법 인지도 있는 광고회사의 아이디어 기획부터 광고 시안 작성까지 모든 과정에 참여한 인턴 경력과 AE 경력은 이미 같은 업계의 기업을 경험했다는 점, 타 기업에서 선발된 인재라는 점, 실제 기업에서 행하는 업무를 이해하고 있다는 점에서 경쟁력 있는 경력으로 인정받을 수 있다.

즉, 희망하는 분야와 직무를 빨리 결정하고 그곳에 도달할 수 있는 크고 작은 사다리들을 만들어낼 때, 취업에 유리한 커리어를 설계했다고 평가받을 수 있는 것이다. 일찌감치 목표 기업과 희망 직무가 결정된다면 성공적인 취업으로 향하는 확률은 훨씬 높아진다. 더욱 지능적이고 전략적이고 똑똑한 커리어 설계를 도모할 수 있기 때문이다.

지난 2010년에 KT 신입사원으로 입사한 이성우 씨. 그를 채용한 면접관은, "처음 봤을 때 KT에서 뽑지 않으면 갈 데 없는 사람이구나 싶었다."라고 평가했다. 더 훌륭한 스펙과 더 다양한 기업 경험을 지닌 다른 지원자보다 이성우 씨가 반드시 필요한 인재라고 평가받을 수 있었던 비결은 전략적 인턴 활동을 통한 차별성에 있다. 그는 철저하게 KT 한곳만 바라보는 해바라기 작전으로, 인턴 활동과 자격증 취득까지 KT의 직무와 꼭 닮은 것들로만 스펙과 경력을 쌓았다.

다음은 이성우 씨의 대학 재학 기간의 커리어이다.

- **이 름** : 이성우
- **회 사** : KT 서울 동부 네트워크 서비스 센터 인터넷 팀 사원
- **학 력** : 한양대학교 컴퓨터교육학과 졸업
- **외 국 어** : 토익 765점
- **인턴 경력** : KT 인턴(2008년 7~8월)
- **자 격 증** : CCNA(네트워크 관련 국제기술자격증), 정보처리기사
- **특이 경력** : 범한 네트웍스(KT 협력업체) 근무 (2005년 9월~2006년 8월)

(출처: 〈중앙일보〉 경제 면)

면접관이 한눈에 '우리 식구다'라고 반응했을 정도로 그의 전공, 인턴, 자격증, 특이 활동 모두 희망 기업이나 직무와 꼭 닮아 있다. 그중에서도 눈여겨보아야 할 이력은 휴학 기간 동안 '범한 네트웍스'에서 직원으로 근무한 경력과, 이후 KT에서 두 달간 인턴 사원으로 일한 경력이다.

"협력업체인 범한 네트웍스에서 근무하며 밤을 새우다시피 장애를 처리했고, 그때마다 보고서를 작성해 사장님에게 피드백을 받았습니다. 입사 후 네트워크 장애를 처리하기 위해 하루 평균 150km를 자동차를 끌고 다녔어요. 결국 사장님에게 인정을 받았고, 입사 6개월 만에 주임으로 승

진했죠. 그리고 목표 기업이던 KT에 파견돼 근무할 기회도 잡게 된 것입니다."

협력업체에서 근무하며 희망 직무와 유사한 일을 일찌감치 경험하고 목표 기업에서 파견 근무까지 한 경력으로 하늘의 별 따기라고 불리는 대기업 인턴 경력을 만들 수 있었고, 이를 발판으로 신입사원 채용에도 합격했다. 빈틈 하나 없는 맞춤형 커리어 설계를 통해 좁은 취업문을 넓은 문으로 만든 케이스!

"직무도 아직 왔다 갔다 하는데 어떻게 희망 기업까지 정할 수 있죠? 한 곳만 바라보며 애사심을 불태우는 구직 전략은 정말 소수 아닌가요?"

아직 절망할 필요는 없다. 희망 기업을 아직 결정하지 못했다 하더라도, 불확실하긴 하지만 희망하는 직무에 대한 열정만 있어도 어느 정도 성공적인 커리어를 대학 생활 동안 설계할 수 있으니까.

아모레퍼시픽 계열사인 에뛰드 마케터로 근무하고 있는 유효인 대리. 그녀는 미대를 졸업하고 화장품 회사 마케터로 8년째 근무하고 있다. 미대 출신의 그녀가 전공과 전혀 상관없는 마케팅 직무에 지원해 합격할 수 있었던 비결은, 업계와 직무에 연관된 다양한 교양 활동들을 커리어로 쌓아 온 데 있다.

"희망 기업은 미정이었지만 화장품 회사에는 꼭 가야겠다고 마음먹었죠. 그래서 대학 시절에 화장품 회사의 업무를 수행하는 데 도움이 될 만한 일종의 교양과목 같은 활동에 투자했죠. 이를테면 브랜드 마케팅 홍보대사, 화장품 동호회, 뷰티 동아리 활동을 거쳐 화장품 회사 인턴 생활을 했어요. 뷰티 회사에서 일하기 위해 기본적으로 필요한 뷰티 트렌드와 감각을 함양하기 위해 컬러리스트 자격증도 땄죠. 더불어 홍보와 마케팅 직무에 확신이 생기면서 이후 실질적으로 필요한 영상 편집 능력과 글쓰기

능력을 배양하기 위해 관련 프로그램들을 따로 수료했답니다."

하지만 문제는 이들처럼 대학 졸업 전까지 확신을 가질 수 있는 직업을 찾기가 너무나도 어렵다는 것이다. 학교와는 다른 조직생활에서 이루어지는 일들에 대한 정보가 절대적으로 부족한 탓이요, 적성과 흥미에 어울리는 직업에 무지한 탓이요, 꿈의 기업에 입사하기 위해 필요한 자격 요건들에 대한 이해 부족 탓이리라. 따라서 스마트한 경력 설계를 위해서는 학년별로 다른 접근을 펼칠 필요가 있다.

학년별로 명심해야 할 경력 설계의 원칙을 정리하면 다음과 같다.

1학년: 좋아하는 일을 찾아 많은 대외활동에 열을 올릴 것
2학년: 많은 대외활동 중 더 몰입하고 싶은 한두 가지로 범위 좁히기
3학년: 욕심은 금물, 선정된 직업과 관련 있는 기업 활동 만들기
4학년: 영어 점수 만들기, 맞춤형 면접과 자기소개서 작성 준비

상대적으로 학업과 취업의 압박에서 여유로운 1학년 때는 되도록 다양한 경험과 대외활동을 통해 자신의 재능과 열정이 발휘되는 영역에 대한 감을 잡는 게 중요하다. 경력 활동의 질보다 양이 중요한 시기이다. 많은 경험 자극을 받을수록 선택하고 판단할 수 있는 범위가 넓어지는 동시에, 이른 시간 안에 자기 탐색에 대한 답들을 찾을 수 있다.

2학년 때는 다양한 경력 활동 중 질적으로 투자할 수 있는 한두 가지를 찾아 밀도 있게 도전해보는 것이 필요하다. 예를 들어, 한국 월드비전 대외협력 팀에 근무하는 김수영 씨는 1학년 때 경험한 16개의 아르바이트와 8개의 대외활동 중 국제적인 교류 활동을 하는 일에 매력을 느꼈다. 따라서 2학년 한 해 동안 국제기구 IVI 홍보개발 팀 인턴, 세계지식포럼 노벨상 위원장 수행 통역, 글로벌 리더십 대학생 해외봉사, 한태말 청소년 문화교류와 자원봉사, 프랑스어 자격증 Delf 취득 등 국제 분야와 관련된 경력 쌓기에 몰두했다.

　　한편 고학년으로 접어드는 3학년부터는 본격적인 선택과 집중이 필요한 시기이다. 희망하는 기업 또는 직무가 결정되었다면 그 목표를 이루기 위한 실전이 실행되어야 한다. 김수영 씨의 경우, 국제 NGO 활동가로 근무하겠다는 목표가 세워지자 직무에 필요한 기본 역량과 자질을 키우기 위해 휴학을 결심했다. 그리고 더욱 연관성 있는 '모 기업 해외사업부 계약직 파견 근무(캐나다)', '나이아가라 대학 편입과 졸업'이라는 굵직한 경력을 완성했다. 관심이 생기는 것, 해보고 싶은 것들이 중간중간 비집고 들어오겠지만, 선택과 집중을 위해 과감히 버릴 것은 버리고 한 가지 분야로 몰입해야 하는 시기가 바로 이때이다.

　　마지막으로 4학년 때는 희망 기업 또는 직무에서 요구하는 기본 스펙 중 빠진 부분을 채우고, 실전 취업과 관련된 구체적인 활동들을 벌이는 것이 좋다. 요구하는 영어 점수를 만들고, 기업 분석과 기업 인재상에 맞는 맞춤형 면접 전략과 자기소개서 작성을 준비하는 것이다.

　　이렇게 쓰고 보니 참 서글프다. 대학 졸업장만 있으면 취업은 식은 죽 먹기인 시절도 있었는데, 이제는 대학 입학부터 성공 취업을 위한 커리어를 설계하기 위해 전략적인 삶을 살아야 한다는 것에 숨이 턱 막힐 정도로 안타깝고 답답하고 미안하다. 빨리빨리 방향을 잡고 답을 내고 결정하라고 재촉하는 것 같아, 과연 이 방법밖에 없는가를 고민하느라 며칠을 한 글자도 쓰지 못한 채 끙끙거렸다.

하지만 '그럼에도 불구하고' 스마트한 경력 설계의 중요성을 열나게 피력할 수 있는 이유는 한 가지에 미쳐보아야 다른 것도 볼 수 있다는, 삶에서 얻은 교훈 때문이다. 전략적 커리어 설계라는 것이 자신의 인생을 무조건 단정 짓고 자신을 옥죄는 가혹 행위처럼 생각되기도 하겠지만, 한 가지에 깊게 몰입해본 경험은 또 다른 세상에 눈을 뜰 때도 깊게 집중할 수 있는 습관을 선물한다.

언젠가 지금과는 전혀 다른 직업을 선택하게 되더라도 몸으로 부딪치며 치열하게 살아온 경험은 사라지지 않는 역사처럼 자신에게 남아 있을 것이다. 그리고 그것이 뒷날 자신만의 경쟁력이 될 것이기에 스마트한 경력 설계의 중요성에 대해 감히 조언해본다.

아르바이트 선택 전 체크해야 할 것들

이제 아르바이트는 스펙의 한 부분으로 여겨지기도 하고, 전공과 연관된 아르바이트는 경력으로 인정받기도 한다. 하지만 아르바이트라고 해서 모두 좋은 것은 아니다. 무조건 경험을 쌓는다는 목적으로 시작하기보다 관심 분야와 교집합이 많은 것을 선택하는 것이 효과적이다.

예를 들어, 희망 직무가 유통이나 영업 분야라면 텔레마케팅이나 통계 아르바이트 등을 경험하는 것이 좋고, IT나 정보통신이 희망 직무라면 인터넷 쇼핑몰 사이트 구축, IT기업 계약직 프로그래머, 기업 사이트 관리 및 보조 등과 같은 아르바이트를 경험하는 것이 좋다.

한편 항공사 지상직을 준비하고 있다면 고객을 실전으로 경험할 수 있는 패밀

리 레스토랑 서버, 영화관 티켓 발권 업무, 예식장 도우미 등과 같이 체력과 서비스 정신을 모두 요구하는 아르바이트를 경험해보면 좋다.

마케팅이나 홍보 직무라면 트렌드와 소비자 심리를 읽고 이를 응용해볼 수 있는 유통·금융·제조 회사의 대학생 마케터, 서포터즈 등을 경험하거나 기업 모니터링 아르바이트를 해보는 것이 직무를 간접적으로 경험하며 경력까지 쌓을 수 있는 좋은 방법이다.

애사심도 스펙이다

한때 내 삶의 목표는 잘나가는 홍보대행사 입사하기였다. 외향적 성향, 분석적 기질, 사교적 관계 맺기의 능통함, 언론 매체에 대한 선호 등등 나에 대한 탐색이 이어질수록 홍보인으로 살아가는 것이 적합하다는 결론이 내려진 탓이다.

하지만 사실 내 스펙은 초라할 만큼 별 볼일 없었다. 서울 소재의 대학 졸업장과 중상위권 토익 점수가 전부였으니까. 한숨을 내쉬며 아쉬운 마음에 희망하는 기업의 홈페이지를 매일같이 들락거렸다.

그런데 참 이상한 일이 일어났다. 한 6개월쯤 지나고부터 머릿속에 기업과 관련된 정보들이 체계화되는 듯했다. 게시판에 공지된 새로운 클라이언트 이름과 지면광고 시 적용한 홍보 전략, 새로 부임한 임원 소개 글들을 보면서 나름의 기업 분석을 할 수 있게 되었고, 나만의 아이디어가 떠

오르기도 했다.

　급기야 나는 그 기업 대표의 개인 블로그까지 찾아냈고, 매일 밤 그의 블로그와 회사 홈페이지를 방문해 예비 지원자로서 궁금한 것들을 물으며 적극성을 발휘했다. 한 번 들으면 잊지 못할 아이디를 만들어 기업에 대한 개인적 견해를 밝히기도 했다.

　"얼마 전 홍보대행사에 근무하는 선배를 만났습니다. 같은 업계에 근무하고 있는 선배에게 요즘 A사의 평판에 대해 물었더니, 최근 리스크 관리에 약세를 보이고 있다는 말을 들려주셨습니다. 회사 자체 브랜드 홍보를 위해 제가 하고 싶은 일의 리스트는 아래와 같습니다."

　시간이 흐르면서 게시판에는 미묘한 변화가 감지되기 시작했다. '왜 이토록 우리 회사에 목숨을 거는 걸까?' 하는 궁금증 탓인지 외부인의 시선으로 회사에 대한 의견을 정리해 올린 나의 글은 점점 더 많은 조회 수를 기록했고, 회사 관계자들의 댓글까지 얻어내는 성과를 내기 시작했다. 그리고 6개월 뒤 내 집 안방처럼 들락거렸던 그 기업의 공채 정보가 떴다.

　그날 나는 가슴이 벅차올랐다. 홍보와 관련된 아무런 스펙 하나 없었지만 할 말도 쓸 말도 많았다. 6개월 이상 회사 홈페이지에서 동고동락하며 느낀 점, 배운 점, 생각한 점을 정리해 지원서를 작성했다. 이와 더불어 실제로 진행하고 싶은 프로모션에 대한 아이디어를 담은 기획안을 PPT 형태로 작성해 입사 담당자 이메일로 보냈다. 비록 이력서에 드러난 스펙은 부족할지언정, 매일 회사 홈페이지를 내 집 드나들듯 하면서 회사에 대한 정보와 관심은 상위 1%를 상회하는 수준이 된 것이다.

　"이재은 씨, 보내주신 포트폴리오 잘 받았어요. 이런 자료를 보내준 사람은 처음이군요."

　열정 때문이었을까? 별 볼일 없는 스펙의 나는 그토록 소망하던 A사에

최종 합격했다. 직무와 관련된 활동도 전혀 없었고 높은 영어 점수도 인턴 경력도 없었지만, 그 회사만 바라보았던 마음 하나로 좁은 취업문을 통과한 감동적인 기적을 만들어낸 것이다.

많은 구직자들이 취업을 스펙 경쟁으로 생각한다. 물론 이왕이면 잘 준비되고 설계된 이력을 지닌 인재가 취업에 유리한 것은 사실이다. 하지만 사람들이 모여 함께 회사와 개인의 성장을 도모하는 조직에서 필요한 인재는 능력만큼이나 애사심과 협동심도 요구된다.

수많은 회사들 중 하필이면 이 회사를 희망하는 명백한 사연을 가진 사람, 한 사람만 바라보는 마음처럼 이 회사에 입사하기 위해 열정을 불태워 온 사람, 문어발식 지원을 한 구직자의 머리에서는 절대 나올 수 없는 맞춤형 아이디어가 가득한 사람, 기업은 그들에게 마음을 내어줄 수밖에 없다. 기업이 인재를 선택하는 일도 사랑을 시작하는 연인들의 마음과 닮아 있으니까.

실제로 최근 몇 가지 콤플렉스와 약점이 있는 지원자들에게 '애사심' 전략으로 취업에 성공시킨 사례가 있다. D 대학 경영대를 우수한 성적으로 졸업한 K 씨. 그녀는 화장품 회사 마케팅직 입사를 준비하는 영리하고 성실한 재원이었지만, 두 번의 휴학 후 상대적으로 많은 나이 때문에 번번이 취업에 고배를 마시고 있었다.

그러던 어느 날, 우연처럼 화장품 회사에 근무하고 있는 지인으로부터 한 통의 전화를 받았다. 신입사원이 갑자기 사표를 쓰는 바람에 비공개 채용으로 신입직을 채용해야 하는데, 마땅한 사람이 있는지를 묻는 전화였다. 마침내 그녀에게도 기회가 찾아온 것이었다.

K 씨는 면접 전날, 신입 마케터 입장에서 경쟁사 분석, 시장 분석, SNS 마케팅 전략 아이디어, SNS에 활용 가능한 뷰티 콘텐츠 등을 정리해 파워

포인트 형식으로 작성했다. 언제 이 많은 내용과 아이디어를 모았던 걸까 하고 입이 쩍 벌어질 정도였다.

"화장품 회사에 입사하고 싶다는 마음을 먹으면서 국내 유명 화장품 회사들의 페이스북과 트위터에 가입하고 쭉 관찰해왔어요. 아이디어가 생각날 때마다 메모를 해두기도 했고, 파워 뷰티 블로그들과 교류하면서 화장품 트렌드를 분석해왔습니다."

그녀는 세상에 하나밖에 없는 맞춤형 제안서와 기획안으로 높기만 했던 대기업 취업문을 통과해 현재 인턴으로 활동하고 있다. 얼마 후 정규직 전환 예정이라는 통보까지 받았다.

애사심은 사랑이다. 변치 않는 일관된 사랑에 대한 확신을 상대방에게 심어준다면 토익 점수를 몇십 점 더 올리는 것보다, 학점을 몇 점 더 받는 것보다, 차별성 없는 어학연수 경험을 부각하는 것보다 훨씬 차별화된 전략을 펼칠 수 있다. 사랑보다 좋은 조건은 없으니까. '세상에서 나보다 너를 더 사랑하는 사람은 없다' 는 것을 증명한다면, 그것이 사람이든 기업이든 당신에게 반할 것이다.

 **애사심으로 좁은 취업문 뚫는 필살기**

지원 회사와 관련된 활동을 만들어라

'수많은 회사들 중 왜 하필이면 우리 회사냐?' 에 대한 답을 할 수 있어야 애사심을 확인받을 수 있다. 입사를 희망하는 회사가 정해졌다면 대학생 서포터즈,

아르바이트, 인턴 등 그 회사 내부로 들어갈 수 있는 길을 모색하라. 그리고 그 회사만의 조직문화와 특성을 200% 경험하라.

지원 회사의 경쟁사 분석

지원 회사의 입장에서는 경쟁사에 대한 치밀한 분석만큼 솔깃한 이야깃거리는 없다. 제품, 시장, 소비자 분석 등 다양한 관점에서 경쟁사를 분석한 뒤, 지원 회사의 강점을 강화하고 약점을 보완하기 위한 좋은 아이디어를 제시하라.

좀 더 구체적인 기업 정보를 얻고 싶다면 전자공시시스템(dart.fss.or.kr) 사이트를 참조하면 좋다. 기업 분석을 할 때는 기간을 최근 2년 내로 설정하고, 사업보고서 항목 중 회사 개요, 회사 연혁, 사업 내용, 계열사 현황 등을 참조한다. 이를 통해 지원 회사 기본 정보, 타사 비교 스왓 분석, 시장 조사, 발전 가능성, 이윤 추구를 위한 아이디어, 경험을 통한 실무 역량에 대한 생각을 정리할 수 있다.

전자공시시스템에 누락되어 있는 기업인 경우, 네이버 홈페이지에서 실시간 증권정보를 검색한 뒤 기업 종합 정보, 기업 분석, 뉴스 공시 등의 자료를 참고해 기업 분석을 시도한다.

이를 바탕으로 기업 브랜드나 직무와 관련된 활동에 적용하면 좋은 아이디어를 포트폴리오로 구성해 자기소개서의 '지원 동기 및 포부' 항목에 기재하면 센스만점! 면접 구술 시 강조해도 좋다.

나만의 방식으로 실제 기업을 경험하라

고객의 입장에서 기업을 경험하고 느낀 점(개선할 점, 타사와 비교해 강점)을 체계화해 전달하는 것도 남다른 애사심을 어필할 수 있는 방법이다. 한 예로, A 금융사에 입사한 O 씨는 한 달간 배낭여행을 다니면서 전국에 위치한 A사의 수십 개 지점을 탐방했다. 이를 통해 지점별 특징을 정리한 뒤, '최고의 지점'과 '최악의 지점'을 일정한 기준으로 선발했다. 이와 함께 지점 직원들의 명함을 받은 명함첩을 입사서류와 함께 동봉해 감동을 자아낸 사례가 있다.

함께 어울리는 사람을 보면 커리어 스타일이 보인다

'난 대체 왜 이 모양 이 꼴일까? 한심해. 초라하고 못났어!'

이직과 전직을 여러 차례 경험하는 동안 내가 누구인지 헷갈렸다. 다들 자신과 어울리는 직업을 선택해 안정적인 인생을 살아가는 듯 보이는데, 나는 무엇이 문제이기에 늘 허기를 느끼며 날지 못하는 새처럼 파닥거리고만 있는 것일까를 고민해야 했다.

그러다가 서른셋 무렵, 다시 말해 내가 잘할 수 있는 일이 무엇인지, 잘 하고 싶은 일은 무엇인지에 대해 정확한 구분과 정의를 내릴 만큼 확신이 생겼을 무렵에 나와 꼭 맞는 '직업적 일'을 찾을 수 있었다. 막연하게 '글

쓰기에 재능이 있음'이라고 말하던 이십 대와 달리, '누구나 아는 내용을 좀 더 쉽고 구체적으로 풀어내는 글쓰기 능력이 있음'이라고 훨씬 더 정확한 진단을 내릴 수 있게 되었다. '말하기에 소질'이 있음이라는 추상적인 평가 대신, '2030 여성 대상의 디테일한 일상 소재를 활용한 공감 스피치에 재능이 있음'이라는 꽤나 구체적인 평가를 스스로 내릴 수 있게 된 것이다. 그 과정에서 '여자 라이프 디렉터'라는, 아직은 어색하지만 평생 달고 싶은 이름표도 생겼다. 자신을 바로 알고 제대로 진단할 수 있어야 꿈도 꿀 수 있음을 그제야 깨달았다.

물론, 어느 날 갑자기 "사랑하는 딸아! 너는 이런저런 일을 잘한단다. 이걸 하거라."라는 신의 음성이 들렸던 것은 아니다. 큰 벽돌처럼 막연하게 느껴지던 재능이 양손에 쏙 들어오는 작은 퍼즐 조각처럼 구체화될 수 있던 것은 관계의 교류 덕분이다. 익숙한 타인인 남편과 수년간 함께 살을 맞대고 살면서 나의 어딘가에는 그의 생각, 가치관, 생활방식, 습관 등이 차곡차곡 쌓이기 시작했다. 또한 수년간 함께해온 친구들과 감정을 주고받으면서 나의 또 어딘가에는 그들과 닮은 것들도 생긴 반면, 전혀 다른 것들이 슬그머니 올라오기 시작했다. 그리고 어느 순간, 깨달았다. 나와 다른 존재들과 교류하면서 나는 매일 변화하는 생명체로 성장할 수 있었고, 그 관계를 통해 나를 조금씩 알아갈 수 있었다는 것을.

함께 서점에 가더라도 전문서적이나 실용서적 위주로 책을 구매하는 남편과 달리, 서정적인 수필집이나 말랑말랑한 인문·철학 서적을 골라보는 나를 보며 남다른 감성의 차이를 발견할 수 있었다. 일상적인 수다를 마냥

좋아하는 친구들과 달리, 한두 가지 주제로 밀도 있는 대화를 나누는 것을 더 좋아하는 나를 볼 수 있었다. 어려운 단어나 도식적인 그래프가 가득한 두툼한 과제를 제출하는 대학원 동기들과 달리, 쉽고 간단하게 정리된 한 장짜리 과제를 떳떳하게 내미는 나를 보며 쉬운 언어로 풀어내는 남다른 감각이 있음을 깨달을 수 있었다. 나라는 존재에 대한 이해는 '나'라는 잣대만으로는 지극히 제한적인 대답밖에 얻을 수 없음을 관계를 통해 배운 것이다.

"나라는 존재를 제대로 알아가기 위해서는 주변 사람들을 잘 관찰할 필요가 있다는 이야기인가요?"

빙고! 사람들은 흔히 자신을 탐색하는 과정에서 주인공이 자기 자신뿐이라고 착각한다. 그러나 나라는 사람은 나를 둘러싼 수많은 타자들에 의해 형성된 복합체이다. 마치 장작 냄새, 불기운, 소금 냄새, 타지 않을 만큼의 온도, 알맞게 익을 수 있을 만큼 착한 시간, 이 모든 요소들이 어울려 탄생되는 훈제오리처럼 나라는 존재도 실은 나를 둘러싼 사람들이나 환경 같은 자극 요소들에 대해 끊임없이 반응하며 만들어진 것이다. 탈현대주의 철학자인 피에르 부르디외가 말한 "우리의 몸은 타자들의 욕망의 결합체인 사회적인 몸"이라는 메시지와 일맥상통하는 깨달음이리라.

'관계로 보는 나의 이해', 이것이 바로 이 장에서 함께 고민하며 배울 내용이다. 당신에게 영향을 주는 사람들을 돌아보고, 그들과의 관계 속에서 당신의 어떤 부분들이 변화하고 성장하는지 돌아보는 시간을 갖게 되기를 바라면서 'My Career Style Interview' 속으로 고고!

Action! My Career Style Interview

1. 요즘 가장 많이 왕래하며 친밀하게 지내고 있는 사람은 누구입니까? 그 사람은 당신과 어떤 점이 비슷하고, 어떤 점이 다른지 설명해보세요. 구체적인 에피소드가 들어가도 좋아요.

이름	그의 특징	비슷한 점	다른 점

2. 올해 당신이 알게 되어 고마운 사람이나 긍정적인 영향을 받은 사람이 있다면 누구입니까? 그 사람으로부터 어떤 긍정적인 영향을 받았는지 정리해보세요.

이름	그의 특징	긍정적인 영향

3. 오래 관계를 맺어온 사람들 중 당신과 가장 닮았다(성격, 행동, 사고, 삶을 살아가는 방식, 재능 등의 측면에서)고 생각하는 사람을 두 명 떠올려보세요. 그 두 사람은 당신과 어떤 점이 그토록 닮았나요? 반대로 당신은 그들과 어떤 차이가 있나요?

이름	나와 닮은 점	나의 차별성

결국 이 과정을 통해 얻고자 하는 것은 타인과의 역동적 관계를 통한 자기 탐색이다. 자신과 그들의 관계 속에 숨겨진 맥락을 이해할 때, 미처 보지 못했던 자신의 본래 모습을 발견할 수 있다. 특별한 사물에 대한 기억, 감정을 통해서도 자신을 조금 더 알아갈 수 있다.

어린 왕자에게 수천수만의 장미꽃들 중 단 한 송이의 장미가 특별했던 것은 그 둘 사이의 경험과 감정이 존재했기 때문이다. 이처럼 우리에게 어떤 사물이 특별하다는 것은 무의식의 욕망, 끌림, 본능, 유년의 기억과 같은 강력한 요소가 반응한다는 증거이다.

불현듯 서재를 둘러보니 매년 하나씩 산 책장과 그 책장을 가지런히 수놓고 있는 책들, 그리고 방 한구석에 자리 잡은 가방 진열대와 향초가 애틋하게 눈에 들어온다. 가방과 책, 그리고 최근에 사 모으기 시작한 향초.

"나는 가방이 좋아. 그리고 책과 향초가 참 좋아. 더 많이 갖고 싶어."

자신이 특별히 관심을 가지고 좋아하는 물건을 찾아 정의하는 일은 어렵지 않다. 나의 경우처럼 아무렇지 않게 가방, 책, 향초라고 대답할 수 있다. 하지만 '나는 이런 걸 좋아해!' 라고 끝내버리면 아무런 의미가 없다. 왜 그 물건들이 좋은지, 어떤 특별함이 있는지에 대해 의미를 부여할 수 있어야 한다. 그 질문에 대한 답을 찾기 위해 지난 시간을 돌아보고, 사색하고, 미래의 꿈을 설계하고, 행복에 대한 정의에 대해서도 고민하는 등의 과정을 거쳐야 비로소 이 물건들이 왜 특별한지, 왜 좋아하는지 진정으로 이해할 수 있다. 특별한 물건에는 특별한 욕망과 기대와 희망이 숨겨져 있으니까. 얼마 전에 단지 가방과 책, 향초를 좋아한다는 객관적 답변에서 조금은 묵직하고 달콤하게 의미 있는 답변을 찾아낸 나처럼 말이다.

"나는 내 안에 가득한 여성성을 사랑해. 부드럽고 감성이 충만하고 예쁘고 선한 것을 지지하고 공감할 수 있는 여성성 말이야. 그 감성으로 세상을 바라보며 나만의 시선과 지혜로 사람들과 소통하고 싶어. 말과 글을 통해서 말이지. 내향성이 강한 나는 사람들에게 나를 드러내거나 노출되는 것이 때로는 극한 스트레스와 압박감으로 다가온다는 걸 알아. 그때마다 내게 어울리는 방법으로 나를 다독여줄 거야. 향기로운 냄새만으로도 충분히 일상의 탈피를 느낄 수 있게 해주는 아름다운 향초나 여성성을 대변하는 패션 아이콘인 가방도 선물해줄 거야. 그리고 그 위로로 다시 성장할 것이고 변화할 것이고 더 나은 내가 되어 괜찮은 작가라는 평가를 받고 싶어. 미래에 언젠가는 말이야."

내게 아주 특별한 물건	좋아하는 이유	물건에 깃든 특별한 의미

잘나가는 커리어 우먼을 통해 배우는 경력 설계

요즘은 커리어를 개발하는 방법도 다양하다는 생각이 든다. 과거에는 한 직장에서 평생 일하며 올라갈 수 있는 데까지 착실하게 승진하는 것이 경력 개발의 모범이었다면, 지금은 '비싼 몸값'을 위해 몇 년에 한 번씩 이직을 하거나 잘 다니던 회사를 박차고 나와 사업체를 꾸리기도 한다. 그 과정에서 전혀 다른 직업으로 갈아타기도 하고, 직종은 동일하게 유지한 채 회사만 바꾸기도 한다. 경력직과 수시 채용이 점점 더 늘어나는 요즘 희망하는 직장의 채용 정보가 뜨면 과감히 지원하고, 더 이상 미련이 없을 만큼 비전이 없다고 판단되면 깨끗하게 정리하는 처세가 성공적인 커리어 개발을 위한 필수 역량일지도 모르겠다.

얼마 전, 과거에 몸담았던 직종과 다른 분야로 이직한 U 선배가 이렇게 한탄했다.

"괜히 이직했어. 연봉은 올랐지만 상사와의 갈등으로 퇴사 위기에 처했어. 요즘 잠이 안 와. 여기서 애매하게 경력 관리를 하면 갈 곳이 없어지는데……. 정말 어쩌지?"

놓치기 아까운 기회라고 생각되어 이직을 결심했는데, 예기치 못한 상사와의 불협화음으로 언제 그만두어야 할지 모르는 찬밥 신세가 되어버린 것이다. 그녀는 동종 업계는 아니지만 동일한 직무를 수행하는 수평 이직이기 때문에 손해 보지 않는 장사라고 생각한 것이 큰 오산이었다.

반면, U 선배와 달리 국내 HR 컨설팅 회사에서 대기업 인재개발(HRD) 부서 담당자로 이직한 Y는 얼굴에 웃음꽃이 가시지 않았다.

"좀 더 큰 무대에서 전체를 볼 수 있는 일을 하고 싶었는데, 정말 탁월한 선택이었어요. 이제는 이직을 통해 경력관리를 하는 시대라는 걸 실감했죠."

이쯤 되면 헷갈리는 점이 생길 것이다. 대체 경력 관리는 어떻게 하는 것이 현명한 걸까? 사랑만큼이나 경력을 관리하는 방법도 다양하다 보니 대체 누구의 말이 맞는 것인지, 정답이 있기나 한 것인지 아리송하다. 그래서 준비해보았다. 성공적인 커리어를 이어온 자타가 공인하는 커리어 우먼들의 커리어 설계 전략을 통해 경력 개발의 다양한 방법과 장단점을 분석한 것이다.

여섯 가지 유형으로 구분한 경력 개발 모형을 통해 성공적인 커리어 설계를 위한 전략을 함께 고민해보도록 하자.

1. '한 우물만 파라!' 전통적인 경력 개발형

이름 : 오인경

교육심리학과 졸업
교육공학 석사
교육공학 박사
전 삼성인력개발원 차장
전 삼성기업교육업체 크레듀 상무
전 기업교육 컨설팅 업체 창업
현 포스코 글로벌리더십 센터장(상무)

포스코 글로벌리더십 센터장인 오인경 씨는 포스코 내 최초의 여성 임원인 동시에 국내에서 손꼽히는 HRD 전문가이다. 그녀의 경력 개발 경로는 전형적인 한 우물 파기로, 대학 전공과 직무 선택, 경력 등이 모두 한 분야로 일치함으로써 HRD 전문가로 성장해왔다는 특징이 있다. 그녀의 경력 중 눈여겨볼 것은 조직 내외를 넘나들며 커리어를 발전시켰다는 점이다. 대기업에서 10년 넘게 직장 생활을 하다가 기업교육 컨설팅 업체를 창업, 자신의 사업을 하던 중 다시 포스코라는 거대 조직으로 입사한 특이점이 있다.

최근에는 기업의 인재 선발 트렌드가 점점 외부 인사들에게 개방적으로 변하고 있어, 오인경 씨처럼 한 분야의 전문성을 보유하며 조직을 넘나든 커리어는 경쟁력이 될 수 있다. 과거에는 외부 인사들이 대기업에 영입될 때에 사외이사나 고문 정도의 직급만 맡았으나, 최근에는 외부 인사라 하더라도 업무 적임자라는 판단이 들면 과감하게 중책을 맡기는 채용문화가 확산되고 있기 때문이다.

그녀의 전문성 개발 경로의 강점을 정리하면 다음과 같다.

1. 전공과 직무 성격이 일치된다.
2. 동일 산업으로 유사 직무를 유지해왔다.
3. 조직 내외를 넘나들며 관련 직무 경력을 확장시켜왔다.

오인경 씨와 경력 개발 경로가 유사한 또 다른 커리어 우먼으로는 제일모직 영업전략 상무인 황진선 씨를 예로 들 수 있다.

이름 : 황진선

경영학과 졸업
전 한국 P&G 영업사원 입사
전 한국 P&G 글로벌 매니저
현 제일모직 영업전략 상무

황진선 씨 역시 전공과 직무가 일치하고, 영업 분야에서 한 우물을 파면서 기업을 이동한 전문성 개발 경로임을 알 수 있다. 까다로운 외국계 소비재 회사의 영업 부서에서 경력을 쌓은 뒤 국내 기업의 임원으로 몸값을 올려 이직하는 경로를 그렸다.

오인경 씨와 황진선 씨의 경우는 전공과 일치하는 직무를 선택한 뒤 한 우물을 깊이 파면서 적당한 시점에서 스카우트 제의를 받아 이직했다는 공통점이 있다. 한 분야의 전문가 경력을 희망하는 여성들이라면 참고해 볼 만한 경력 모델이다.

2. 한 분야의 다수 이직을 통한 전문성 입증

이름 : 박경희

영어영문학과 전공
한양투자금융 입사
보람은행 · 씨티은행 · 신한은행 PB센터 근무
삼성증권 SNI강남파이낸스센터 지점장
삼성증권 상무

동일 산업, 동일 직무를 유지하면서도 전략적인 이직을 통해 성공적인 경력 개발을 이어오는 경우들도 있다. 대표적인 사례가 바로 삼성증권 상무인 박경희 씨. 현재 그녀는 삼성증권 내 두 명밖에 없는 여성 임원 중 한 사람으로, 보수적인 금융계에서 다양한 기관을 거치며 초고액 자산가 대상의 금융자산 전문가로서 자리매김했다. 박경희 씨의 경력 설계에서 가장 큰 특징이 있다면 그것은 바로 한 직장에서 오래 근무하고, 조직 내 승진을 꾀하기보다 같은 분야의 전략적 이직을 통해 경쟁력 있는 몸값을 유지했다는 차별성이다. 기업의 인수합병 등의 위기를 오히려 개인의 성장 기회로 삼아 적기에 이직을 실현함으로써, 여러 금융기관을 거치며 다양한 인적 자본을 갖춘 전문가로서 평가받게 되었다.

3. 학위를 통한 직무 변경

모든 사람들이 처음부터 희망하는 직무에 안착해 한 우물을 파며 착실하게 경력을 쌓을 수는 없다. 실제로 업무를 익히면서 관심이 쏠리는 업무가 달라질 수도 있고, 욕심나는 직무가 뒤늦게 생겨날 가능성도 높기 때문이다.

한국 P&G의 이수경 대표이사가 바로 그와 같은 경우이다.

이름 : 이수경

영어영문학과 졸업
제일기획 광고기획사 입사
국제학 대학원 경영학 석사 졸업
P&G 입사
위스퍼 어시스턴트 브랜드 매니저
글로벌 여성용품 전략 팀 브랜드 매니저
위스퍼, 팬틴 등 헤어케어 제품군 브랜드 매니저
한국 마케팅 총괄 디렉터
미국 글로벌 코스트코 팀 마케팅 디렉터
한국 마케팅 총괄 디렉터
일본, ASEAN, 호주, 인도, 한국 등의 총괄 헤어케어 마케팅 디렉터
한국 P&G 대표이사

그녀의 이력 가운데 가장 눈에 띄는 점은 '광고 기획자'에서 '브랜드 매니저'로 전직한 것이다. 대학 졸업 후 막연하게 광고기획 업무가 잘 맞을 것 같아 제일기획에 입사했지만, 막상 업무를 진행하면서 마케팅 업무에 눈을 뜨게 되었다. 그녀는 이 두 가지 업무의 간극을 해소하기 위해 경영학 석사 학위를 취득함으로써 전문지식을 습득한 뒤 관련 분야로 재진입

했다는 점이 앞의 '한 우물 파기형'과 다른 점이다. 그 후 P&G라는 외국계 소비재 회사에서 마케팅 브랜드 매니저부터 마케팅 전반을 총괄하는 디렉터까지 소비재군별로 마케팅을 담당하였고, 마침내 최고 직급인 대표이사에까지 오르는 괄목할 만한 경력 개발 경로를 보여주었다.

3. 조금씩 도전, 경력 확장형

이름 : 유순신

불어불문학 전공
대한항공 승무원 입사
프랑스계 회사 프라마톰 코리아 행정 보좌관
미국계 회사 NCH 영업 담당
유니코서치 헤드헌팅 업무
유니코서치 대표이사
헤드헌팅 업체 유앤파트너즈 설립, 대표이사

유앤파트너즈 대표 유순신 씨는 우리나라 최초의 헤드헌터, 최고의 여성 헤드헌터 등 최초와 최고라는 명예를 얻으며 HR 채용 전문가로 이름을 날리고 있다. 그러나 그녀의 이력을 면밀히 살펴보면, 삼십 대 중반까지만 해도 채용과는 무관한 업무로 시간을 낭비(?)해온 흔적을 찾을 수 있다. 대체 어떤 비밀이 있었던 것일까?

"동경하던 비행기 승무원으로 사회생활을 시작했지만, 미국 비행 때 한 손에는 커피, 다른 한 손에는 서류가방을 들고 거리를 활보하는 커리어 우먼을 보고 단순한 서비스업 대신 사무직으로 전환하고 싶어졌죠."

비행기 승무원에서 외국계 회사의 행정 보좌관, 즉 전문 비서 업무로 커리어를 변경한 이유는 이처럼 단순했다. 비행기 승무원과 행정 보좌관, 이 둘은 전혀 다른 업무 같지만 모두 서비스의 성격을 띤 보필 업무이기 때문에 경력 확장 형태로 이동이 가능했다. 그 후 유순신 씨는 행정 보좌관 시절에 담당했던 계획서 작성과 영업정보 분석업무를 밑천 삼아 영업 부서로 또다시 경력 경로를 전환했다. 그리고 지금까지의 다양한 업무 경험을 바탕으로 헤드헌터라는 새로운 직업에 몰입하기 시작한 것이다.

유순신 씨의 경력 개발 경로의 강점은 다음과 같다.

1. 경력 확장 형태로 다양한 직무를 경험했다.
2. 적절한 시기에 전문 분야를 결정했다.
3. 신생 산업에서 자신의 분야를 개척했다.

과거 업무와의 유사성을 발판으로 조금씩 확장된 형태로 경력을 발전시킨 사례는 BMW 코리아 MINI 총괄이사인 주양예 씨의 경력 모델에서도 찾아볼 수 있다.

이름 : 주양예

인류학과 전공
핀란드 헬싱키 대학교 MBA
대교방송 PD
한국 CA 마케팅 담당
인텔코리아 홍보 담당
BMW 코리아 홍보 총괄
BMW 코리아 MINI 총괄이사

주양예 씨도 유순신 씨처럼 여러 번의 이직을 통해 '홍보 전문가'로 거듭났다. PD에서 마케팅 담당자, 마케팅 담당자에서 홍보 담당자, 그리고 하나의 브랜드 전체를 총괄하는 책임자로서 커리어를 이어온 이들의 공통점은 바로 전직과 현직의 매끄러운 연결고리 만들기이다. 자신의 재능과 기질에 딱 맞는 직업을 발견하기 전까지 과거 직무와 유사성이 있는 경력 확장형 이직을 통해 성장하다가, 적당한 시점에서 평생 직업으로 삼아야 할 분야를 선정해 전문가로서 승부수를 던진 사례라고 볼 수 있다. 직업과 직무 간의 보이지 않는 연결고리와 교집합을 잘 풀어낸 경우로, 조금 더 새롭고 도전적인 일을 희망하는, 열정 가득한 유능한 여성들이 참고하면 좋을 경력 모델이다.

4. 멀티 경험을 통한 통합 직무

이름 : 노희영
미국 대학 의예과 졸업
파슨스 디자인 스쿨 패션 전공
단추 디자인 회사 설립
이탈리안 레스토랑 창업
푸드 컨설턴트
오리온 자회사 롸이온즈 마켓오 브랜드 담당
오리온 부사장
CJ 그룹 브랜드 전략고문

"우아! 이게 정말 실화예요?"
　CJ 그룹 브랜드 전략고문인 노희영 씨의 커리어는 정말 독특하다. 전공부터 시작해서 창업, 프리랜서, 대기업 조직생활 등 다양한 조직을 넘나든 경력을 보유하고 있다. 앞서 살펴본 여성들의 경력에는 '유사성'이라는 키워드가 있다면, 노희영 씨의 경력에서는 그것을 찾아볼 수가 없다. 그런데도 기염을 토할 정도의 빠른 승진을 통해 현재 손꼽히는 브랜드 기업에서 전문가로 활동하고 있다.

  이 같은 경력 모델이 성공적인 결과로 이어질 수 있었던 것은 그녀의 독특한 이력들이 트렌드에 민감한 식품 제조회사의 브랜드를 강화하는 전략의 원동력이 되었기 때문이다. 건강, 패션, 음식 등 다양한 분야의 경험을 축적하고, 이 모든 경력들이 강력한 상승효과를 낼 수 있는 안성맞춤 영역으로 '외식업체 브랜드'를 선택한 것이 바로 성공 비결인 셈이다.

  다재다능한 죄(?)로 한곳에 몰두할 수 없었던 사람이라면 노희영 씨의 경력 모델을 참고로 지난 경력과 경험들을 한데 엮을 수 있는 일을 찾는 데 몰두하기를!

  수학공식처럼 A=B라는 정해진 틀에 따라 경력을 설계하고, 발전시킬 수 있다면 참 좋겠지만 커리어 개발이라는 것이 세상 사람들의 생김새만큼이나 다양하기에 정해진 모형은 없다. 앞서 제시한 다섯 가지 유형의 커리어 우먼들의 경력 설계 이력을 보면서 스스로 '내 길'을 가늠해보는 수밖에 없다.

  일을 대하는 태도, 신념, 취향, 기질, 관심 분야, 지적 호기심 등의 극히 개인적인 선호도에 따라 성공적인 경력 설계 모형은 얼마든지 달라질 수 있다. 결국 성공적인 경력의 목적함수는 행복과 성취, 그리고 만족이기 때문이다.

현실과 이상의 간극이 큰 그대에게

처음 구직 활동을 하는 동안 가장 좌절감을 느꼈을 때는 현실과 이상의 간극을 경험하는 순간들이 아닐까 싶다. 자신의 이상은 '중형 세단'인데 현실은 '소형 경유차' 수준에도 못 미친다는 것을 깨닫게 될 때 그동안 열심히 살아온 모든 에너지가 한순간에 얼어붙는 것 같은 공포와 불안에 휩싸이게 되고, 때로는 속수무책으로 이 상황을 포기하고 싶은 무력감이 들기도 한다.

"원하는 것을 가질 수 없다고? 난 힘들고 배고픈 건 싫단 말이에요!"

어쩌겠는가! 분명한 것은 현실과 이상 사이에 엄연한 간극이 존재한다는 사실이다. 결국 암울한 현실에서 할 수 있는 것은 현실과 타협하거나 이상으로 나아갈 수 있는 연결통로를 찾기 위해 커리어를 설계하는 것이 아닐까 싶다.

지금 당장은 여러 가지 형편과 상황이 꿈꾸는 이상에 못 미치더라도 머지않은 미래에 실현될 수 있도록 '똑똑한 우회'를 하면 된다. 안타깝게도 희망하는 직무의 취업문이 너무 좁아 진입하기 어렵다면, 상대적으로 문턱이 낮은 직무들 가운데 희망 직무와 유사성이 있는 일을 먼저 시작해보는 것이다. 혹은 목표하는 기업의 취업문이 '낙타 바늘구멍 통과하기' 만큼이나 좁다면, 그 기업과 긴밀한 관계를 맺고 있는 하청업체나 제휴사로 입사해 경력직 이동을 노려보는 전략을 생각해볼 수도 있다.

"쳇! 그러니까 한마디로 눈높이를 낮추라는 건가요?"

생각의 패러다임을 달리하는 연습을 해보면 어떨까 싶다. 눈높이를 낮춘다고 생각하지 말고 미처 생각지 못했던 분야로 진출하는 기회를 잡는 것도 유의미하다고 말이다. 그리고 그 경험을 통해 역량의 지평선을 더욱 넓힐 수 있을 것이라는 확신을 가지는 것이다. 그것이 바로 이상과 현실의 차이를 좁히며 원하는 것에 도달하는, 최선을 닮은 차선책이 될 수 있다.

현실과 이상의 간극에서 적잖은 방황과 고민을 해온 두 구직자의 사례를 살펴보면서 성공적인 취업을 위한 현실적이고 합리적인 경력 설계를 도출하는 방법에 대해 함께 고민해보자.

Sample Career Path 1

- **이　　름** : 김판규
- **학　　력** : 환경공학 전공
　　　　　　호텔 식음료사업부 인턴
- **학창생활 및 경력사항** :
　　　　　　성적 장학금
　　　　　　해외 인턴십
　　　　　　전통차 문화 홍보대사
　　　　　　취업동아리 운영
　　　　　　피트니스센터 회원 관리
- **특이사항** : 교육 컨설팅 업체 6개월 근무 제의 거절

(출처 : 〈중앙일보〉 일자리 만들기 나누기)

김판규 씨의 희망 직무는 기업의 인재개발(HRD) 부서에서 일하는 것이

다. 사람 만나는 것을 좋아하고, 개개인이 가진 능력을 자신의 노하우로 이끌어내고 싶은 것이 바로 그가 인재개발 업무를 선택하고자 하는 이유이다. 하지만 문제는 남루한 현실이다. 전공부터 학창시절 경험, 사회 경험까지 희망 직무와 연계된 것이 전혀 없다. 더욱이 인재개발 부서는 실전에 바로 투입될 수 있는 역량이 필요하기 때문에 신입사원을 잘 선발하지 않는 문턱이 높은 부서이다. 무척이나 그 일을 희망하지만 현실적인 가능성 또한 무척이나 어려운 상황에서 김판규 씨는 대체 어떻게 해야 하는 것일까? 똑똑한 우회 경로를 설정하기 위해서는 자신이 희망하는 직무에 대한 체계적인 이해부터 필요하다. 본래 삶이라는 것이 아는 만큼 보이고, 보이는 만큼 실질적인 방법을 강구해낼 수 있기 때문이다.

먼저 그가 희망하는 인재개발 업무는 기업의 인사 업무 가운데 한 부분으로, 대기업에서는 인사관리(HRM)와 인재개발 업무로 구분한다. 쉽게 말하면 인사관리 부서는 직원의 채용, 선발, 성과관리, 보상, 퇴사와 관련된 실질적 업무를 진행하고, 인재개발 부서는 선발된 직원들을 교육하고 조직의 성과를 효과적으로 창출하기 위한 조직문화를 형성하고 개선하는 등의 다양한 활동을 한다. 특히 인재개발 부서는 인재전쟁과 지속성장이라는 기업의 화두와 맞물리면서 단순한 교육 부서가 아닌, 경영진의 전략적 파트너 역할이 요구된다.

인재개발 부서의 구체적인 업무 분장표를 정리하면 다음과 같다.

직급	업무 분장
부장	• 인재육성 전략수립, 핵심인력 양성, 임원후보자 양성교육 기획, 역량 모델링 기획 및 운영 • 교육제도 규정 및 지침, 인재풀 관리
과장	• 핵심가치 및 직무교육 기획 및 운영 • 리더십 교육, 직무교육 기획 및 운영 • 기업문화교육, 승격자 교육 기획 및 운영
사원	• 사이버 교육, 정보화검정, 국제화검정, 사외 독서통신교육 • 고용보험 환급신청, 수료증 발급, 사이버 연수원 관리 • 법정관리교육, 위탁교육, 경비관리, 교육비 결산 • 전사 및 팀별 자기계발계획 수립관리

"어떤 일을 하는지는 대충 다 알고 있는데 굳이 직급별로 하나하나 살펴볼 이유가 있을까요?"

딱딱하고 지루해 보이는 업무 분장표를 굳이 직급별로 살펴보는 이유는 김판규 씨처럼 이상과 현실의 연결고리가 없어 끙끙거리는 사람들, 졸업 전에 어떤 이력을 만들어야 할지 모르는 사람들에게 아이디어를 제시하는 가이드라인이 될 수 있기 때문이다.

김판규 씨가 희망하는 인재개발 부서의 신입사원 업무를 살펴보면, 사내교육 프로그램 계획과 교육진행을 위한 관리, 교육비 관련 행정업무 등이다. 그러므로 막연하고 애매한 자격증이나 아르바이트 경력을 쌓는 것보다 이 업무들을 잘 수행하는 데 직접적인 도움이 되는 활동을 한 가지라도 경험하는 것이 이력의 핵심이 될 수 있다.

그가 현재 성취한 경험들을 토대로 볼 때는 '피트니스 센터 회원관리'가 가장 매력적인 경력이 될 수 있다. 그 이유는 수백 명의 회원들을 관리하는 과정이 인사 업무와 닮아 있기 때문이다. VIP 회원, 블랙리스트 회원, 신규고객 등을 얼마나 경쟁력 있게 관리했는지, 센터의 활성화를 위해 새

로 시도한 피트니스 프로그램이 있다면 어떤 것인지 등을 자기소개서에 자세히 기술하면 유리할 수 있다.

만일 졸업이 한두 학기 남은 상태라면 희망 직무에 도움이 되는 교육학 수업 중 성인교육, 심리상담, 교육심리, 교수체계이론과 경영학 수업 중 인사관리, 조직행동, 퍼포먼스 컨설팅 등의 과목을 이수하는 것이 유리하다.

그러나 김판규 씨에게는 결정적인 한 방이 없었으니, 그것은 바로 두고두고 아쉬운 '교육 컨설팅 업체의 근무 제의 거절' 이다.

"직무 경험이 굉장히 중요한데, 김판규 씨는 관련 자격증이 전혀 없는 것으로 보아 교육활동이 HRD의 주된 업무 중 하나라는 점을 간과한 것 같네요. 교육 컨설팅 업체의 경력을 기술하면 기업이 프로젝트를 어떻게 진행하는지 이해한다는 인식을 인사 담당자들에게 심어줄 수 있었을 텐데 말이에요"

김판규 씨가 희망하는 인재개발 부서로 진입하기 위해서는 관련 산업으로 넘어갈 수 있는 '다리' 역할을 하는 경력이 필요하다. 계약직인지 정규직인지를 따지고 잴 게 아니라, 먼저 교육 컨설팅 회사의 제의를 받아들여 6개월 정도 일하면서 교육 기획과 진행에 기초가 되는 지식과 감각을 쌓는 것이 필요했다.

그렇다면 전공을 비롯해 지금까지 해온 활동과 희망하는 일의 간극이 큰 사람들은 앞으로 경력 설계를 어떻게 해야 하는지 복습 겸 정리를 해보자.

- 희망 직무의 업무 분장표를 분석한 뒤 사원 직급이 하는 일들을 구조화하라.
- 현재까지 해온 활동 중 업무 분장표 내용과 유사한 경력들을 추려내라.
- 목표하는 직무로 넘어갈 수 있는 '다리' 역할을 하는 결정적인 경험을

쌓아라.
- 남은 학기와 계절 학기를 이용해 관련 과목들을 수강하라.

이번에는 넘칠 만큼 많은 것들을 준비했지만 연결고리가 없는 김슬아 씨의 사례를 통해 집중과 선택의 리듬을 가미한 경력 설계에 대해 고민해 보자.

Sample Career Path 2

- **이 름** : 김슬아
- **학 력** : 경상대 러시아어학과 졸업
  러시아 자바이칼스키 국립대학교 문화학과 복수전공 학위
- **학 점** : 경상대 4.97/5.0
  자바이칼스키 국립대학교 4.28/4.5
- **자격증** : 고객만족관리사 2급
  마이크로소프트 오피스 프로그램 전문가(MOS Master)
- **외국어** : 토익 825점
  토익스피킹 140점
  러시아 오픽(OPIC) IL 등급
- **경 력** : 주한 러시아 대사관 주최 전국 대학생 러시아 어 토론대회 장려상
  한국무역센터 대학생 무역실무특강 수료
  자바이칼스키 국립대학교 학술대회 문화부문 3위 입상

(출처 : 〈중앙일보〉 일자리 만들기 나누기)

김슬아 씨가 현재 목표로 하는 직무는 해외영업이다. 러시아에서 2년간 공부하면서 중고품의 판로 개척을 위해 시장 조사를 해본 경험을 토대로 러시아 해외지사에서 해외영업을 담당하는 일이 목표이다. 이력에서 볼 수 있듯이 성실하게 열정적으로 살아온 것이 팍팍 느껴진다. 러시아라는 광활한 무대에서 자신의 커리어를 펼칠 멋진 꿈을 꾸는 '기특한 김슬아

씨'이다.

　김슬아 씨의 키워드는 '러시아 경험을 통한 이해'이다. 그녀의 이력을 살펴보면 국내 대학에서 러시아 어를 전공하고, 교환학생으로 러시아 자바이칼스키 국립대학교 문화학과 복수전공 학위가 있으며, 러시아어 회화 능력과 토론대회 입상 경력을 보유하고 있다. 어찌나 열심히 학과 공부를 했는지 4.97이라는 높은 학점도 자랑한다.

　그러나 이토록 많은 준비와 노력을 해온 그녀에게도 치명적인 결함이 있으니, 그것은 바로 러시아를 제외한 구체적인 키워드가 이력에서 나타나지 않는다는 점이다. 러시아 현지 해외영업을 희망하고 있지만 해외영업 직무가 요구하는 구체적인 자질이 잘 드러나지 않는다. 아직도 암묵적으로 여성 구직자를 차별하는, 평균 5% 미만의 여성 채용 비율을 보이는 해외영업 직무를 수행하기에는 어딘가 부족해 보이는 것이 바로 그녀의 안타까운 현실이다.

　"슬아 씨가 러시아 지사에 근무를 강력하게 희망하고 있지만 아쉽게도 러시아 지사에 파견을 보낼지 아닐지는 회사의 권한이에요. 러시아어를 구사하긴 하지만 '러시아 해외영업'과 관련된 직접적인 활동이 없는 상태에서 러시아가 아니면 안 된다는 입장은 취업을 방해하는 요소가 될 수 있지요. '러시아에서 일할 사람을 뽑습니다.'와 같은 구체적인 채용 공고가 아니라면 러시아 해외영업을 강조하지 말고 국내 영업까지도 확장해 지원해보는 게 좋습니다."

　그녀의 사례를 상담했던 인크루트 상무 서미영 씨의 조언이다.

　실제로 신입사원, 특히 여성 구직자에게는 취업문이 너무나 좁은 남성 위주의 직무인 경우, 먼저 관련 산업이나 직무로 취업한 뒤 3~5년이 지나 확장형 경력 설계를 토대로 경력직 이직을 노려보는 것도 추천하고 싶은 방법이다.

"그럼 러시아 지사로 바로 취업하는 것 말고 우회 방법으로는 어떤 것들이 있을까요? 저는 언젠가 꼭 러시아 해외지사에서 해외영업 전문가로 일하고 싶거든요. 제 꿈이에요."

먼저 해외영업과 교집합이 많은 업무들을 살펴보면서 가장 가깝게 우회할 수 있는 방법을 모색해보면 어떨까? 해외영업과 유사성이 많은 업무들의 특징을 정리하면 다음과 같다.

업무 영역	업무 내용
해외 마케팅	• 제품 지식 정보 습득 • 국제 시장정보 조사 및 경쟁사 동향 파악, 해외 네트워크 구축 • 프로모션 및 가격 전략 수립 • 시장수요 예측 및 해외 거래선 관리 • 수출업무 수행
해외 세일즈	• 국내외 제품 소싱, 수출입 업무 수행 • 국내외 판매전략 수립 • 해외시장 개척 및 상품 발굴
해외 사업	• 해외 업체와의 전략적 제휴, M&A 및 해외투자 • Licensing-in/out 등 제안 신규사업 검토

현실적으로 '해외'라는 글자가 붙으면 장기출장, 영업능력 등의 이유로 아직까지 남성을 선호하는 문화가 남아 있다. 따라서 러시아를 파트너로 두고 있거나 해외 교류가 많은 회사의 국내 영업 또는 마케팅 부서로 입사한 뒤, 해외업무와 관련된 업무를 보조하는 일들을 의도적으로 맡아 해외영업 부서로 경력직 이직을 꾀해보는 것도 좋다.

만일 '러시아와 관련된 일'이 아니면 무의미하다고 생각한다면, 한국무역센터 대학생 무역실무특강 수료 경험을 토대로 러시아와 무역을 하는

중소 또는 중견 무역회사의 경력을 쌓은 뒤에 경력직 이직을 도모해보는 것도 현명한 방법이다.

개인적으로는 문화학과 언어를 전공한 문과적 소양을 토대로 러시아 문학작품을 다루는 출판 에이전시나 러시아 상품 전문 에이전시의 기획자로 희망 직무를 확장해 생각해보는 것도 대안이 될 수 있지 않을까 싶다.

만일 김슬아 씨처럼 "대체 뭐가 문제야?"라고 따져 묻고 싶을 만큼 잘 준비된 스펙인데도 좀처럼 취업문이 열리지 않는다면, 다음 몇 가지 커리어 설계 팁을 참고하기 바란다.

- 최근 여성 신입사원 채용 비율과 현재 전체 여성 비율을 점검한다.
- 여성 친화적이며 상대적으로 채용문이 넓은 기업과 직무를 선별하라.
- 선별한 목록 중 현재 희망 직무와 유사성이 많은 직무를 재선별하라.
- 3년 뒤 확장형 경력직 이직을 염두에 두고 커리어 설계를 하라.

많은 경험과 자질을 갖추었더라도 번번이 실패와 좌절을 경험한다면, 그것은 당신이 못나서가 아니라 죽어라고 두드리는 그 문이 고장 났거나 엄청나게 무거운 문일 수도 있다. 그때는 차분하고 냉정하게 생각해보자. KFC 창업주인 커넬 샌더스처럼 1,008번의 실패 후 1,009번째의 성공을 기다릴 것인지, 아니면 현실적인 차선책으로 머지않은 미래의 최선책을 도모할 것인지를 말이다.

경력 3년 차, 성공적인 이직을 위한 스마트 가이드

외국계 컴퓨터 회사에서 인사 업무를 담당하던 H 대리는 진로에 대해 고민이 많다. 입사 4년 차인 그녀는 외국계 컨설팅 회사의 인재 개발 컨설팅 업무 경력도 있고, 업무와 관련해 인사 업무 중에서도 특히 리더십 교육 개발 분야에 치중해 지속적으로 커리어 개발을 해왔다. 하지만 근래 새롭게 하고 싶은 일이 자꾸 마음속을 비집고 들어오기 때문이다.

"음악치료 교육과 관련된 대학원 입학을 고민하고 있어요. 현대인들의 정신적인 스트레스가 증가하면서 대안치료 분야가 가파른 성장세를 보이고 있고, 음악으로 사람들에게 힐링을 제시할 수 있는 일이 매력적으로 보이거든요. 그게 제겐 더 어울리는 일 같아요!"

결국 H 대리는 4년간 쌓아온 커리어를 뒤로하고 전혀 다른 분야의 공부를 시작했다. 하지만 공부를 시작한 지 1년쯤 지나자 다시 헷갈리기 시작했다. 현실적으로 음악치료 교육 분야로 취업할 수 있는 확률이 높지 않을 뿐만 아니라, 본인의 적성에 잘 맞는 것인지 확신이 서지 않았기 때문이다. 생각이 꼬리를 물며

몇 개월간 고민하던 그녀는, 헤드헌터의 도움을 받아 외국계 제약회사의 교육개발 부서에 재취업했다.

"돌아보니, 이직을 너무 막연하게 생각했지 뭐예요. 처음 취업할 때보다 이직을 더 신중하게 고려했어야 하는데, 너무 막연하고 추상적으로 커리어를 설계하는 실수를 저질렀네요."

직장생활이 3년쯤 지나면 위기감이 몰려온다. 일도 좀 배우고 조직생활에 익숙해지면서 미뤄두었던 고민들, 즉 지금 하고 있는 일이 평생 직업으로 알맞은 것인지, 비전을 찾을 수 있는지, 그리고 잘하고 있는 것인지에 대한 불안감과 회의감이 꿈틀꿈틀 고개를 들기 시작한다. 그리고 결심한다.

"그래! 결정했어. 여길 떠나 새로운 곳으로 이직하는 거야. 뭐 하나 딱히 마음에 드는 것도 없잖아."

실제로 많은 경력자들이 이 같은 마음으로 이직을 선택한다. 한 온라인 취업 사이트가 '이직을 생각하는 이유'를 설문 조사한 바에 따르면, 1위가 '현재 회사에 비전이 없어서'라는 대답으로 가장 많았고, 그 뒤로 '복리후생 등 근무환경이 좋지 않아서', '업무 내용이 만족스럽지 않아서', '업무 과다로 인한 건강 악화', '과도한 스트레스 때문에', '업무 영역을 넓히고 싶어서', '매너리즘에 빠져서' 등의 순으로 나타났다. 즉, 장기적인 목표와 계획 없이 감정적 요인과 주관적 판단에 따라 커리어 로드맵을 변경하는 이들이 다수라는 말이다.

하지만 달콤해 보이는 이직에는 수많은 함정들이 도사리고 있다. 장기적인 목표와 계획 없이 이직을 했다면, 또다시 같은 이유로 이직하기 십상이다. 이직 횟수가 많아져도 경력 개발이 되지 않는 경우에는 오히려 직장 생활의 수명이 점점 짧아진다. 따라서 이직을 희망한다면 철저한 준비단계를 거쳐야 한다.

이직 전에 꼭 체크해보아야 할 사항들을 꼼꼼히 살펴볼까?

CHECK!
1. 명확한 이직 사유를 정리할 수 있어야 한다.
2. 장기적 관점에서 경력 계획과 목표를 수립한다.
3. 이직에 필요한 추가 교육과 훈련을 받는다.
4. 해당 분야의 전문가에게 도움을 청한다.
5. 주위의 다양한 인적 네트워크를 활용한다.
6. 이전 직업을 활용할 수 있는 경력 개발 형태로 이직을 설계한다.

이처럼 경력자가 이직을 체계적으로 준비해야 하는 이유는, 보통 경력 3년 차는 대리급에 해당되어 실무자로서 본격적으로 일을 해나가는 시기이니만큼 앞으로 어떻게 커리어를 설계하고 발전시키느냐에 따라 성패가 갈릴 수 있기 때문이다.

'몇백만 원 연봉을 더 준다고 해서', '지금 다니는 회사보다 규모가 더 크니까', '외국계라는 장점이 있으니까', '또라이 상사가 없는 새로운 직장이니까' 라는 식의 단편적인 접근은 또다시 이직을 준비하는 비극을 초래할 수 있다.

"내가 꼭 이직을 해야 하는 까닭은 무엇일까? 궁극적으로 가고자 하는 길과 맞닿는 그런 이직은 어떻게 준비해야 하는지 고민해봐야겠어."

이직을 희망하는 분명한 이유가 설정되어야 하고, 적어도 6개월 전부터 이직에 필요한 교육이나 훈련 등 준비 과정을 하나씩 체크하면서 현 수준에서 할 수 있는 것과 추가로 해야 할 것들을 차근차근 준비해야 한다.

그러나 3년 차 경력자의 성공적인 이직에서 가장 중요한 것은 바로 '엮어내기'이다. 지금껏 해오던 일과 새로 시작하고자 하는 일의 교집합을 찾아 특정 분야에 대한 전문성을 기를 수 있는 선택이어야만 성공적인 커리어 설계의 단계를 밟을 수 있다. 현재 커리어와 이직하고자 하는 분야의 교집합을 찾아 유사성과 전문성을 이어갈 때, 임금의 불이익을 당하지 않으면서 효과적으로 경력을 설계해나갈 수 있다.

성공과 실패를 모두 경험한 나의 이직 사례를 통해 조금 더 구체적으로 살펴보도록 하자.

이재은의 경력 사항
1. 페미니즘 저널 취재 기자
2. 글로벌 여성 NGO 대표
3. 고등학교 영어 교사
4. 미 국무성 주최 여성 리더 선발
5. 여성 커리어 교육 전문가

6년간 페미니즘 저널의 취재 기자로 활동하면서 글로벌 여성 NGO 영대표로 1년간 역임을 해왔지만, 내가 이직을 선택했던 분야는 전혀 다른 영역의 '사립학교 영어 교사'였다. 전공 분야를 살려 이왕이면 안정적이면서 새로운 일을 해보겠다는 신념 하나로 선택한 직업이었다.

그러나 과거에 해왔던 업무와는 거의 교집합이 없는 분야로 진입하면서 그동안 피땀 흘려 일한 7년간의 커리어가 공중으로 날아갔다. 7년 동안 일한 경력을 전혀 인정받지 못해 연봉은 신입 교사 월급이 적용되었고, 그동안 한 번도 해본 적 없는 공문서 작성과 교수법을 연마하느라 늘 허우적거렸다. 설렘으로 시작한 일이었지만 경력에 비해 낮은 대우에 타협해야 했다. 무엇보다 기대와 달리 일의 만족도가 낮았다.

다시 원점에서 고민하다가 과거 경력들을 모아 '할 수 있는 업무', '하고 싶은 업무', '사회에서 인정하는 업무'로 나눠 정리해보기로 했다.

할 수 있는 업무	하고 싶은 업무	사회에서 인정하는 업무
보도자료 및 기사작성 인터뷰 여성 콘텐츠 기획 여성교육행사 기획·운영 교육 교안 작성 영어 티칭	성인 교육 강사 여성 강연, 세미나 기획 작가	여성 콘텐츠 기획 여성교육행사 기획·운영 교육 교안 작성 홍보기획 기획안 작성

해오던 일과 새로 해보고 싶은 일을 크게 구분해 정리하자 핵심이 되는 업무, 인정받는 업무가 눈에 들어왔다. 그 업무는 '여성 콘텐츠 기획', '글쓰기', '여성교육행사 기획·운영'이었다. 즉, 전직을 할 때 중요한 것은 이 핵심 업무 능력을 좀 더 강화할 수 있는 투자를 실행한 뒤 관련된 형태로 커리어를 이어가는 전략이다.

『40대 전직의 기술』의 저자인 사토 후미오는 전직을 준비할 때 필요한 작업을 이렇게 정리했다.

1단계 : 실무 경험 중심의 연표를 작성한다.
2단계 : 연표를 참조해 핵심 업무를 추린다.
3단계 : 핵심 업무에서 할 수 있는 업무, 하고 싶은 업무를 찾아낸다.

그의 조언을 따라 정리하면, 내가 새롭게 도전할 수 있는 영역은 핵심 업무 중 하고 싶은 일과 겹쳐지는 '여성 교육 강사', '여성 라이프 콘텐츠 작가' 정도였다. 실제로 나는 짧은 교사 경력을 끝으로 여성을 위한 자기 계발서를 집필하고, 이와 함께 여성 커리어 교육 전문가로 활동하기 시작했다. 두 가지 모두 과거 경력의 연관성과 하고 싶은 의지 덕분인지 좋은 성과들을 나타냈다.

그러나 우연히 좋은 성과가 탄생된 것은 아니었다. 영어 교사에서 여성 커리어 교육자로 경력을 확장·개발하기 위해 1년 동안 각종 취업·진로 교육, 관련 자격증과 교육 프로그램을 이수하는 눈물 나는 노력이 있었다. 또한 무엇보다 마지막이 될 수 있는 이직에 대한 탐색과 전략적 분석이 수반되었기에 가능했던 일이라고 생각한다.

이처럼 과거에 해왔던 경험을 바탕으로 새로운 일을 선택할 수 있는 경력 설계 모형은 크게 '경력 개발형'과 '경력 유지형'의 두 가지로 구분된다. '경력 개발형'이란 현재의 직업보다 지식이나 능력 등의 수준이 한 단계 높은 직업으로 이동하는 것으로, 교집합을 발판으로 교육, 훈련, 자격 취득 등을 통해 확장된 직업으로의 이직을 뜻한다. 반면, '경력 유지형'은 지식이나 능력 등의 수준이 현재의 직업과 유사한 직업으로의 수평 이동을 뜻한다. 특별한 준비 없이도 이직을 실행할 수 있다는 차이점이 있다. 여성지 취재 기자, 영어 교사에서 여성 커리어 교육자로 경력을 설계한 내 경우에는 경력 개발형이 될 수 있겠다.

자, 그렇다면 다음 퀴즈를 통해 그녀가 선택할 수 있는 이직 형태에 대해 함께 고민해보자.

Quiz

올해 스물아홉의 '장하다' 씨는 국내 전자회사 영업부에서 2년간 일하다가 외국계 회사의 해외영업 부서에서 4년간 근무해왔다. 서른이 되기 전에 커리어상의 변곡점을 만들고 싶고, 현재 하고 있는 일을 살려 조금 새롭고 자극적인 일을 시작하고 싶은 욕심이 있다. 어떤 분야로 이직하면 좋을까?

ADVICE!

먼저, 이직을 계획할 때는 현재 하고 있는 직무에 대한 객관적인 분석이 필요하다. 해외영업 부서는 제품의 수출과 필요한 제품을 수입하기 위해 해외 구매자와 구입자의 접촉을 통해 자사 제품 소개부터 상담, 계약 체결, 수출품 의뢰, 제품 견적의뢰서 발송, 클레임 처리까지 제품 계약이 체결되는 모든 과정을 담당한다. 이와 함께 제품을 효과적으로 판매하는 데 필요한 마케팅을 수행하거나, 관련 제품의 해외시장 정보를 수집하기 위한 해외시장 조사를 통해 동향을 분석하기도 한다.

해외영업 직무에 필요한 능력과 지식을 정리해 추천할 만한 직업을 분석하면 다음과 같다.

- **업무 수행 능력** : 협상, 설득, 글쓰기, 행동 조정, 사람 파악
- **지식** : 운송, 영업과 마케팅, 영어, 경제와 회계, 사무
- **추천 이직 직업**
  ① 경력 개발형 : 상품기획 전문가(MD), 마케팅 전문가, 기술 영업원
  ② 경력 유지형 : 해외 마케팅, 영업 관리, 구매 및 자재, 운송 및 물류, 무역 사무원, 상품 중개인

"아니! 해외영업을 하다가 상품기획을 할 수 있다고요?"

그렇다. 업무 수행 능력과 지식이 비슷한 총 아홉 가지 직무로 이동이 가능하고, 그중 '경력 유지형'에 속한 여섯 가지는 별다른 추가 투자 없이 수평으로 이직이 가능하다. 예를 들어, '장하다' 씨가 해외영업 부서에서 근무하면서 제품 판매를 위한 마케팅 관련 업무에 남다른 투자와 노력을 기울여왔다면, 해외 구매자와 구입자를 만나 자사 제품을 판매하기 위한 업무 중 홍보와 마케팅 역할이 강조된 해외 마케팅 부서로 이직할 수 있다. 해외영업과 해외 마케팅의 경우, 제품의 해외시장 정보를 수집하기 위한 해외시장 조사를 통해 동향을 분석하는 등 교집합 업무가 많기 때문에 경력 유지 형태로 이직이 가능하다.

하지만 상품 판매 통로를 개척하는 일보다 어떤 상품을 수입하고 수출할까 하는 상품 자체에 대한 문제에 더 전문성을 쌓고 싶다면, 영어 능력을 기반으로 한 외국계 회사의 '상품기획 전문가'로 경력을 확장해 이직할 수 있다. 왜냐하면 '상품기획'은 제품이 출시되기 전에 시장 조사와 연구 조사 자료를 분석해 제품을 기획하고 출시일 등을 정하는 업무로서, 상품 출시 후 시장 조사와 연구 조사 자료를 바탕으로 영업전략을 세우는 '해외영업 부서'와 유사성이 많기 때문이다. 추가적으로 기획과 관련된 업무 지식과 역량을 보완하는 투자만 이루어지면 경력 개발형으로도 얼마든지 이직이 가능하다.

모든 직무들은 서로 업무의 교집합이 있기 때문에 공통분모가 많은 직무들을 중심으로 커리어를 개발한다면 전문성을 쌓으면서 더욱 분업화된 직업 세계를 구축할 수 있다.

구체적인 예를 들어보자. 다음 직업들은 어떤 공통점이 있을까?

헤드헌터, 인사 및 노무 사무원, 교육훈련 사무원, 총무 사무원, 경영기획 사무원

정답은 경영 컨설턴트, HR 컨설턴트, 공인노무사 등의 직무로 커리어를 확장해나갈 수 있는 직무들이라는 것이다. 전혀 달리 보이는 이 직무들은 사실은 서로 닮아 있다.

"인사 업무와 총무 부서는 너무 다르지 않나요? 어떤 교집합이 있다는 건가요?"

모든 직무마다 직급에 따라 업무 분장표가 다르다. 특히 사원 시절에는 직무 분간이 가지 않을 정도로 유사한 일을 하기 때문에, 업무 중 더 많은 관심이 쏠리는 직무로 얼마든지 이직을 계획할 수 있다.

다음과 같이 한 기업의 업무 분장표를 살펴보자.

직급	업무 분장
부장 (인사 기획)	• 임원 관리, 인사 기획, 조직 운영, 규정 관리 • 이사회 운영, 우리사주 관리, 노사/인사/급여후생 관리 주무, 처우조정, 인사 발령, 선임 간부회의
과장 (노무/법무)	• 노사 기획/건의사항 피드백, 노사 관리, 노사경비 기획/관리 • 공통 이슈 행사, 사원협의회 운영, 고충처리위원회 • HR 선진화 방안 보고, 주총 관리, 동호회 관리, 법무 관리, 주총 관련 법무지원, 노동법무
과장 (인사 관리 및 운용)	• 인사 관리(고과/포상), 인사 발령, 승격, 승급, 채용 • 인사지표 관리, 인력 효율화, 인사 계획, 협력회사 관리, 직무이력 관리, 조직도 관리, 인건비 경영계획
사원 (급여 및 복리후생)	• 급여/상여/인센티브/연월차/하기휴가 보조금/퇴직금 지급 등 퇴직보험/퇴직충당금 관리, 용역비 지급 • 4대 보험 관련업무, 주택 대부, 의료비 지원, 생일선물, 학자금 • 차량 유지비/교통비 보조금, 부임 여비/파견비, 경조금

사원급인 경우, 인사관리(HRM) 업무라고 알고 있던 직원 모집, 선발, 교육, 보상과 관련된 일은 비중이 낮다. 대신 조직원들의 급여와 복리후생을 포함한 전반적인 관리, 즉 총무 업무와 유사한 업무들을 진행하는 것을 알 수 있다. 전혀 유사성이 없을 것 같은 부서들이지만 업무 분장표를 살펴보면 더욱 전문성을 부여해 확장하고 싶은 쪽으로 커리어를 설계하고 개발하는 능력이 필요하다.

 어떤 직업을 가지고 어떤 대우를 받으며 얼마나 즐겁고 보람차게 살 것인가는 바로 스스로에 대한 통찰과 애정에서 비롯되는지도 모르겠다.

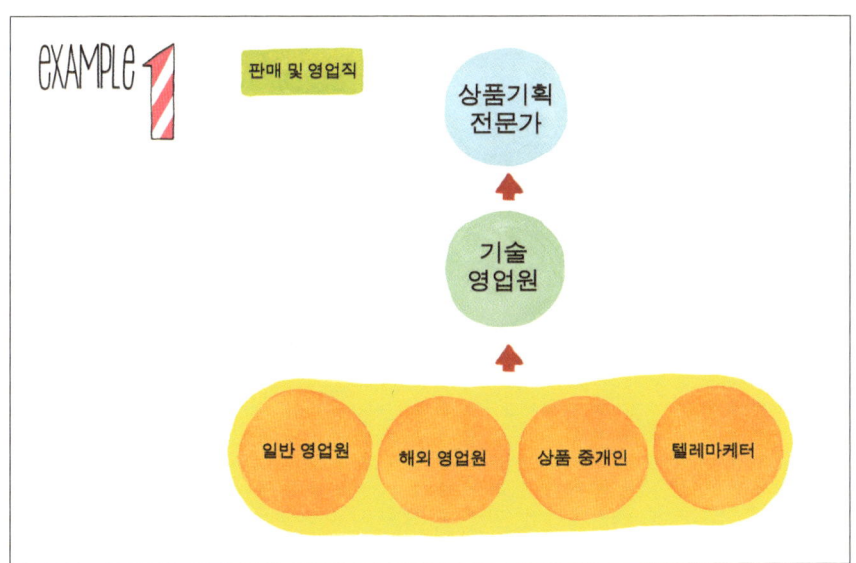

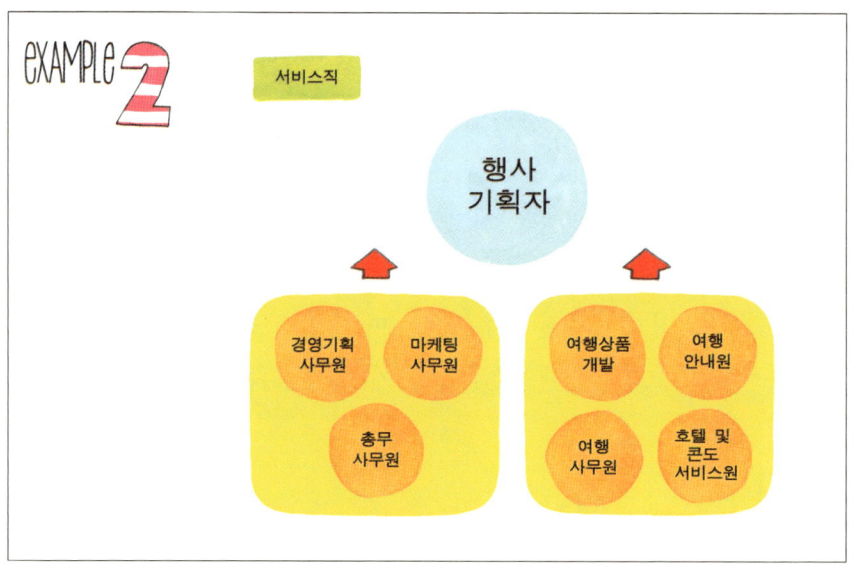

※ 수평 라인은 경력 유지형이며, 수직 라인은 경력 개발형이다.

줄줄 새는 시간도둑, 목표 설정 방망이로 때려잡기

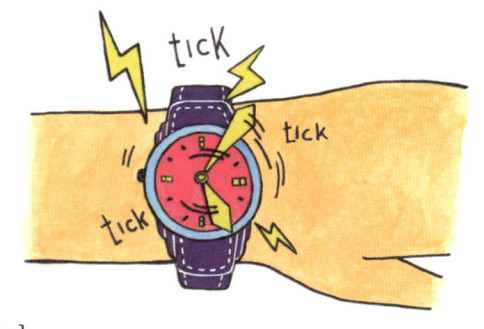

사실 나는 참 게으르다. 이불 속 포근한 유혹을 뿌리치지 못해 매일 아침 늦잠을 자기 일쑤고, 상황만 되면 침대에 누워 뒹굴거리는 것을 삶의 큰 기쁨으로 여기는 타고난 게으름뱅이 이다. 주말에는 씻는 것이 귀찮아 아예 약속을 잡지 않는 경우도 있고, 화장하는 것이 귀찮아 반영구 문신을 하고 싶은 욕망을 참아 내기 힘드니, 할 말 다했다고 볼 수 있다.

그런데도 사람들은 내게 "어쩜 그렇게 부지런해요?"라고 묻는다. 나의 누추한 일상을 면밀히 들여다본 적 없는 이들은 동시다발적으로 많은 일들을 척척 해치우는 듯한 모습에 '아침형 인간' 유전자를 타고난, 몸을 가만히 둘 줄 모르는 빠릿빠릿한 인간이기 때문이라고 착각하는 모양이다.

 하지만 비밀은 다른 데 있다. 비록 태생이 게으름뱅이이기는 하지만 부지런함을 타고난 사람들만큼 성과를 낼 수 있는 까닭은 '생산적인 시간 관리'에 있다. 결론만 말하면, 나는 시간이 뭉개지는 것을 참지 못한다. 비록 이불 속에서 놓치는 시간이 있다 하더라도 하루 일과를 본격적으로 열었다면 그 시간 이후부터는 빈틈없이, 버려지는 시간 없이 알차게 시간을 써야 한다는 강한 신념을 가지고 있다. 시간을 어떻게 경영하고 소비하고 투자하느냐에 따라 시간 자본은 전혀 다른 힘을 발휘할 수 있다.

 "시간이 누구에게나 공평하다고? 모르는 소리 하지도 마! 세상에서 가장 냉정하고 차별적인 게 바로 시간이야."

 사람들은 지구상의 모든 하루는 24시간이라고 말한다. 인종, 계급, 지리적 여건, 민족성, GDP 같은 것들과 상관없이 누구에게나 동등하고 평등한 24시간이라고 말이다. 하지만 시간이야말로 누가 쓰느냐, 어떤 자세로 소비하느냐, 어떤 목표를 가지고 관리하느냐에 따라 고무줄처럼 늘어나기도 줄어들기도 한다. 동일한 사람의 24시간이라도 어제와 오늘을 산 삶의 질에 따라 48시간과 같은 호흡이 될 수도 있고, 10시간 남짓한 헐렁한 리듬에 그칠 수도 있다. 그것이 바로 시간의 속성이다.

 돌아보면 10년 전 나의 24시간은 지금의 24시간과는 전혀 다른 것이었다. 시간에 복종한 채 끌려 다니면서도 무엇이 문제인지 몰랐다. 출근 준비를 하고, 각종 이메일과 하루 일과를 확인하고, 어영부영 오전 시간을 보내다가 점심을 먹고, 예정된 업무를 하다가 퇴근 후 친구들과 저녁을 먹거나 운동을 하고, TV를 보며 하루를 마감하면서 '또 이렇게 하루가 갔구나.'라고 소회하는 생활을 반복해왔다. 회사에 출근해 일을 한다는 것만으로도 충분히 고되고 바쁘다고 느꼈고, 일도 하고 사람도 만나고 운동까지

하느라 바쁜 하루를 보냈다고 착각하며 지냈다.

  하지만 냉정하게 분석해보면 그 무렵 나의 하루는 가난했다. 7시간의 늘어진 수면 시간, 2시간의 여유로운 식사 시간, 2시간의 멍한 출퇴근 시간, 8시간의 비효율적인 근무 시간으로 하루를 채웠고, 24시간 중 이를 제외한 5시간은 어디로 사라졌는지도 모르게 흔적 없이 잃어버리기 일쑤였다. 아마도 전화 통화로 수다를 떨었거나, TV를 보며 습관적으로 낄낄거리고 있었거나, 싸이월드 삼매경에 빠져 바쁜 일촌들의 일상을 시샘하는 데 나머지 시간을 탕진했을 것이다. 어떤 실수를 저지르고 있는지도 모른 채, 어떤 기회들을 날려버리고 있는지도 모른 채 그렇게 따분하고 아쉬운 24시간을 보냈다.

  그러나 10년이 지난 지금 나의 하루는 10시간쯤 늘어났다. 소박한 하루의 24시간을 어떻게 활용하는가에 따라 한 달, 두 달, 1년 뒤 다가올 기회와 목표와 희망이 다름을 깨닫고부터, 그 효율성의 누적으로 개인의 성장 폭과 속도가 달라짐을 경험하고부터 시간 앞에 겸손하게 되었다.

  시간을 대하는 태도 가운데 가장 달라진 점은 일에 가중치를 부여하는 것이었다. 중요도와 긴박성에 따라 일을 처리하는 것이 가장 일반적으로 추천되는 방식인데, 내 경우에는 응용 버전을 도입해 독자적인 방식을 활용해왔다.

  구체적으로 예를 들면, 나는 공책의 반 사이즈에 해당하는 노트를 스케줄 표로 사용한다. 그 노트의 페이지를 4등분으로 나눠 각각 '중요한 일', '오늘 중 꼭 처리해야 하는 일', '갑자기 생각난 일', '하고 싶은 일'의 순서로 구분하고, 여기에 해당되는 하루 일정을 각각의 공간에 써 내려간다.

  가장 많이 그리고 우선적으로 시간을 투자하는 것은 '중요한 일'이다. 내일 진행할 강의 교안 작성하기(2h), 경력 설계 모델 연구 스터디(3h), 원고 마감(4h+@) 등과 같이 정체성을 부여하고 점점 더 잘하고 싶은 일들이 바로 '중요한 일' 항목에 들어가는 리스트가 된다.

중요한 일	갑자기 생각난 일
하고 싶은 일	오늘 중 꼭 처리해야 하는 일

한편 '오늘 중 꼭 처리해야 하는 일'은 개인적인 흥미나 관심은 떨어지지만 사회적 역할에 의해 꼭 수행해야 하는 일종의 의무나 약속 같은 일이다. 이를테면 종합소득세 신고하기, 강의 평가보고서 작성하기, 거래처 미팅 등과 같은 일이 해당된다. 이런 일들은 중요성 면에서 등급이 밀리기는 하지만 긴급성을 띠기 때문에 상황에 따라 가장 먼저 해결해야 하는 항목들도 있다.

결국 24시간의 성과를 좌우하는 것은 '중요한 일'과 '오늘 중 꼭 처리해

야 하는 일'의 양형 감각을 키워 얼마만큼 균형과 효과를 꾀했는가에 따라 달라질 수 있다. 그러나 수시로 깜빡깜빡 잊었던 일이 생각나면 모든 스케줄이 뒤로 밀리고 마는데, 이것은 절대 NG 행위이다. 갑자기 생각난 일은 갑자기 생각나도 괜찮을 정도로 상대적으로 덜 중요한 일이라는 뜻이므로 이동 중이나 자투리 시간을 활용해 해결하는 것이 좋다.

"그럼 '하고 싶은 일'이란 건 뭐죠? '중요한 일'과 어떻게 다른가요?"

스케줄 관리 노트에 '하고 싶은 일'이란 항목을 따로 만든 것은 하루 동안 작은 사치, 즉 정신적인 여유를 누릴 수 있는 틈을 주기 위해서이다. 시간 과제들을 다 해결하고 시간이 남을 때 전날 도착한 새 책의 초반부를 읽고 싶은 욕망, 전날 인터넷 쇼핑에서 본 한정 세일 상품을 다시 주문하고 싶은 욕심, 열심히 만나고 있는 남자와 심야 영화 데이트를 즐기고 싶은 바람 등 아껴둔 맛있는 초콜릿을 살살 꺼내 먹듯이 하나둘씩 실행하면 그 맛이 정말 환상이다. 나는 주로 잠자기 전에 침대에서 새로 산 책을 읽으며 블루베리를 먹는 것으로 이 시간 욕망을 충족하는데, 바쁜 일정 탓에 일의 노예가 된 것 같을 때 갈증이나 허기를 제거해주는 역할을 한다.

"그런데 최우선 순위를 결정하는 게 어려워요. 쌓여 있는 할 일들을 처리하다 보면 뭐가 중요하고 덜 중요한지 헷갈릴 때가 많거든요."

시간 관리에서 최우선 순위를 결정하기 위해서는 시간이 흘러갈 '정확한 도착지'부터 선정하는 작업이 필요하다. 작은 하루하루가 6개월, 1년 뒤 소망하는 어떤 것을 이루기 위한 과정 속에 잘 녹아들 수 있게 일종의 흐름이 있어야 한다. 중요한 일을 중심으로 도출된 하루하루의 성과와 성취물들이 중장기 목표와 맞아떨어질 때 진짜 똑똑한 시간 관리를 했다고 이야기할 수 있다.

하지만 아직도 최우선 순위의 일을 결정하는 데 서투르다면, 다음 세 가지 원칙을 적용해보자.

1. 과거가 아닌 미래의 일을 선택한다.
2. 문제 해결이 아닌 기회 창출에 초점이 맞춰진 일을 선택한다.
3. 반복적이고 쉬운 일이 아닌, 한 단계 높은 목표와 관련된 일을 선택한다.

한마디로 쉽고 편한 일은 긴급한 일이 아닌 이상 마지막 순위로 미루어 둔다. 그리고 자신이 설정한 목표에 부합하는 도전적인 일에 많은 시간을 할애해 우선적으로 실행하고, 기회를 창출할 수 있는 가치 있는 일들을 완벽하게 수행하는 데 더 많은 시간 에너지를 분배하는 것이 요령이다.

피터 드러커의 저서 『성과를 향한 도전』에도 유사한 내용들이 반복된다. 그는 지식 노동자가 시간 관리를 위해 체득해야 할 다섯 가지 습관적인 능력을 정리했는데, 그중에 특히 눈여겨볼 것은 '공헌' 이라는 항목이다.

〈지식 노동자가 시간 관리를 위해 체득해야 할 5가지 습관적인 능력〉

시간 관리	시간 사용처를 기록 – 시간낭비 요인 분석 – 시간도둑 제거 – 정기적인 점검
공헌에 초점	목적(인간관계, 회의)에 맞는 최선의 공헌인지, 그때그때 상황에 맞는 공헌인지 체크
강점에 중점	약점을 덮을 수 있는 커다란 강점을 파악 – 강점에 맞는 방식 채택
시간 에너지 분배	가장 중요한 것부터 시작하고 한 번에 하나만 수행한다. 항상 우선과 열등 순위를 검토한다.
성과를 올리는 의사 결정	원칙에 근거 – 충족의 욕구 명확하게 하기 – 무엇이 옳은가 – 행동으로 전환 – 피드백

아무리 오늘 할 일에 대한 목록을 작성하고 중요한 일 위주로 스케줄을 체계화하려고 마음먹어도 친한 친구에게서, "오늘 커피 한잔과 힐링 수다, 콜?"이라는 전화 한 통을 받으면 마음이 흔들린다. 사람들이 만나자는 요청을 수시로 받다 보면 시간은 또 어느 순간 너무나 '인간적'인 것이 되어 버리는 게 우리의 모습이니까.

그러나 피터 드러커는 성과 중심의 시간 관리를 위해서는 미팅이나 회의도 결국 자신이 목표한 일에 공헌을 하는 생산적인 것인지 아닌지를 객관적으로 가려 처리해야 한다고 조언했다. 예를 들어, 친한 친구 두 사람으로부터 각각 목적이 불분명한 만남을 제의받았다고 치자. 성과 중심의 시간 관리 면에서는 더 친한 친구나 회사에서 가까운 곳에 있는 친구를 만나는 데 시간을 쓸 것이 아니라, 이왕이면 현재 진행 중인 또는 몰두하고 있는 일과 연계성을 가지는 친구와 먼저 만나는 것이 현명한 선택이라는 말이다.

"이렇게 계산적이고 정치적으로 인간관계까지 운영하는 건 너무 못된 거 같아. 이러다간 친구들이 다 없어지겠어."

사실 이렇게까지 살아야 하나 하고 마음 졸일 때가 있다. 하지만 선택과 집중의 방법을 통해 현재 속한 조직과 개인의 발전을 모두 기대한다면, 피터 드러커의 성과를 향한 가이드라인도 한 번쯤 고려해보면 좋을 듯싶다. 밀린 이자처럼 쌓인 우정은 그들의 대소사를 두둠한 선물로 살뜰히 챙기는 것으로써 당분간은 통치는 걸로!

흔들리는 인생을 야기한 줄줄 새는 시간도둑부터 잡고 우정은 차차 되찾는 위험요소는 있지만, 높은 수익률을 기대할 수 있는 투자전략을 한번 사용해보는 것은 어떨까? 인생에 한 번쯤은 일어나도 무방한 일이라고 조언하고 싶다.

NO	설문 내용	점수
1	나에게 중요한 일이 무엇인지 명확하게 알고 있다.	9
2	중요한 일을 하고 있을 때 상대방의 요청에 대하여 'NO' 라고 할 수 있다.	8
3	장기적으로 지속하면 좋은 결과를 얻을 수 있는 활동을 실천하고 있다.	10
4	나는 그다지 중요하지 않은 일에는 시간을 할애하고 있지 않다고 생각한다.	6
5	집중이 잘되는 아침 시간을 잘 활용하는 편이다.	2
6	주간 업무 계획을 정확하게 수립하여 실천하고 있다.	4
7	개인 생활과 학교 생활의 균형을 이루기 위해 노력하는 편이다.	8
8	지금 하는 일 중에는 나의 인생 목표를 성취하기 위한 활동이 관련되어 있다.	9
9	자신의 시간 관리 방식에 대하여 반성과 검토할 시간을 갖는다.	9
10	매일매일의 활동을 계획한 대로 실천하는 편이다.	9

80점 이상	훌륭한 시간 관리를 하고 계시네요. 이대로 쭉 간다면 목표로 이르는 기적의 사다리를 탈 수 있을 거예요.
70점 이상	상당히 우수한 시간 관리를 하고 있어요. 약간 아쉽긴 하지만요. 어디서 시간도둑이 발생하는지 잘 찾아보고 보완하세요.
60점 이상	괜찮아요. 가능성은 있어요. 지금은 살짝 아쉽지만, 그래도 좋아질 확률이 높아요. 3, 8, 9번에 집중해서 시간 관리에 투자해보세요.
50점 이상	아이코! 시간이 줄줄 새고 있네요. 뚜렷한 목표도 동기도 자극도 없는 상태예요. 조심하세요. 하루하루가 힘없이 흘러가고 있다는 증거예요.
40점 이하	떽! 얼른 정신 차리세요. 이대로 가다간 청년 백수가 될지 몰라요. 점점 불안하고 숨 막히는 시간들이 찾아올 가능성이 높아요.

Class 3

자기 계발 교양 강좌

SELF-IMPROVEMENT CLASS

글쓰기

'좋아요' 댓글 많이 달리는 인기 SNS 스타 노하우

"도대체 댓글이 그렇게 많이 달리는 비결이 뭐예요?"

수많은 미디어와 SNS의 발달로 이제는 누구나 소통 채널의 주인공이 되어 정보를 전달하며 이슈를 생성할 수 있게 되었다. SNS를 통해 자신이 어떤 생각을 가지고, 어떤 일을 하며, 얼마만큼 영향력을 지닌 사람인지를 알릴 수 있게 된 것이다. 뿐만 아니라 얼마만큼 SNS를 잘 활용하느냐에 따라 정체성과 색깔을 달리 자리매김할 수도 있다.

그러다 보니 온라인과 오프라인이 통합적으로 움직이면서 바야흐로 온라인상의 흐름과 평판에도 신경을 써야 하는 과제가 주어지기도 한다. 마치 작은 라디오 방송국을 운영하듯, 또는 신문사 편집국장이 된 듯 매일 올릴

사연과 알릴 정보들을 선별해 전달하는 재미있는 경쟁에 노출되고 있다.

그런데 참 아이러니한 것은 글의 파급력에 따라 그 글을 올린 사람의 지위와 권력이 달라지다 보니 작은 글 하나 올리기가 여간 신경 쓰이는 게 아니다. 같은 글을 써도 마치 빈익빈 부익부 현상처럼 누군가의 글에는 수십 개의 댓글이 달리며 호응하는 반면, 다른 누군가의 글에는 파리 한 마리 지나간 흔적을 찾기 힘들 정도로 썰렁하니 이른바 댓글 스트레스에 시달리게 되는 것이다.

얼마 전, SNS 인사로 불리는 한 지인은 자신의 댓글 개수를 시샘하는 세력(?)들이 나타나 본의 아니게 눈치가 보인다며 하소연했다.

"나는 글을 올리기만 하면 사람들이 '좋아요' 버튼을 누르고 수십 개가 넘는 댓글이 달리는데, 자신은 고작해야 두세 개 달리고 반응이 시원치 않으니까 자존심이 상하나 봐. 도대체 내 글에 사람들이 호응하는 이유가 무엇인지 궁금해하는 사람들이 꽤 있다고 누가 귀띔해주더라. 그렇게 샘이 나면 잘 쓰든지. 재미도 없고 정보도 없고 가치도 없는 글에 누가 반응을 하겠냐고!"

그렇다. 사람들의 마음을 사로잡는 SNS 글쓰기를 하기 위해서는 몇 가지 지켜야 할 원칙이 있다. 이 장에서는 SNS 공간에서 장악력 있는 스타 유저로 활동하며 잘 읽히는 글, 사람들이 '좋아요' 하는 글, 자기 브랜드를 구축할 수 있는 글을 쓰는 전략에 대해 배워보도록 하자.

개인의 일상과 정보성 소재의 비율을 5 : 5로 조절하라

사람들이 좋아하는 글이 되기 위해서는 일정한 자격부터 갖추어야 한다. 오늘 점심에는 무엇을 먹었고, 저녁에는 무엇을 했고, 내일 아침에는 누구를 만날 것인지 등 지극히 신변잡기적이고 일상적인 이야기는 생명력이 짧다.

마치 다른 사람의 일기를 훔쳐보는 듯 긴장감이 있는 구체적인 일상의 글로 인간적인 매력을 호소했다면, 또 다른 글에서는 공유하면 좋을 정보가 담긴 글이나 반응 좋은 이벤트에 응모하거나 함께 참여할 수 있는 기회를 제공하는 것을 번갈아 시도하는 것이 좋다. 그곳에 가면 재미와 실용성까지 얻을 수 있다는 인식을 심어줌으로써 모든 글들을 놓치지 않고 받아보고 싶다는 긴장감을 심어주는 것이 바로 SNS 스타 유저가 되는 핵심이다.

'오늘 날씨 정말 춥네요. 언제까지 이렇게 추울까요?' 와 같이 아무런 감동도 재미도 새로울 것도 없는 글은 새로운 인구를 끌어들이지 못한다. 혼자만 주인공이 되는 글은 언제나 외롭다. 읽는 이도 주인공이 될 수 있는 참여형의 글, 나눌 수 있는 글을 쓰기 위해 고민할 것!

모든 이야기에는 메시지를 부여하라

블로그와 달리 SNS 글은 호흡이 짧다. 수많은 사람들이 짧은 글을 올리고, 짧은 호흡으로 글을 읽어 내려간다. 목적도 결론도 없다.

"요즘은 아무 결론도 없는 신변잡기적인 SNS 글 읽기에 염증을 느낀 사람들이 온라인 공간을 떠나고 있다잖아. 이제 다른 종류의 SNS가 인기를 끌 거야."

자신의 글이 염증을 느끼며 떠나게 만드는 여타의 글들과는 다른 경쟁력을 지니려면 글에 메시지를 부여하면 된다. 사소한 경험 소재에도 이 행위를 하면서 무엇을 배우고 느꼈는지, 그리하여 주변 사람들과 어떤 지혜를 나눌 수 있었는지를 알리는 것이다.

예를 들면, 이런 식이다.

샘플 원고

한 여성 포럼에서 손지애 아리랑 TV 대표를 만났습니다. 손 대표가 처음 직장생활을 할 때 고졸 언니들은 대졸 공채로 들어온 그녀에게도 여성임을 강조하며 물걸레질을 요구했대요. 남자 동기를 앞에서 자존심을 지킬 것인가, 관계를 따를 것인가?

그녀가 내린 결정은 새벽 여섯 시에 출근해 남자 직원들의 책상 닦아놓기! 자존심 상할 일도, 언니들과 감정 상할 일도 없게 만든 거죠.

누군가의 마음을 얻는 일, 균형을 위해 밤새 고민하는 일, 지혜를 짜내는 일을 반복하며 그녀는 그 험난한 자리에까지 올라왔는지도 모르겠습니다. 성공이란 결국 사람들의 마음을 사는 일이 아닐까 싶네요.

단순히 '여성 포럼에 가서 누구를 봤어요', '무엇을 먹었는데 굉장히 맛있네요', '피곤이 몰려오네요', '~는 실제로 보니 정말 예쁘네요'처럼 메시지가 없는 글이 아닌, 뭔가 생각할 거리를 던져주는 글에 사람들은 보다 반응하고 자신들의 의견을 개진하고자 한다. 또한 이런 과정을 통해 핫 이슈 공급자로서 자리매김할 수 있다.

자신을 PR 할 수 있는 특정 주제를 선별하라

자신이 쓰는 글이 일정한 영향력을 미치며 점점 더 많은 사람들의 관심과 애정을 받기 위해서는 전문성이 필요하다. 다양한 주제에 대해 번득이는 통찰과 재치 있는 유머를 담을 수 있는 내공이 있는 능력자라면 상관없다. 하지만 누구나 이야기할 수 있는 주제에 대해 짧은 식견으로 언급하는 것은, 현장감을 중시하며 빠른 속도로 정보를 공유하는 SNS 세상에서는 무의미하다.

페이스북의 경우, 많은 사람들이 친구들과 함께 먹은 근사한 저녁, 그날 속보로 나온 유명 연예인의 스캔들에 대한 호들갑, 오늘 경험한 아름다운 풍경, 지금 만나고 있는 사람과 찍은 사진, 하루 중 가장 화가 난 사건에 대한 경위 등을 나열한다. 순간적이고 충동적이고 공허하다. 콘셉트는 물론 스토리를 기대하기 힘들다.

가끔씩은 아무 목적 없는 멍한 생각을 담은 글도 매력적일 수 있지만, 이왕이면 글을 읽었을 때 그 사람의 관심과 흥미, 전문성이 돋보여야 영향력을 미칠 수 있다. 내 경우에는 여성 커리어와 사랑에 대한 글을 많이 작성하고 관련 행사나 이슈에 대한 정보성의 글도 자주 공유한다. 출판사에서 근무하는 편집자라면 최근 베스트셀러 동향과 편집자가 책을 기획할 때 가장 중시하는 요소, 최근 들어 가장 즐거웠던 저자와의 만남 등과 같은 이야기를 전개할 때 글에 생명력을 불어넣을 수 있다.

사진이 반이다(직접 찍은 사진이 영향력 있다)

글을 맛있게 만드는 최고의 무기는 글의 내용과 어울리는 사진이다. 그것도 직접 찍은 사진이라면 내용에 대한 흥미를 몇 배는 고조시킬 수 있다. 예를 들어, 오늘 올릴 글이 '어머니가 손수 차려주신 저녁 상차림'이라고 해보자. 아무리 어머니의 정성이 담긴 저녁을 먹고 힘이 났다는 글을 잘 쓴다고 하더라도 상상할 수 있는 것에 한계가 있기 때문에 흥미가 반감된다.

보글보글 소리가 들릴 것 같은 엄마표 된장찌개, 매콤하고 맛있게 무친 매실 장아찌, 노릇노릇 잘 구워진 굴비구이, 새콤한 유자 소스가 일품인 샐러드……. 사진이 보여주는 것을 실감나게 묘사하면서 어머니의 사랑이 들

어간 한 끼 식사가 어떤 의미인지, 어떤 감정이 들었는지를 설명하는 것은 까만 글자만 가득한 썰렁한 글과는 차원이 다르다.

자신의 사적인 일상을 노출하며 인간적인 소통과 교류를 꾀하고 싶다면, 당시의 일상을 상상할 수 있는 세세한 사진 한 장에 공들여라. 때로는 사진이 글보다 강렬하니까!

첫 문장은 힘이 세다

모든 글은 첫 문장이 당락을 좌우한다. 특히나 쉽게 읽고 읽히는 잡글 중심의 SNS 글쓰기에서는 더더욱 그렇다. 첫 문장만 보아도 어떤 내용을 언급할지 감을 잡을 수 있게 해주어야 한다. 사용자 중심으로 편의를 고려해야 넘쳐나는 수많은 글들 가운데 당신의 글이 끝까지 온전히 읽힐 수 있다.

첫 문장을 작성하는 요령은 두 가지이다.

첫째, 핵심 주제를 포함시킬 것!

둘째, 무조건 짧게 쓸 것!

예를 들어, 엄마표 밥상에 담긴 일상의 소소한 행복을 글에 녹여내고 싶다면, 첫 문장은 '엄마표 된장찌개는 언제나 사랑이다' 라는 식으로 간결하면서 앞으로 자신이 쓸 내용에 대한 핵심 주제를 정확히 전달하는 게 요령이다. 짧은 글이지만 그 글의 내용을 함축적으로 표현할 수 있는 제목을 다는 것도 Good Idea!

앞의 샘플 원고를 예로 제목을 단다면 '아리랑 TV 대표의 새내기 시절 비화' 라는 식이다. 대중적 관심이 많은 공인의 숨은 이야기를 들려주는 분위기를 연출함으로써 사전 기대감과 몰입도를 높일 수 있다.

말하기
'나만의 스토리텔링'으로 PR 포인트 만들기

"만나서 반갑습니다. 저는 수원에 살고 있는 스물일곱 살 김유정입니다. 이런 자리에 함께 하게 되어 영광이고요. 원래 말을 잘 못하는데 자기소개를 하려니 엄청 떨리네요. 아무쪼록 여러분과 좋은 인연 만들고 싶어요."

 새로운 사람들이 만나면 어색한 자기소개 시간이 꼭 주어진다. 이 시간은 자신에 대한 기본적인 정보 제공을 하는 동시에 어색한 분위기를 애써 깨보려는 의도가 담겨 있다. 즉, 자기소개는 '나는 이런 사람이에요.' 라는 줄거리를 압축시킨 일종의 영화 예고편인 동시에 소통을 위한 오리엔테이션인 것이다.

 따라서 모든 자기소개에는 두 가지 요소가 포함되어야 한다. '나라는 사

람에 대한 정보'와 '상대방에게 친근함을 표현할 수 있는 화제', 이 두 가지가 바로 자기소개에 꼭 담겨야 할 핵심 요소이다.

"안녕하세요. 요즘 부산이 핫 이슈입니다. 왜인지는 아시죠? 잘나간다고 하는 드라마마다 부산 이야기가 등장하고 부산 사나이 열풍이 불고 있는 지금, 부산 여성들과 나누고 싶은 이야기가 참 많습니다. 저는 '여자라서 행복해요.'를 외칠 수 있는 세상을 실현하고 싶은 꿈을 간직한 여성 커리어 교육 강사이자 작가 이재은입니다. 오늘 부산 사나이들보다 더 의리 있고 멋진 부산 여성들과 신명 나는 수다를 떨어보고 싶습니다."

얼마 전에 내가 여성 정책 토크쇼의 패널로서 무대에 섰을 때 했던 자기소개이다.

나의 자기소개가 다른 패널들과 차별화되었던 이유는 매우 간단하다. 현장에 모인 대상과 토크쇼의 목적을 정확히 이해한 것이 남달랐을 뿐이다. 부산 지역 여성들을 대상으로 여성 이슈와 고민에 대한 의견을 나누는 토크쇼이니만큼 부산 여성들에 대한 기대감과 관심부터 고백한 뒤 공통 관심사에 부합하는 이력만 간단하게 전달했다. 처음 보는 청중에게 내가 누구인지, 언제 태어나 어디서 살았고, 무엇을 전공했으며, 얼마나 잘나갔는지를 읊는 것은 아무런 흥미를 유발하지 못한다. 오히려 시작부터 '아이고! 잘나셨네요.'라는 반감만 살 뿐이다.

면접 장소에서도 마찬가지이다. 면접관을 배제시킨 장황한 나열 식의 자기소개는 그 나물의 그 밥이다. 며칠 밤을 새워 외우고 연습한 자기소개이지만, 면접관은 애써 하품을 참으며 몽롱한 정신을 세련되게 숨기고 있을 뿐이다. '우리'의 이야기로 '나'를 드러내는 것이 바로 스마트한 자기소개법의 핵심이다.

구체적인 사례를 들어보자.

한국항공사 입사를 결심한 것은 3년 전입니다.

6개월간 아르바이트를 하며 모은 비용으로 10개국을 배낭여행 했습니다. 여행을 하면서 총 15개의 항공사를 이용하며 다양한 스타일의 승무원들을 만났습니다. 그중 한국항공사의 김민지 승무원은 제가 보고 관찰한 승무원 가운데 으뜸이었습니다.

쌍둥이를 출산하고 고국으로 돌아오는 젊은 산모 옆에서 장시간 아기들의 돌봄을 지원하면서도 피곤한 내색 없이 임했습니다. 그런데 나중에 알고 보니 김민지 승무원의 감동적인 친절은 한국항공사가 시행하고 있는 베이비 케어 서비스에서 비롯된 것임을 알았습니다.

사소한 불편 사항들도 대수롭게 넘기지 않는 서비스 정신, 그것을 위해 저는 대학 시절 패밀리 레스토랑 서버와 백화점 아르바이트 판매사원을 2년간 했습니다.

세상에서 가장 먼 여행은 머리에서 가슴으로 이르는 길이라고 합니다. 머리로는 알지만 가슴으로 이해하고 공감하기는 어렵기 때문입니다. 저는 이제 한국항공사와 가장 멀지만 가까운 여행을 시작해보려고 합니다. 함께 가주시겠습니까?

자기소개를 하란다고 정말 '자기 이야기'만 하는 것은 이기적인 행동이다. 쉽게 말해 자기소개에는 '나'와 '우리'가 있어야 한다. 위의 사례처럼 자신을 소개하다가 결국 면접관과 자신이 함께 속할 항공사와 관련된 이야기를 다루어야 상대방이 귀를 열어준다. 자신을 알고, 자신의 이야기를 듣는 사람들에 대한 이해와 애정이 있어야 제대로 할 말이 생긴다. 그제야 비로소 상대방이 집중하고 몰입해서 듣고 싶은 말들이 생긴다.

자! 지금까지 우리의 자기소개는 뭐가 문제였는지 차근차근 살펴볼까?

상대방의 썰렁하고 지루한 반응을 참아내는 일을 다시는 겪지 않기 위해 스마트하게 자신을 전달하는 비책이 필요할 테니까.

 함께 고민해봐요! 뭐가 잘못되었을까요?

면접 1분 자기소개

안녕하십니까, 산소 같은 여자 김산소입니다.

산소는 꼭 필요하지만, 사람들은 평소에는 산소의 존재에 대해 고마움을 잘 느끼지 못합니다. 저는 어디에서나 꼭 필요한 존재로 사람들에게 인정받고 있으며, 따라서 동아리 등을 비롯한 모든 활동 모임에서 저를 찾습니다. 또한 저는 근면 성실해 어디서나 환영받습니다. 백화점 판매영업 아르바이트를 할 동안에도 지각이나 결석 한 번 한 적 없이 성실한 태도를 보여 인정받은 바 있습니다. 대학교 3학년 때는 호주로 교환학생을 다녀온 바 있는데, 이를 토대로 영어에 대한 자신감과 열린 마음, 그리고 다양한 문화에 대한 이해 능력을 키울 수 있었습니다.

산소 같은 지원자 김산소, 열심히 최선을 다해 일하겠습니다.

문제점 진단

자기소개를 할 때 '산소'처럼 추상적 개념으로 자신을 설명하는 것은 막연한 느낌을 주기 때문에 좋은 방법이 아닙니다. 가장 자랑하고 싶은 한 가지 구체적인 소재를 첫 문장에 등장시켜 무엇을 PR 하고 싶은지를 분명히 해야 해요.

예를 들면 다음과 같은 방식이 훨씬 귀에 잘 들립니다.

안녕하세요, 김산소입니다.
저는 주변 사람들의 칭찬에 익숙합니다. 근면 성실한 성격 탓인데요, 한 예로 백화점 영업판매 아르바이트를 할 당시 3개월 동안 지각 한 번 한 적 없어 관리 팀장님으로부터 "다음번에 또 부탁한다"는 제안도 받았습니다. 작은 일도 소홀히 넘어가지 않는 성실함 때문에 어디서 일하든, "산소 씨는 정말 산소 같은 존재야!"라는 칭찬을 자주 들었습니다. 이 같은 근면 성실함은 10년간 매일 '아침 6시 기상, 30분 먼저 시작'이라는 습관으로 훈련된 것인데요, 이 습관의 위력을 입사 후 발휘하고 싶습니다.

더불어 너무 많은 자랑을 하면 안 됩니다. 산소 같은 여자인 자신을 주변 사람들이 모두 좋아하고, 근면 성실하며, 교환학생을 통해 이것저것 배웠다는 것은 몰입감을 떨어뜨린답니다. 교환학생 사례를 구체적으로 설명하든지, 백화점 아르바이트 사례를 강조하든지 한 가지를 선택해주세요. 지금 맞은편에 앉아 있는 면접관은 나열식 잡동사니 이야기를 백 번째 듣느라 무지 피곤하거든요! '간결하고 쉽게 전달하기'가 바로 면접 시 자기소개의 핵심입니다.

잘 들리는 자기소개 노하우 정리

1. 자신을 설명하는 핵심 소재는 **하나**면 충분해요.
2. 핵심 소재를 중심으로 자신을 보여줄 수 있는 구체적인 에피소드를 준비하세요.
3. 너무 뻔한 소재로 자신을 설명하지 마세요.
4. 가장 어필하고 싶은 소재를 **두괄식**으로 표현하세요.
5. 미괄식에는 우리(발신자와 수신자)의 공통 화두에 대해 이야기하세요.
6. 앞으로 이 회사에서 하고 싶은 것, 조직원들과 함께했으면 하는 것들을 전하세요.

책읽기
여자, 인문학에 눈뜨다

고백하건대 그동안 나의 독서는 철저한 잡식이었다. 그냥 배부를 때까지 먹으면 좋은 잡식이었기에 닥치는 대로, 보이는 대로 목적 없이 그저 '열심히'만 읽었다. 베스트셀러 책들을 사재기하듯 모조리 읽고 눈에 띄는 괜찮은 책들을 열심히 구독했지만, 그것은 순간적인 허기만 채우는 지극히 말초적인 지식 공급에 불과했다. 되새김질하듯 곱씹고, 단서를 찾아 새로운 발상을 그려보고, 그것을 토대로 나만의 생각의 집을 짓는 일은 인문·철학에 기반을 둔 양서들을 하나둘 보기 시작하면서 가능했다.

'한 우물을 깊게 파보자. 모든 길은 한곳에서 만나게 되어 있으니까!'

평소 페미니즘에 관심이 있던 나는 이 사상이 녹아 있는 고전을 한 권씩 읽기 시작했고, 근현대 페미니스트들의 이론서적과 관련된 철학서적들을

느린 호흡으로 꼭꼭 씹어가며 음미하는 독서를 하기 시작했다. 그 결과, 색깔과 방향성이라고는 찾아볼 수 없었던 나의 서재에도 변화가 찾아왔다. 공통의 키워드들로 유기성을 띠는 책들이 가지런히 꽂혀 있는 책장이 탄생된 것이다.

그 책장은 몇 년 전의 나와 오늘의 내가 다른 사람이 될 수 있게 만들어주었다. 한 장 한 장 어렵게 책장을 넘기면서 스스로에게 수많은 질문들을 던지고 그에 대한 답을 찾기 위해 적극적으로 고민하는 동안 나는 쑥쑥 자랄 수 있었다. 예기치 못한 시련이 닥쳐도 징징거리며 불만을 늘어놓기보다 현명하게 이겨내는 방법을 찾는 데 에너지를 쏟을 줄 아는 사람이 되었고, 타인과의 갈등 상황에서도 상대의 마음을 읽어내는 통찰력을 지닐 수 있게 되었으며, 위대한 멘토의 조언 없이도 삶의 방향을 찾을 수 있는 용기를 얻을 수 있었다. 단지 나이가 더 들었기 때문은 아니었다. 꾸준히 책을 읽고 깨우치고 실천하려는 끊임없는 노력을 통해 조금씩 더 나은 나를 발견하는 '즐거운 훈련'을 해왔다.

달팽이처럼 느려도 참된 독서의 즐거움에 빠져보기를 기대하면서 아끼는 책들 가운데 여섯 권을 수줍게 열어본다. 어제보다 나은 오늘을 있게 해주고 여자라서 행복하다는 말을 기꺼이 할 수 있게 해준 책들, 이 책들을 함께 읽어보는 것은 어떨까?

1. 『사랑은 지독한 그러나 너무나 정상적인 혼란』

울리히 베크(Ulrich Beck) & 엘리자베트 베크-게른스하임(Elisabeth Beck-Gernsheim) 지음

이 책은 개인적으로 무척 아끼는 책인데, '삶은 왜 이렇게 끝없이 힘들고

어려운가?'에 대한 답을 사랑과 자유, 그리고 변화된 개인에게서 찾도록 유도한다. 졸음이 쏟아지는 오후의 시원한 냉수마찰과 같은 깨우침을 때로는 점잖게, 때로는 쓰디쓰게 던지면서 말이다. 몇 번이나 탄성을 자아내기도 했고, 알 듯 말 듯 가슴 조리며 의미를 곱씹기도 했던 깨우침이 너무나 소중해 끌어안고 자고 싶었던 책. 밑줄을 팍팍 긋다가 불현듯 분노하거나 두려움에 신음했다가 다시금 평화를 만나게 하는 책. '결혼해서 아이 낳고 훌륭하게 사는 것이 정답'이라고 여기던 시대를 지나 모든 것을 선택의 문제로 바라보는 시대에 살고 있는 여성들에게 남겨진 과제를 사회심리학적 관점으로 바라보았다.

독일의 사회학자인 울리히 베크와 역시 사회학자인 그의 아내 엘리자베트 베크-게른스하임이 공동 집필한 이 책 속으로 잠깐 들어가보자.

나는 나의 일을 하고, 너는 너의 일을 한다.
나는 너의 기대를 채우려고 이 세상에 있는 것이 아니다.
너 역시 내 기대를 채우려고 있는 게 아니겠지.
너는 너고, 나는 나다.
만약 우리가 우연히 서로를 발견한다면 아름다울 테지.
그렇지 않더라도 어쩔 수 없는 일이겠고.

"우린 이제 비로소 하나가 됐어요."라며 달콤한 신혼의 환상에 빠져 있는 당신에게, 누군가의 삶을 공유하는 것은 로맨틱한 아름다운 사건이기보다 자신을 방어하고 관계에서 오는 혼란을 극복하는 과정이라고 찬물을 확 끼얹는 책이다. 사랑을 발랑 까놓고 요리조리 살펴보고 싶은 사람이라면, 제대로 알고 제대로 사랑하고 싶은 사람이라면 성경처럼 두고두고 읽어보기를!

2. 『아내의 역사』 메릴린 옐롬(Marilyn Yalom) 지음

총 650페이지에 육박하는 뚱뚱하고 이름도 고리타분한 『아내의 역사』에 눈길이 간 까닭은 현재는 과거의 산물이라는 깨달음 탓이었다. 지금을 살아가고 있는 여자들, 이미 아내로 살아가고 있거나 언젠가 아내가 될 여자들, 혹은 철저히 아내가 되기를 거부하는 여자들의 삶을 이해하기 위해서는 역사 속에 있는 과거의 아내들을 조명해볼 필요가 있다.

스탠퍼드 대학교의 미셸 클레이만 젠더 연구소에 재직 중인 원로학자이자 이 책의 저자인 메릴린 옐롬은 고대부터 중세, 근대 그리고 현대 여성들의 삶을 철저히 '아내'라는 역할에 입각해 조명했다. 특히 아내를 시대상과 맞물려 상대화·역사화해 역사학, 여성학, 종교학 등 통섭의 관점으로 들여다볼 수 있는 흥미로운 책이다.

예를 들면, '도덕의 갑옷을 입은 낭만적인 사랑 — 빅토리아 여왕 시대 대서양 양안의 아내들', '청교도의 침실에서는 무슨 일이 벌어지고 있었나? — 독일, 영국, 미국의 프로테스탄트 아내들 : 1500~1700년', '혁명의 그늘에 선 사람들 — 공화국 미국과 프랑스의 아내들'이라는 제목 하에 시대상과 아내를 복합적 관점으로 풀었다.

특히 여자가 '아내'가 되어버린 역사를 설명한 부분은 무척이나 흥미롭다.

옛날 여성들은 경제적 지원을 받기 위해서, 가족 간의 유대를 강화하기 위해서, 아이를 낳기 위해서, 외로워서, 다른 여자들처럼 평범하게 살기 위해서 등의 이유로 결혼을 했다. 성직자의 아내, 제빵사의 아내, 의사의 아내처럼 누군가의 아내가 된다는 것은 '타고난 소명'을 완수했음을 세상에 알리는 일이었다. 행복한 결혼이든 그렇지 않든 결혼반지는 여성의 가치를 평가하는 척도가 되었다.

그러니까 여성에게 '아내 되기'란 그럴듯한 평범함을 누릴 수 있는 '최선의 선택'이었다. 이름 없는 들꽃처럼 있는 듯 없는 듯 존재하면서 남편과 아이들이 성공가도를 달릴 수 있도록 이타적인 조력자로서 맹렬히 봉사하고 헌신하는 것으로 생을 마감하는 숙명이 바로 아내였다. 따라서 자기다움을 드러내거나 커리어를 강조하는 독립된 주체로서의 삶을 꾸리는 것은 여자로서 불행한 삶으로 진입하는 지름길이었던 셈이다. 그러나 이 책은 미래 사회에서 여자의 가족이란 '직업'이 될 것이라고 예견한다. '미래의 아내'란 남자의 아내가 아닌, 자신의 '일과 결혼한 아내'가 될 거라고.

놀랄 일도 아니지만 회사와 기관이 일종의 가족 대용이 되고 있기 때문에 인종을 막론하고 모든 여성들에게 직업은 점점 중요해지고 있다. 이 때문에 점점 더 많은 사람들이 이제 직장 동료에게 친밀한 인간관계를 기대하며 가족이나 공동체에서 발견하지 못한 의미를 찾으려고 한다. 실제로 직장에 대한 기대가 점점 커지고 있는 현상은 직장이 우리의 삶의 중심에서 가정을 대체하고 있다고 믿는 사회 평론가들에게 주목을 받고 있다.

3. 『여성 학교』 이리스 라디쉬(Iris Radisch) 지음

이 책을 접하게 된 것은 두 가지 요인 때문이다. 하나는 현재 내가 운영하고 있는 여자 라이프 스쿨과 책의 제목부터 닮아 있는 것에 대한 반가움 때문이고, 다른 하나는 『통섭의 식탁』의 저자인 이화여대 에코과학부 최재천 교수의 "남성은 배워야 하고 여성은 되돌아봐야 한다."는 가슴 철렁했던 추천사 때문이다. 더 많은 것을 누리고 있지만 점점 더 많은 것을 잃고 있는 듯이 보이는 여성들의 삶에 무수한 질문들이 쏟아지던 어느 날, 그가 던진 이 한마디처럼 적당한 일침은 없어 보였다.

이 책의 가장 큰 매력은 그동안 여성의 삶에 대한 추상적 담론을 거부하고 더욱 실질적인 대안을 논의하는 동시에, 그동안 한 번도 생각하지 못한 일상에 대한 문제의식을 제기했다는 실용성이다. 이를테면 저자인 이리스 라디쉬는 저출산 문제를 다양한 각도에서 조명했는데, 미처 생각지 못했던 도시의 건물구조나 주거 인테리어, 도심 상권 등의 문화가 암묵적으로 저출산을 강요한다고 주장했다.

우리의 유명 인테리어 잡지에 등장하는 주거 환경 중 아이들이 살고 있을 거라고 생각하는 사람이 과연 몇이나 될까?
도심, 레스토랑, 부티크, 사무실, 회의실, 부엌, 거실, 침실을 가리지 않는다. 다른 생활 영역의 분리를 주장하던 때는 이미 오래전에 지나갔다. 기업의 꼭대기 층 회의실은 그곳에서 하루를 보내는 남자들의 거실과 거의 구분되지 않는다. 내가 잠옷을 구입하는 부티크는 그 잠옷을 입고 자는 침실과 아주 흡사하게 인테리어가 돼 있다. 고상한 인테리어의 치과 대기실은 병원의 명성을 드높이고 실용성에 매력을 준다.
왜 우리가 아이 없는 사회에서 살고 있는지 알려면, 우리의 정신적 욕구에 부합하게 만들어놓은 세상을 정확히 들여다보아야 한다. 우리가 만든 세상은 우연히 가족 정책의 나사 몇 개가 잘못 조여졌기 때문이 아니라 우리가 지금의 우리였기 때문에 나온 결과다. 우리가 지금의 우리처럼 살고 있기 때문이란 말이다.

대체 왜 이렇게 제자리걸음만 하고 있는 걸까? 여성들의 삶의 화두인 '일, 육아 그리고 사랑'에 대한 문제에 돌직구를 날리며 때로는 간담 서늘하게, 때로는 가슴 먹먹하게 만드는 책. 아직도 가야 할 길이 구만리인 여성들의 과제는 과거를 돌아보고 반성하고 다시 희망하기라는 결코 가볍지 않은 곱씹음을 하게 만드는 책!

4. 『심리학이 들려주는 사랑의 기술』 한스 요아힘 마츠(Hans Joachim Maaz) 지음

프로이트의 업적이라고 하면 표면적으로 드러나는 의식의 세계 말고도 보이지 않는 무의식의 세계가 따로 존재한다는 것을 쟁점화한 점이 아닐까 싶다. 겉으로 드러나는 행동들은 마치 빙산의 일각으로 극히 일부분이며, 그 빙산을 조정하는 것은 수면 아래 숨어 있는 무의식이라는 거대한 얼음 덩어리라고 이야기한 발상은 그야말로 획기적이었다. 보이지 않는 것이 보이는 것보다 힘이 셀 수 있다는 이 주장은 어쩌면 인간의 복잡성, 이율배반적인 아이러니, 설명할 수 없는 모순 등을 설명할 수 있는 유일한 방법이 아닐까 싶다.

'보이지 않는 것'이 '보이는 것'을 조정하고 통제한다는 이 발상을 사랑이라는 영역으로 그대로 옮긴 책이 바로 『심리학이 들려주는 사랑의 기술』이다. 사랑을 말하고 있지만 뭔가 제대로 전해지지 않는 기분, 서로에 대해 알아가고 있지만 뭔가 겉도는 느낌들은 서로가 발견하지 못한 수면 아래 존재하는 빙하 때문일지 모른다. 왜냐하면 우리는 아직 그가 던진 한마디에 담긴 거대한 역사를 읽지 못했기 때문이다.

한 사람이 하는 말에는 그 사람의 개인사와 무의식적인 동기가 포함되어 있기 때문에 다른 사람들은 그 말의 특별한 의미를 곧바로 이해할 수 없

다. 오히려 사람들은 자신이 받아들이고 싶은 것, 이해할 수 있는 것만 받아들이며, 자신에게 불쾌하거나 낯선 것, 자신의 약점을 건드리는 말들은 흘려듣거나 말한 사람이 의도한 것과 다르게 해석해버린다.

이처럼 대화란 주관적인 과정이다. 자신의 말이 의도대로 상대방에게 받아들여지고 이해된다는 보장은 없으며 듣는 사람의 과거 기억과 상상에 따라 말한 사람의 의도와는 다르게 받아들여질 수 있다.

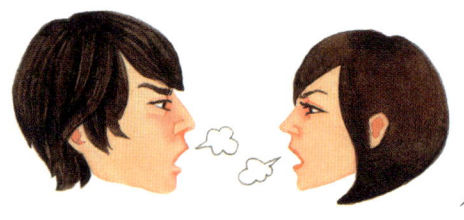

돌아보건대 사랑에 서툴렀던 이유 중 하나는 그의 언어가 나의 것과 다를 수 있음을 인정하지 않는 데서 비롯된 갈등이었다. 별것도 아닌 그의 질문에 어떻게 그런 것을 물어볼 수 있느냐며 쌩하게 토라지고 그의 인성을 의심하다 결국 이별을 거들먹거리는 연애를 반복했던 까닭은, 그의 언어를 나의 예민한 부분과 상처를 투영해 받아들였기 때문이다.

나의 무의식과 경험의 한계를 그에게 전이시켜 '나쁜 놈'으로 전락시키는 바보 같은 연애를 해왔음을 시인하며, 보이지 않는 그의 마음을 읽을 수 있는 힘을 가진 건강한 '나'와 '너' 그리고 '우리'가 되기를 소망하면서 이 책을 선택한 변을 마무리한다.

5. 『나, 너, 우리』 뤼스 이리가라이(Luce Irigaray) 지음

이 책의 저자인 뤼스 이리가라이의 이력은 재미있다. 벨기에 출생으로 파리 제8대학교에서 문학 박사학위를 취득한 그녀는 오로지 페미니즘 시각으로만 현상을 바라보는데, 정신분석학에 대한 격렬한 논쟁을 불러일으킨 『스펙큘럼, 또 다른 여성에 대해(Speculum de l'autre femme)』라는 책을 출간하고

프로이트 학파에서 축출당할 정도로 급진적 신세대 페미니스트로 불린다.

  이 책을 공유하고자 하는 이유는 책의 제목인 '나, 너, 우리'처럼 나와 너의 다름을 인정할 때 새로운 우리가 탄생될 수 있다고 주장하는 그녀의 생각에 너무나도 끌렸기 때문이다. 남자와 여자, 그들은 절대 일치될 수 없는 엄연히 다른 존재이기에 여성만의 독특한 주체성이 긍정되고 계발될 때 현실적인 평등이 이루어진다고 주장하는 뤼스 이리가라이는, 그 여성성의 핵심을 '여성 감수성'으로 이끌어냈다. 그리고 오랫동안 찾아 헤매던 '여자들만이 느끼고 이해하고 행복해하고 슬퍼할 수 있는 감수성, 그것은 대체 무엇일까?'에 대한 답을 이 책에서 찾을 수 있다.

태아는 모체기관에 반쯤 낯선 존재입니다. 실제로 항원의 절반은 아버지에게서 유래한 것이지요. 이 때문에 모체는 자신이 아닌 절반을 거부하기 위한 방어체계를 개시해야 합니다. 그런데 태반은 이 방어체계가 활성화되는 것을 막습니다.
흔히 태반은 모체와 태아가 반반씩 섞여 형성된 것이라고 생각합니다. 태반은 태아가 형성한 것이지만, 태아와는 거의 독립된 기관으로 기능합니다. 즉, 태반은 두 가지 차원에서 중재 역할을 합니다. 모체와 태아 중간에 위치하며, 모체와 태아 모두를 위해 모체의 물질을 변형시키고 저장하고 재분배합니다.
그러니까 태반의 구조는 융합 상태에 있는 것이 아니라 서로를 존중하는 질서 잡힌 구조라고 볼 수 있지요.

이 내용을 쉽게 설명하면, 엄마의 몸 입장에서 보면 낯선 이물질인 '태아'가 어느 날 갑자기 침입한 것과 다름없는데, 별다른 부작용이나 방어체계를 운영하지 않는다는 것이다. 감기 바이러스 하나에도 열이 나고 기침, 콧물, 두통을 수반하며 요란스럽게 반응하는 평소와 달리, 묵묵히 상황을 받아들이는 신기한 반응을 한다. 그 까닭이 바로 태반의 존재라는 것이다. 태반은 이 둘이 융화될 수 있게 모체를 달래고 태아를 보호하는 중간 입장을 취하며, 양쪽 모두 평화롭게 공존할 수 있도록 돕는 역할을 한다.

뤼스 이리가라이는 이것이 바로 '여성의 감수성'이며 '힘'이라고 이야기한다. '나만 살고 너는 죽어라.'라는 식의 경쟁구조가 아니라 '나도 살고 너도 살자.'라는 마음으로 품을 수 있는 것, 모체와 태아가 모두 살 수 있도록 태반이 중간 역할을 하듯이 어떤 가치를 위해 관용, 배려, 희생을 기꺼이 감당하는 것, 그것이 바로 '나, 너 그리고 새로운 우리'를 가능하게 하는 여성의 힘이 아닐까라고 이 책은 넌지시 묻는다.

6. 『펄 벅의 인생 수업』 펄 벅(Pearl Buck) 지음

펄 벅의 작품들을 읽다 보면 그녀야말로 이 시대의 진정한 여성 멘토라는 생각이 든다. 한 세기를 먼저 살다 간 인물이지만 현대를 살아가는 여성들에게 적용해도 전혀 어색하지 않은 조언들을 했다. 펄 벅이 이렇게 시대를 넘나드는 대문화로 자리할 수 있는 까닭은 바로 섬세한 문장력에 깃든 그녀의 지혜 때문이리라.

펄 벅에게 여성이란 더 나은 삶을 살 의무와 권리를 가진 특별한 존재였다. 따라서 그녀의 눈에 비친 당시 여성들의 삶은 특별함을 포기하고 안락한 '특권'을 영위하고자 하는 안타까움 자체였고, 아직 진정한 자아를 마주하지 못한 어리숙한 존재였다. 그 아쉬움과 절망을 꼿꼿한 필체로 흔들림 없이 담은 책이 바로 『펄 벅의 인생 수업』이다.

일부 여성들은 아무런 책임도 지지 않는 이런 노예로서의 속박을 즐긴다. 남성과 달리 의식주를 해결하는 부양의 의무도 지지 않으므로 매일 정해진 가사 노동을 되풀이할 뿐, 생산성이나 효율성을 높여야 한다는 압박과 요구에 시달릴 일도 없다. 그리하여 여성의 뇌는 세계 여러 곳에서 일어나는 사건을 통찰하고 분석하기보다 어떻게 하면 남성을 자신의 뜻대로 조종할 수 있을지 하는 문제에만 매달린다.

펄 벅이 내놓은 대안은 '일'이다. 그녀는 아무리 가족이라도 남편에게 평생 부양받을 권리는 없다며 '살기 위해' 일을 하라고 조언했다. 작가의 사명으로 이 책을 썼다고 밝힌 그녀가 그토록 목청 높여 말하고 싶었던 것은, 일의 고통과 기쁨을 모두 느낄 수 있는 여성으로 거듭날 때 비로소 스스로를 지킬 수 있는 힘을 가지게 된다는 메시지가 아닐까.

일을 시작할 때 노동 끝에 찾아오는 피로가 무엇인지 알게 될 것이며, 심신을 다해 일하는 고통에 대해서도 깨닫게 될 것이다. 그리고 무엇보다 혼신의 힘을 기울여 일할 때 비로소 얻게 되는 완전한 자기 망각이 어떤 충만함과 기쁨을 주는지도 터득하게 될 것이다. 그리고 일을 한다는 것은 바로 인간이 누릴 수 있는 최고의 특권이다.

떠나기
미국으로 유학 가기 전에 알아야 할 7가지

직장생활 3년쯤 지나면, 취업만 하면 소원이 없겠다던 절박함은 까마득하게 잊고 새로움을 갈구하는 욕망이 고개를 든다. 업무도 어느 정도 손에 익었고, 조직원들과의 관계도 안정적으로 자리 잡았고, 앞으로 해야 할 일들도 눈에 보이고, 전혀 보이지 않던 사내 정치가 눈에 들어오면서 과연 이곳이 정말 내 자리인가, 이렇게 내 인생을 마감해도 될까, 더 어울리는 기회가 있지 않을까 하는 의문이 생기기 시작한다. 바로 이 무렵에 가슴을 파고드는 이슈가 유학이 아닐까 싶다.

"우물 안 개구리로 사는 건 인생에 대한 예의가 아니야. 더 넓은 세상을 경험하고 싶어."

"지금 상태로는 날개를 달 수 없어. 성공으로 이르는 사다리를 타려면 유학을 떠나야 해."

6년간의 직장생활을 정리하고 어딘가에 있을 파랑새를 위해 과감히 캐나다 어학연수를 떠났던 나의 서른 살을 기억해보면, 그 선택의 밑바닥에는 제대로 날고 싶다는 욕심과 불만족스러운 현실을 회피하려는 감정이 공존했다.

그러나 단지 막연한 환상과 의욕만으로 유학을 떠나는 것은 무모한 용기에 지나지 않는다. 평생을 살던 세상을 떠나 말도 통하지 않고 마음 맞는 친구 하나 없는 외지에서 먹을거리와 입을거리를 전전긍긍하며 이해조차 안 되는 어려운 공부를 하다 보면, 대체 무엇을 하고 있는 것인가 하는 뼈아픈 회의가 밀려올 수 있다. 자칫 학업도 커리어도 결혼도 우정도 안락한 여유도 다 포기한 채 먼 곳에서 어색한 이방인 놀이를 하며 몇 년을 보내는 결과를 맞이하게 되는 것이다. 돌아오면 무엇이 주어진다는 어떠한 보장도 없이 말이다.

이 장에서는 세 명의 성공적인 유학 경험자들의 조언을 토대로 '야무지고 현명한 유학생활'을 위한 팁을 공유하고자 한다.

[조언자의 간단한 이력]

- **콜린 박** (하버드 대학원 졸업, '콜린 박의 유학 정보' 대표, 『미국 유학 파일 101』 저자)
- **박유경** (펜실베이니아 주립대학교 박사과정, 전 대한항공 승무원)
- **유희정** (NYU 테솔 석사, 골든브릿지 영어연구소 대표)

유학의 목적부터 뚜렷하게 설정하라

"유학만 다녀오면 기업에서 서로 모셔가겠다고 하겠지?"

어림없는 소리이다. 성공적인 유학생활을 하기 위해서는 '왜 유학을 가고 싶은지'에 대한 답부터 찾아야 한다. 지금 이 순간 자신에게 유학이 꼭 필요한 선택이라는 구체적이고도 분명한 목적의식 말이다. 요즘처럼 유학이 보편화된 상황에서 단순한 유학 경험은 큰 경쟁력이 되지 못한다. 유학 자체가 성공적인 삶의 보증수표라는 생각은 큰 오산임을 명심해야 한다.

더불어 유학생활에는 여러 가지 기회비용이 든다. 언어의 불편함, 경제적 어려움, 인종차별, 이동의 불편함 등을 감수하고 청춘을 보내야 한다. 이를테면, 자신이 사는 동네에서 30분을 걸어야 겨우 슈퍼 하나가 있으니 정말 생존을 위한 투쟁이 될 수도 있다는 것을 명심해야 한다.

유학 준비, 혼자서도 가능하다!

열정과 시간만 있다면 유학원의 비싼 서비스 수수료를 내지 않고도 혼자 유학 준비를 할 수 있다. 먼저 가고 싶은 학교의 웹사이트에서 입학(Admissions) 혹은 입학 희망자(Prospective Students)를 찾는다. 그리고 그 링크를 따라 희망하는 과정인 학부(Undergraduate)나 대학원(Graduate)을 찾아 외국인 학생(International Students)의 입학조건과 학비 등에 관한 정보를 찾으면 된다. 일반적으로 평균 열 군데 정도의 학교에 지원한다.

이때 입학서류나 성적 등을 입학조건에서 명시한 마감일보다 일찍 보내는 것이 유리하다는 점을 꼭 기억해야 한다. 지원서류 준비, 서류 송부, 유

학 비자 등에 관한 정보와 준비 방법은 유명 어학원들의 사이트에 무료로 제공되어 있으니 참고할 것!

유학 전, 미국 대학의 강의 스타일을 확인해볼 것

"미국 대학의 강의 스타일부터 파악해야 가든 말든 결정할 수 있지!"

막연한 기대와 환상에 젖어 비행기 티켓부터 끊어놓고 어학 준비만 하는 사람들이 많은데, 미국의 대학은 수업 진행 방식부터 국내 대학과는 큰 차이를 보인다. 저자 콜린 박은 유학을 결정하기 전에 미국 대학의 강의 스타일을 체크함으로써 과연 실질적으로 따라갈 수 있는지를 테스트하고, 입학 후 어떻게 공부하겠다는 마음의 준비를 하는 것이 중요하다고 조언한다.

인터넷을 검색하면 여러 대학의 강의를 들을 수 있다. 예를 들어, UC 버클리 인터넷 브로드캐스팅 시스템(webcast.berkeley.edu)에 접속하면 UC 버클리의 여러 강의를 골라 들을 수 있다. 관심 있는 대학이 따로 있다면, 각 학교의 홈페이지에 접속한 뒤 '웹캐스트(webcast)', '온라인 강의(online lecture)', '동영상 강의(video lecture)', '인터넷 강의(internet lecture)'를 검색(search)하면 관련 링크들이 뜬다. 똑같은 형식으로 강의를 들어야 하므로 미리미리 체크해둘 것!

현재 미국의 대학교나 대학원 강의를 미리 체험할 수 있는 최고의 사이트는 MIT로 ocw.mit.edu에서 다양한 강의들을 확인할 수 있다.

학부와 대학원 유학 중 어떤 것이 더 유리한지는 개인마다 다르다

학부 유학을 갈지, 대학원 유학을 갈지의 판단은 준비된 학비와 어느 정도의 영어실력을 원하는지에 따라 달라질 수 있다. 먼저 학부 유학의 장점은 4년 동안의 집중적인 학업으로 영어실력이 많이 향상될 수 있다는 점이다. 반면, 외국인 학생인 경우에는 재정 지원이 거의 없어 학비와 생활비가 많이 든다는 치명적인 단점이 있다.

대학원 유학의 장점은 기간이 짧고, 학부 유학보다 상대적으로 학비가 적게 드는 데다 학부에 비해 상대적으로 학교의 재정 지원이 다양하다. 전공에 따라 외국인 학생도 RA(Research Assistant)나 TA(Teaching Assistant) 등의 일을 하면서 재정 지원을 받을 수 있는 기회가 있다. 하지만 재학기간이 짧아 영어실력이 기대만큼 늘지 않을 수 있다는 것이 단점이다.

미국 대학원 입학조건과 제출서류는 학교마다 다르다

미국 대학원 입학을 위해서는 대략 1년 정도의 시간이 필요하다. 가을 학기 입학을 위한 지원서류 마감은 보통 1~2월, 봄 학기 입학서류 마감은 보통 7~8월 초이므로 사전에 충분한 시간을 두고 준비해야 지원 시기를 놓치지 않는다. 대략적인 준비 과정을 도표로 정리하면 다음과 같다.

어학시험 준비 (6개월) → **지원서류 준비 및 지원마감 (3개월)** → **합격통지 및 출국준비 (3개월)**

미국 대학원에 입학하기 위해서는 4년제 대학 학사학위는 물론, 일정 기준 이상의 영어실력과 대학 성적이 필요하다. 관련 직장 경력 역시 중시되는데, 전공에 따라 2~3년 이상 근무 경력이 없으면 지원이 불가능한 대학원도 있다.

영어실력은 대학과 전공과목에 따라 다르지만 최소한 80점 이상의 iBT TOEFL(Test of English as a Foreign Language) 점수가 필요하며, 100점 이상의 점수를 요구하는 대학도 많다. 토플 이외에 대학원 입학 자격시험인 GRE(Graduate Record Examinations) 점수가 추가로 필요하며(학교와 전공에 따라 요구하지 않는 곳도 있음), MBA(Master of Business Administration) 과정에 입학하기 위해서는 GRE 성적 대신 GMAT(Graduate Managements Admissions Test) 성적을 제출해야 한다.

미국 대학원 지원 시 일반적으로 제출하는 서류를 한번 정리해볼까?

① 입학신청서(Application Form)
② 학업계획서 또는 자기소개서(Statement of Purpose)
③ 추천서(Letter of Recommendation)
④ 성적증명서(Transcript)
⑤ TOEFL & GRE 시험성적
⑥ 졸업증명서
⑦ 재정보증서
⑧ 입학 신청비(Application Fee)
⑨ 전공에 따라 논문 요약본 또는 포트폴리오(Portfolio)

더불어 효과적인 지원을 위해 본인이 입학하고자 하는 학교와 학과의 목록을 만든 다음, 엑셀이나 워드 파일로 학교별 지원조건, 제출서류, 제출마감일, 합격자 발표일 등의 항목을 만들어 체계적으로 관리하는 것이 효과적이라는 점을 기억해야 한다. 이것은 학교마다 지원방법과 전형방식이 다르기 때문인데, 일반적으로 응시자들이 적게는 3개, 많게는 10개 이상의 학교에 지원한다.

아이비리그(Ivy League), 우리도 갈 수 있다!

"아이비리그가 어디예요?"

아이비리그란 다트머스, 브라운, 예일, 코넬, 콜롬비아, 펜실베이니아, 프린스턴, 하버드 등 미국에 있는 8개의 명문대학교를 가리킨다. 아이비리그 가운데 가장 도전해볼 만한 곳이 펜실베이니아와 코넬 대학교이다. 그 까닭은 이 두 학교가 수준이 낮아서가 아니라 타 학교들에 비해 학부 신입생을 많이 뽑기 때문이다. 하버드, 예일, 브라운 등의 경우에 외국인 지원자 합격률이 4~10% 정도이지만, 펜실베이니아와 코넬은 외국인 지원자 합격률이 15~20% 정도이다. 게다가 대부분의 아이비리그 학부는 입학생이 1,000~1,400명인데, 펜실베이니아와 코넬은 2,500명이 넘는다. 아는 만큼 보인다고 했으므로 아이비리그도 잘 알고 준비하면 얼마든지 승산이 있다. 미국 대학의 순위를 알아보려면 유에스뉴스(www.usnews.com) 웹사이트를 참고하기를!

교수 콘택트에도 매너와 에티켓이 있다

미국 대학원 진학이나 최고 수준의 공학 또는 자연과학 관련 프로그램에 지원하려면 교수 콘택트는 거의 필수이다. 하지만 무작정 교수에게 연

락해 입학이나 장학금에 대해 물어보는 행위는 큰 실례이다. 교수 콘택트는 학교에 들어가기 위해 하는 것이 아니라 학문적인 관심으로 하는 것이기 때문이다. 따라서 교수 콘택트는 자연스럽고 은밀하게 이루어져야 하는 것이 핵심이다.

작가 콜린 박은 먼저 재학 중이던 국내 대학의 교수를 통해 소개받거나, 희망하는 외국 대학의 교수가 우리나라에 와서 강연이나 세미나를 할 때 적극적으로 자신을 소개한 뒤 연락처를 받는 방법이 좋다고 조언한다. 실제로 지난 몇 년간 하버드나 버클리 등 미국 최고 대학의 자연과학 분야 박사과정인 학생들 가운데 상당수가 국내 대학 재학 중 교수의 소개 또는 세미나에 참석했을 때를 활용해 희망 대학 교수와 콘택트가 이루어졌으며, 입학에도 적잖은 도움을 받은 것으로 알려져 있다.

만일 개인적으로 콘택트를 해야 하는 상황이라면 자신이 누구인지 짧게 소개한 뒤, 교수의 연구 중 어떤 분야에 관심이 있는지를 학문적으로 묻고 앞으로 교류하고 싶다는 의향을 밝히는 것이 관례이다. 답장이 없을 시 한두 번 더 물어도 된다. 하지만 계속 답장이 없다면 관심이 없다는 뜻이므로 더 이상 콘택트를 하지 않는 것이 에티켓이다.

학업계획서는 합격을 좌우하는 중요한 요소이다

우리나라와 달리 미국의 대학은 입학 결정 시 자기소개서의 비중이 상당히 높은 편이기 때문에 미국 학생들도 몇 개월에 걸쳐 작성할 만큼 자기소개서에 많은 노력을 기울인다. 어학점수, 학부 성적과 같은 서류들이 지원자의 과거를 대변한다면, 자기소개서는 지원자의 잠재능력을 판단하는 기준이 된다. 즉,

자기소개서를 통해 나머지 지원서류에는 나타나 있지 않은 지원자의 성격, 가치관, 학업 추진력 등을 살펴봄으로써 학교와 학과에 얼마나 적합한지를 판단한다.

자기소개서 작성 시 고려해야 할 부분은 '자신이 왜 이 전공을 공부해야 하는지', '이 학과에서 무엇을 어떻게 공부할 것인지', '이 공부가 앞으로 자신의 진로에 어떤 영향을 줄 것인지', '왜 이 학교 또는 학과여야 하는지', '입학 후 학교를 위해 어떻게 기여할 수 있는지'를 구체적으로 언급하는 게 요령이다.

처세술 1
밉보이지 않게 부탁하는 법

"대학원 입학은 교수와의 사전 접촉을 통한 관계 형성이 무엇보다 중요해. 교수회의를 통해 몇 명을 뽑을지, 어떤 제자를 데리고 갈지를 미리 결정하기 때문에 인맥을 총동원해서 입학하고자 하는 대학원 교수에게 자신을 어필해야 한다고!"

박사과정을 준비하면서 여러 번 똥줄이 탔다. 대학원은 넘쳐나는 것 같은데 막상 들어가기는 왜 이리 힘든지, 입학을 희망하는 과는 선발 인원도 적어 그야말로 바늘구멍이었다. 문이 좁을수록 어떤 인맥이 있느냐가 당락을 좌우하는 중요 요소로 작용한다는 선배들의 조언을 들으니, 한숨이 푹푹 나왔다. 교수님에게 나라는 사람을 친절하게 소개해줄 인맥을 도대체 어디에서 구한단 말인가. 이럴 줄 알았으면 미리미리 대학원 선배들과 친하게 지낼 걸 그랬다는 후회가 밀려왔다.

"김 선배가 자기가 입학 희망하는 학과 총동문회장 맡고 있잖아. 소개 좀 부탁드려 봐. 교수님들과도 돈독한 관계를 유지하고 있는 것 같던데."

아! 김 선배라 하면 과거 직장에서 함께 근무했던 상사로서 연락을 끊고 지낸 지도 벌써 2년이 넘은, 얼마 전 신년인사도 건너뛰고 잊고 지낸 그녀 아닌가. 아무리 급한 일이 생겼다고는 하지만 갑자기 전화를 해서 아쉬운 소리를 하기란 정말 불편한 일이 아닐 수 없다. 그렇지만 지금은 김 선배의 도움이 절실히 필요한 때가 아닌가. 나는 부탁을 하되 상대방에게 밉보이지 않고 어색하지 않게 목적한 바를 이루는 방법을 찾아보기로 결심했다.

그리고 마침내 나는 김 선배로부터 유쾌한 대답을 들을 수 있었다.

"걱정 마! 내가 잘 말씀드려줄게. 내 소개로 연락드렸다고 하고 한 번 찾아가 봐."

도대체 나는 어떤 방법으로 얄밉지 않게, 떳떳하게 그리고 기분 좋게 그녀로부터 부탁을 들어주겠다는 대답을 얻어낼 수 있었던 것일까? 아쉬울 때만 연락하는 괘씸한 인간이라는 비난을 피할 수 있는 방법, 자신의 코가 석 자라도 상대의 부탁을 기꺼이 들어주고 싶게 만드는 비결, 부담스러운 부탁도 기분 좋게 들어줄 수 있도록 상대의 마음을 움직이는 비밀, 지금부터 이것들을 풀어낼 테니 다 함께 주목!

부탁하기 한두 달 전부터 사적인 교류를 증진시켜라

급한 마음에 성급하게 부탁했다가 영원히 재수 없는 인간으로 찍히기 십상이다. 아쉬운 이야기를 할 상황에 직면했다면, 최소한 한 달 전에는 인간적인 안부를 물으며 감정적인 친밀함을 높일 수 있는 계기를 만들어야 부탁에 대한 저항감을 낮출 수 있다.

나의 경우에는 더 이상 쓰지 않는 딸아이의 장난감을 핑계로 늦둥이 딸

을 낳은 선배에게 다가갔다. 값비싸게 장만한 것들이 많은데 버리려니 아깝던 차에 어린 딸을 둔 선배가 생각났다며, 오랜만의 연락이 어색하지 않을 핑계거리를 찾아낸 것이다.

실제로 나는 딸아이가 더 이상 쓰지 않는 장난감이며 옷가지를 잘 정리해 선배에게 보냈다. '그동안 많이 도와줘서 고맙다.'는 감사 인사를 적은 귀여운 카드와 함께 말이다. 더불어 다음 날 전화를 걸어 물건은 잘 받았는지, 더 필요한 물품은 없는지를 물으며 조만간 식사 한 번 할 것을 요청했다.

"그래, 밥 한 번 먹자. 이번 주 금요일 점심 어떠니?"

"좋아요. 마침 근처에 볼일도 있는데 잘됐네요."

인간적인 교류를 통해 서로 연락이 자연스러워졌을 때 도움을 요청하라. 상대방에 대한 마음의 문이 열려 있어야 부탁에 포함된 불편함과 어색함도 덜어낼 수 있다. 그 누구도 자신이 단지 이용되고 있다거나 특정한 의도로 자신에게 접근한다는 느낌을 유쾌하게 받아들이지 않는다는 사실을 꼭 기억할 것!

구구절절 장황하게 돌려 말하지 말고 간단명료하게 부탁하라

"요즘 되게 바쁘지? 얼굴 본 지도 오래네. 잠깐 이야기할 게 있어서 그런데 시간 좀 내줄 수 있어? 내가 좀 복잡한 일이 있어서 조금만 도와주면 되긴 하는데……."

서론이 장황하면 듣는 동안 마음의 부담이 높아지고, 도대체 어떤 부탁을 하려나 싶어 덜컥 겁이 난다. 애매모호한 설명으로 부탁하는 부분도 정확히 모르겠고, 불안한 마음에 어떻게든 이 상황을 모면하고 싶어지는 게 사람 심리이다. 부탁할 상황이 생겼다면 핵심만 간단하게 전달하는 편이 훨씬 현명하다. 대신 그 부탁을 들어줄 경우에 자신이 어떤 보답을 할 수 있는지를 함께 전달할 것!

예를 들어, 가장 어려운 부탁 중 하나인 돈 이야기를 꺼내야 한다면 정확히 언제까지 얼마만큼의 액수가 필요한지 전한 뒤, 이 부탁을 들어줄 경우에 어떤 최선의 보답을 할 수 있는지를 솔직 담백하게 설명하는 게 현명하다.

"참 미안한 부탁이지만 이번 달까지 200만 원 빌려줄 수 있을까? 다음 달이 보너스 달이라 바로 갚아줄 수 있어. 한 달 급하게 빌리는 고마움으로 10% 이자를 지급할게. 올 한 해 동안 네가 술이 고플 땐 만사 제치고 달려가 술친구가 되어주는 계약도 할게. 어려운 부탁해서 미안해."

특히 돈과 관련된 부탁을 할 때는 어떻게 갚을 수 있는지를 상대방이 신뢰할 수 있도록 구체적인 방법과, 이를 증명할 수 있는 법적 효력이 있는 문서를 작성해주겠다는 약속을 함께하면 더욱 효과적으로 부탁할 수 있다.

부탁을 받은 입장에서는 부탁의 정도와 상관없이 부담스럽다. 그런데 상대방의 난처한 입장은 생각지 않고 무조건 해달라고 떼를 쓰거나 감정적 호소에만 매달려 자신의 어려운 입장만 계속 강조하는 것은 관계, 평판, 신뢰까지 잃는 최악의 방법이다.

부탁은 사후 관리가 더 중요하다

"인생 그렇게 살면 큰 코 다치지. 꼭 자기 아쉬울 때만 연락하고, 불필요하면 연락 끊었다가 또 필요할 때 반가운 척하면서 연락하는 뭐 그런 인간이 있냐?"

어려운 부탁을 청하고도 전과 다름없는 관계를 유지하기 위해서는 부탁 후 관리가 무엇보다 중요하다. 상대방에게 '당신을 믿고 좋아하고 의지하

기 때문에 부탁을 했다.'는 감정이 들 수 있도록 어려운 부탁을 한 이후의 관계를 잘 경영할 필요가 있다.

이미 도움을 받았으니까 또는 거절했으니까 더 이상 볼일 없다는 식이 아니라 특별한 용무가 없어도 문자 메시지로 안부를 묻고, 기프트 콘으로 마음을 전하고, 식사를 같이하며 간접적으로 '지난번 본의 아니게 부담을 드려서 죄송합니다. 앞으로 더 잘 할게요.'라는 마음을 전하자.

우리는 윈윈! 상대방이 얻을 수 있는 이익을 제시한다

"내가 그 프로젝트를 진행하게 되면 함께 참여해도 좋을 것 같아. 좋은 기회잖아."

한쪽의 일방적인 희생이 요구되는 부탁은 무례하다. '똑똑한 부탁'이란 상대방도 얻는 것이 있을 때 성립한다. 만일 부탁을 수락한다면 현재 상대방이 직면한 문제를 어떤 식으로 도와줄 수 있다는 구체적인 제안을 더하거나, 부탁한 내용이 잘 성사되었을 때 상대방도 어떤 이익을 얻을 수 있는지를 언급해주는 편이 좋다.

예를 들어, 업무적으로 상대방의 인맥을 소개받고 싶다면 일이 잘 풀렸을 때 상대방도 함께 참여할 수 있는 기회가 어떤 것인지까지 구상해 전달해야 한다. 이 같은 설명은 일단 상대방의 입장도 고려하고 있다는 기분 좋은 증거가 된다.

부탁은 죄가 아니다. '왜냐하면'으로 설득하라

많은 사람들이 부탁을 해야 하는 상황만 되면 마치 죄를 지은 것처럼 주눅이 들고, 혼이라도 나야 할 것처럼 쭈뼛거리며 어찌할 바를 모른다. 그러나 직장생활을 하다 보면 서로 돕고 부탁해야 할 수많은 상황에 봉착한다. 지금은 당신이 부탁을 하는 아쉬운 입장이지만, 내일은 상대방이 긴밀한 부탁을 요청할 수도 있다는 말이다. 자신감을 갖고 상대를 설득하는 자세가 필요하다.

특히 부탁을 할 때는 논리적으로 왜 이런 부탁을 하게 되었는지 구체적인 이유를 명시하는 게 효과적이다. 미국의 심리학자 랭거 교수는 조교에게 도서관에서 복사하기 위해 줄을 서서 기다리는 사람들을 향해 "죄송합니다만, 제가 지금 5장을 복사해야 하는데 먼저 하면 안 될까요?"라고 부탁하게 했다. 그랬더니 60%가 조교의 부탁을 들어주었다.

다음번에는 "왜냐하면 제가 굉장히 급한 사정이 있거든요."라고 덧붙여 이야기하게 했더니 무려 94%가 승낙했다. 타당한 이유 없는 부탁은 일방적이라 불쾌하지만 '왜냐하면'이라는 단서를 붙여 설명하면 사람들은 마음을 연다. 부탁하고 싶은 내용을 정확하게 전달하고, '왜냐하면'이라는 구체적 설명을 함께 전하라. 그것이 서로 간에 부담을 최소화할 수 있는 매너이다.

처세술 2
똑똑한 뒷담화만큼 전략적인 정치 기술은 없다

"유정 씨 어떤 것 같아? 난 솔직히 그런 여자 딱 질색이야. 겉과 속이 달라. 아직 연차도 얼마 되지 않았으면서 머리 굴리는 게 뻔히 보이는데 앞에선 순진한 얼굴을 한단 말이야. 그러고 보면 꼭 그런 애들이 뒤통수치더라고. 악! 정말 싫어."

며칠 전, 미용실에 갔다가 걸려온 동료의 전화에 한참 동안이나 대기실 의자에 앉아 광란의 뒷담화를 해댔다. 어찌나 뒷담화에 열을 올렸던지, 통화가 끝나자 옆에 있던 헤어 디자이너가 넌지시 묻더라.

"누군데 그렇게 미워하세요?"

그의 질문을 듣고 그 순간 뜨끔했다. 해서는 안 될 가장 어리석고 멍청한 뒷담화를 들켰기 때문이다.

뒷담화는 어떻게 하느냐에 따라 결과가 전혀 달라진다. 자신의 정치적 입지를 굳히는 효과적 도구로 활용할 수도 있고, 반대로 부정적인 평판과 음모를 꾀한 장본인으로 낙인찍히는 함정이 될 수도 있다. 아무 생각 없이 자신의 감정을 100% 솔직 담백하게 까발리고, 주변 사람들의 음흉한 말들에 일일이 반응하다가는 머지않아 엄청난 뒷담화 속 주인공이 될 수도 있다.

'은근하되 강렬할 것', 이것이 바로 똑똑하고 전략적인 그러면서 안전한 뒷담화의 핵심이다.

"대체 어디까지 뒷담화에 가담해야 하는지 모르겠어요. 모른 척하기도 그렇고 맞장구를 치자니 부담스럽고 말이에요."

"뒷담화 따위 하지 말아야지 생각하다가도, 하루에도 열두 번씩 화병 나는 직장생활을 견뎌내는 방법은 뒷담화를 안주 삼아 벌이는 술상인걸요."

"몇 명만 모이면 뒷담화가 모락모락 피어나니 무서워서 자리를 뜰 수가 없다니까요!"

직장인들이 삼삼오오 모여 뒷담화에 열을 올리는 근본적인 이유는 불안 탓이다.  직장생활을 하다 보면 상대보다 더 많은 관심을 받고 싶고 더 인정받고 싶은데 그렇게 되지 못하는 것에서 오는 스트레스, 어렵사리 일궈 놓은 사내 입지가 다른 사람 때문에 흔들리지 않을까 싶은 초조함, 열등감을 자극한 상사에 대한 분노 등의 감정들이 어쩔 수 없이 생기기도 한다. 이런 감정들이 '나는 과연 이대로 괜찮을까?'라는 불안을 자극하는 본질적인 질문과 결합되면서 타인에 대한 비판을 일삼고 주변 사람들의 반응을 살피게 한다. 이러한 불안 심리가 바로 뒷담화 탄생의 배경이 되는 것이다.

굴러온 돌 때문에 상사의 관심으로부터 멀어지고 있다는 상실감, 눈엣가

시 같은 인간 하나 때문에 권력자의 신뢰를 얻지 못한다는 불만, 특별히 잘난 것 하나 없는데 유리한 입지를 누리고 있는 동료에 대한 질투 등이 바로 뒷담화를 영원히 잠들지 않게 하는 진짜 이유이다.

뒷담화의 역할은 다양하다. 빼앗긴 입지를 되찾기 위한 정치적 포섭 작업으로 활용되기도 하고, 불리한 환경을 만드는 상대를 배제하기 위한 사전 작업으로 활용되기도 하며, 공개되지 않는 은밀한 정보를 얻기 위한 꼼수일 때도 있다. '왕따', '은따'처럼 하나의 희생양을 무기로 조직원의 연대의식을 강화하는 무서운 역할을 수행하기도 한다.

분명한 의도와 목적을 가지고 뒷담화에 동참하는 사람들이 대부분인 이상, 아무 생각 없이 뒷담화 분위기에 말려들어 신나게 상사와 동료를 안주삼아 술상을 차렸다가는 그 위험 부담을 혼자 떠안게 될 확률이 높다. 더불어 조직을 와해시키고 팀의 분위기를 저해하는 문제의 조직원이라는 불명예도 얻기 십상이다.

따라서 뒷담화에 적극 개입하고 있으나 뒷담화가 아닌 것처럼 세련되고 똑똑하게 구사하는 전술이 필요하다. 한마디로 심심풀이 땅콩이 아니라 뒷담화도 업무의 연장이라는 생각으로 전략적으로 접근할 필요가 있다.

한 예로, 대학 선배 H는 정보 교류와 경쟁자 견제 차원으로 뒷담화에 가담했다. 그 선배에게 조직원들의 연대감 증폭이나 심심풀이 뒷담화는 관심 밖이다. 일정한 시나리오와 치밀한 준비과정을 거친 심리전을 펼쳤다. 따라서 주변 사람들은 그녀가 뒷담화의 달인이라는 사실조차 인지하지 못했다. 그저 회사 돌아가는 이야기, 세상 살아가는 이야기 등 일상적인 대화를 나누었다고 기억할 뿐이다.

"어떤 내용이라도 부정적인 뒷담화를 자주 하는 사람이라는 인식을 주면 좋을 게 없어. 그 자리에서는 함께 웃고 떠들며 동참을 해도 등 돌리면 조심해야 할 사람이라고 생각하게 될 테니까. 대신 상대방도 솔깃할 만한 소재로 공격할 대상의 이야기를 흘리는 게 중요해. 상대방이 '그래? 그런 일이 있었구나.' 하는 반응을 보인다면 성공! 그날의 대화를 발판으로 언젠가 '그 사람은 이런 문제가 있어.' 라는 인식을 하게 될 것이기 때문이니까. 주변 사람들이 내가 견제하는 사람으로부터 서서히 멀어지는 것, 부정적인 평가를 연상하게 되는 게 바로 내 뒷담화의 목적이거든."

선배의 뒷담화는 수다처럼 편하고 자연스러워서 함께 이야기를 나누는 동안에도 그녀가 뒷담화의 판을 주도한다는 사실을 좀처럼 발견하기 힘들다. 인사 발령 후 또는 프로젝트 결과물이 보고서로 제출된 후에야 비로소 그때 선배가 뒷담화에 열정을 쏟은 이유를 가늠할 수 있을 뿐이었다.

이를테면 이런 식이다.

"나이는 못 속이나 봐요. 서른 딱 넘어가니까 오후만 되면 몸이 처지고 피곤하네. 결혼도 안 하고 애도 없는 제가 이 지경인데 워킹맘들은 얼마나 힘들까요. 정말 이 땅 위의 워킹맘들이 존경스러워. 능력녀인 유 과장도 보세요, 애가 아파서 골골거리니까 발을 동동거리더라고. 반차도 자주 내고 병가도 쓰다 보니까 아무래도 업무 차질도 생기잖아요. 스트레스가 이만저만이 아닐 거야. 아휴! 난 정말 그렇게 못할 거 같아요."

"요즘 지영 과장님 애기가 아파요? 그래서 그렇게 얼굴이 피곤해 보였구나. 이번 해외연수 갈 수 있을까 모르겠네요. 좋은 기회일 텐데 말이죠."

대화 내용을 살펴보면, 선배의 말 가운데 어디에서도 경쟁자를 직접적으

로 공격하거나 비난하는 내용은 없다. 다만 경쟁자가 처한 불리한 상황을 의도적으로 노출함으로써 '기회를 더 이상 제공해서는 안 되는 인물'로 인식하게끔 유도하고 있다.

한편 경쟁 관계에 있는 누군가를 조직원들로부터 소외시키려는 정치적 의도로 뒷담화를 계획한다면, 당근과 채찍의 대화를 구사해 자신의 목적을 숨길 수 있는 안전장치를 해두자. 자신과 이해관계가 크게 얽히지 않는 사람에게는 과감하게 칭찬하고 띄워주는 말도 서슴지 않는 모습을 종종 연출한다. 그럼으로써 개인적 이해관계에 따른 뒷담화가 아닌 객관적인 평판을 주도하는 사람이라는 이미지를 갖도록 하는 것이다.

"난 수애 대리 스타일의 일처리 너무 마음에 들더라. 맺고 끊음이 분명하잖아. 거래처 직원들의 로비도 칼같이 끊고 투명하게 일을 하니 얼마나 신뢰가 가는지 몰라. 우리 회사 보배야. 근데 지영 대리는 동갑이라던데 둘이 어쩜 저렇게 다르냐. 일보다 아부하는 처세만 발달했으니 말이야."

돌아보면 나는 참 무지하고 순박한 사원이었다. 꼴도 보기 싫은 사람을 안주거리로 뒷담화 술상이 차려지면, 그동안 묵은 감정을 제대로 한번 풀어보자는 심정으로 아무 생각 없이 낄낄거리며 씹어댔다. 질겅질겅 씹는 재미란 어찌나 달콤한지 시간도 잘 가더라.

그런데 참 이상했던 것은 뒷담화 장면을 마치 CCTV 카메라로 촬영이라도 한 것처럼 내가 한 말과 행동이 고스란히 뒷담화의 주인공에게 전달되었고, 나 역시 뒷담화의 주인공이 되는 부메랑을 종종 경험했다. 영원한 동지도 적도 없는 정글 조직에서 무사히 생존하기 위해서는 뒷담화마저도 감정적인 행위가 아니라 이성적이고 합리적으로 관리할 수 있는 능력이 필요하다는 것을 너무 늦게 깨달은 대가였다.

뒷담화에도 보이지 않는 원칙이 있다.

첫째, 주고받는 '핑퐁 법칙'을 이용해 대화에 능동적으로 동참하라.
둘째, 그러나 살벌한 뒷담화를 주도하는 인물로 비쳐서는 안 된다.
셋째, 감정을 희석시킨 채 선한 본성에 반하지 않는 내용으로 접근하라.
넷째, 최소한의 예의와 형식적 매너로 마무리하라.
다섯째, 누구나 인식하는 이해관계 당사자라면 업무 능력 위주로 공격하라.

누군가의 행동이 눈에 거슬려 미쳐버릴 것 같다면, 밥 먹는 모습이나 술 삼키는 소리까지 한 대 쥐어박고 싶을 만큼 밉다면, 인간의 탈을 쓰고 그 모양 그 꼴인지 아무리 생각해도 납득되지 않는다면, '내가 떠날까, 네가 떠날래?'를 하루에도 몇 번씩 곱씹게 된다면, 생각만 해도 몸서리쳐지는 재수 없는 인간이 조직 안에 버티고 있다면 특효 제일의 긴급 처방은 역시 살벌한 뒷담화이다. 세상에서 가장 독하고 강한 말들로 오징어 다리만큼 질기게 씹어대자.

단, 뒷담화의 주인공과는 전혀 이해관계가 없는 나의 오랜 벗이나 남자친구에게 쏟아내도록! 아무리 험담을 해도 그들은 내 뒷담화 주인공의 뒷모습조차 모르는 안전한 사람들이니까 말이다. 뒷담화 제1의 법칙은 바로 '안전하게 진행할 것'임을 명심하자.

뒷담화에 동참할 때 주의해야 할 것들

🟠 지금 듣고 있는 내용이 사실인지 허구인지 확인할 것

일정한 의도를 담은 뒷담화인 경우, 전달자의 지극히 개인적인 주관이 개입될 가능성이 많다. 뒷담화에서 들은 내용으로 무언가를 판단할 때는 꼭 양쪽 의견을 모두 들어볼 것! 과장되거나 약간의

허구가 덧붙여진 내용들이 많다.

🍊 쿠데타의 서막을 위한 뒷담화는 아닌지 살펴볼 것

때로는 뒷담화가 은밀한 거래를 제안하는 역할을 하기도 한다. 뒷담화의 주모자가 자신의 승진이나 안전을 방해하는 상사 또는 동료에 대한 쿠데타를 도모하려는 서막일 수 있다. 당신과 직접적인 연관 관계가 없는 한 사내 정치활동에서 가장 위험요소가 큰 쿠데타에는 가담하지 말 것! 초반에 대충 동의하다가 후반에 다른 태도를 취하면 꼴이 우스워지므로 애초부터 별다른 관심이 없거나 현재 개인적인 상황으로 마음의 여유가 없다는 식으로 못박아라.

🍊 당신의 속내를 유도하는 게임은 아닌지 고민할 것

어떤 뒷담화는 겉모습과 속이 전혀 다른 양상을 취한다. 표면적으로는 누군가의 이야기이지만, 속내는 상대방의 반응을 통해 궁금했던 사안에 대한 심증을 확보하려는 것이다. 예를 들어, 팀장 뒤에서는 욕하면서 앞에서는 아부하는 직장 동료에 대한 뒷담화는 상대방이 이 같은 내용을 알고 있는지, 또는 팀장과 따로 정보 교류는 없는지 확인하는 것이 목적일 수 있다.

🍊 스파이에게 정보 제공만 하는 꼴은 아닌지 체크할 것

가장 뒤통수 맞는 꼴이 바로 스파이에게 정보 제공만 한 꼴이 되는 뒷담화이다. 우리 편이라고 생각했는데 알고 보니 뒷담화 주인공과 한편! 당신이 그를 어떻게 생각하는지에 대한 정보를 소상히 전달하는 것은 물론, 그동안 당신의 주변 사람들이 제공한 정보까지 모조리 뒷담화 주인공에게 전달할 것이다. 그런 과정을 통해 스파이는 충성 맹세를 할 수 있고, 뒷담화에 가담한 사람들은 하루아침에 찬밥 신세에 처하는, 그야말로 죽 쑤어 개 주는 꼴이 될 테니 허심탄회한 뒷담화를 나눌 때는 신원 조회부터 할 것!

Class 4

일상 속 힐링 체험

Healing time

생산적인 수다와 한심한 폭풍 수다, 그 경계에서

누군가 내게 힘들고 지쳐 이유 없이 서글퍼질 때 받고 싶은 선물을 묻는다면, 망설임 없이 '따뜻한 수다'라고 이야기할 것이다. '임금님 귀는 당나귀 귀!' 라고 외치고 싶었지만 가슴으로 삭여야 했던 비밀을 고백하고 싶어질 때, 황량한 세상에 혼자 남겨진 것 같은 외로움이 사무칠 때, 먹고사는 생계의 무게에 눌려 고단해질 때 마음 어딘가의 상처에 반창고를 붙여줄 수 있는 '착한 수다'가 늘 그립다.

그리하여 나는 간헐적으로 찾아오는 성장통으로 마음이 욱신거릴 때마다 적극적으로 '수다판'을 벌였다. 날것의 속마음을 드러내도 민망하지 않

은 친한 친구들, 또는 만남은 오래되지 않았으나 비슷한 생애 주기로 찰떡궁합을 자랑하는 지인들과 떠들고 마시고 웃는 시간을 즐겼다. 그것이 내게는 치유의 시간이었고 쉼이었고 흔들리는 존재를 바로잡는 노력이었기 때문이다.

실제로 정신건강 전문가들은 스트레스나 우울증을 치료하는 데 수다가 좋은 방법이라고 말한다. 마음속에 들어찬 응어리를 몸 밖으로 끄집어내는 행위 자체가 치유 효과를 낸다는 것이다.

미국 UCLA 대학 연구 팀의 조사 결과, 슬픔이나 분노를 말로 표현하는 순간 스트레스가 눈에 띄게 줄어든다는 사실이 증명되기도 했다. 말을 많이 하면 뇌에 있는 도파민이나 옥시토신이라는 신경전달물질이 분비되어 쾌감을 유발하며, 화가 나거나 스트레스가 심할 때 수다를 떨고 나면 혈압을 낮추고 혈액순환을 돕는 효과를 볼 수 있다.

그러나 나는 더 이상 수다판을 벌이지도 즐기지도 않는다. 수다의 종류에 따라 지불해야 하는 기회비용이 전혀 다르다는 것을 깨닫고부터이다.

"지선이 말이야, 남자 친구 생기고부터 우리한테 소홀한 것 같지 않니? 전화도 자주 꺼져 있고 문자를 보내도 묵묵부답인 경우가 많고. 걘 남자만 생기면 그러더라. 전에는 몰랐는데 지선이가 좀 주체성이 부족한 것 같아. 연애할 때마다 결혼 타령이나 하고 커리어나 우정은 안중에도 없잖아."

"그냥 그러려니 해. 지선이한테는 지금 연애가 무엇보다 절실한 것이라서 그럴 거야. 사랑받고 있다는 확인을 통해 자신의 정체성과 존재감을 형성하는 시간일 테니까!"

"쳇! 나는 남자 친구 생겨도 너희한테 안 그랬잖아. 너도 민우 씨 만날 때 그렇지 않았다고."

"그래, 지선이가 좀 그런 부분이 있긴 한데, 하지만 뭐 어쩌겠니."

지구를 지키는 독수리 오형제처럼 돈독한 우정을 지켜온 고교 동창 5인방과 수다판을 벌이던 날 깨달았다. 그날 내가 한 것은 수다를 빙자한 뒷담화였으며 목적 없는 잡담이었다. 두 시간 동안 식은 커피를 마주하고 내가 한 것은, 남자 친구와의 달콤한 사랑에 빠져 우정은 한참 뒷전으로 미뤄놓는 친한 친구에 대한 서운함을 '못된 수다' 로 풀어낸 일이었다. 동시에 상대적으로 우정과 연애 사이의 균형을 유지한 나 자신의 우월함에 대한 '은근한 자랑질' 이었다.

 결론 없는 긴 수다를 끝내고 집으로 돌아오던 길에 허무함과 실망감에 휩싸였다. 몇 시간 동안 목이 쉬어라 내뱉은 말들은 흔적도 없이 공중분해가 되었고, 그 결과 서로에 대한 의혹과 의심의 싹만 키운 꼴이 되었으니 말이다.

 '수다' 의 사전적 의미를 살펴보면, '쓸데없이 말수가 많음. 또는 그런 말' 이다. 쓸데가 없는 말이며 하지 않는 편이 낫다는 의미를 지닌 상당히 부정적인 단어로 묘사된다. 그 정의만큼이나 어떤 이야기를 하고 싶은 것인지, 왜 그 말들을 서로 나누어야 하는 것인지, 결국 그 수다를 통해 무엇을 얻고 싶은 것인지 등에 대한 사색 없이 수다가 이루어진다면 차라리 하지 않는 편이 나은 비생산적 이야기가 되기 십상이다.

 "남편이 두세 달씩 장기 출장을 자주 가요. 결혼한 지 얼마 안 됐는데 서울에서 와서 갈 곳도 없고 동네 사람들도 모르고. 소개로 수다 공방에 나왔는데 너무 좋았어요."

 매주 목요일에 동네 '수다 공방' 이라는 이름의 바느질 강좌에 참여한 홍

수연 씨. 그녀는 사회로의 재진입을 위해 결혼 후 경력 단절 상태인 여성들과 함께 바느질 강좌에 필요한 재료를 사러 동대문시장에도 다니고 요리법도 공유하는 등 생산적인 수다에 열을 올렸다. 수다 공방을 할 일 없는 여자들의 수다판이 벌어지는 곳쯤으로 생각할 수도 있겠지만, 이곳은 그녀와 또래 여자들에게 특별한 공간이었다. 결혼 후 겪는 변화의 소용돌이 속에서 자신을 지켜나가기 위한 노력들을 응원하고 지지하는 일종의 에너지 주유소와 같은 곳이었기에.

남편을 따라 낯선 타지로 이사 온 후 겪는 외로움, 출산 후 찾아온 우울증으로 세상과 단절된 아쉬움, 가족과 친구들 사이에서도 고립된 듯한 자괴감에 대한 고백들이 수다의 주를 이룬다. 만난 지 오래되지 않은 사이건만 자신과 다르지 않은 유사 집단의 대화에 서로 맞장구를 치고 덧붙이기도 하고 응원을 한다. 그 짧은 수다를 통해 여자들은 '그래도 살아가야 할 이유'를 찾는다.

결국 시간과 감정을 무의미하게 소모하는 비생산적 수다와, 위로와 나눔을 공유하는 생산적 수다의 경계를 구분하는 기준은 크게 세 가지로 요약할 수 있지 않을까 싶다. '필요한 정보', '진실한 고백' 그리고 '쌍방향의 적극적 공감'.

취업, 교육, 육아, 인간관계 등 그것이 어떤 영역이든 생생한 정보가 있는 수다는 살아 있다. 평소 궁금했던 것, 필요했던 것을 수다라는 매개를 통해 주고받음으로써 서로를 긍정할 수 있는 활력소의 장터가 펼쳐지는 것이다. 이로써 그 장터에서 여자들은 특유의 친화력으로 구전을 통해 자신들의 생생한 경험을 숨김없이 보여주고 공유하는 생산적 네트워크를 구축할 수 있다.

진실한 고백 역시 성장과 신뢰를 다질 수 있는 생산적 수다의 중요한 요소이다. 『여자, 시즌 2 - 달라진 나로 두 번째 인생을 살아라』의 저자 권진선 씨는 꼭 전하고 싶은 진실을 거친 독설이 아닌 부드러운 말로 전하는 수다의 장점을 강조한다. 진실이라는 것은 종종 바늘처럼 뾰족한 특성 탓에 직설적으로 던져버리면 상대방에게 매섭게 꽂힐 것 같아 두렵다. 그럴 때 수다로 풀면 된다는 것이 그녀의 생각이다.

"수다 속 진실은 폭신한 솜뭉치에 둘러싸인 것처럼 아프지 않고 안전하게 전달되잖아요. 물론 거대한 수다의 솜뭉치에 진실이 파묻힐 때도 있지만, 어쨌든 우리는 수다를 통해 끙끙거리던 진실을 털어냈으니 홀가분하지 않을까요?"

수다가 오랜 시간 동안 가슴에 품었던 은장도보다 은밀하지만 강력하게 여자들을 지켜주었던 이유는 부담 없는 이야기로 묵은 진심을 고백하고, 찡하게 전해오는 웃음과 눈물 속에서 다시 살아갈 힘을 주고받는 아름다운 가교 역할을 했기 때문인지 모른다. 그 안에서 여자들은 각자의 존재감을 확인받으면서, '나도 그랬으니 너도 괜찮다.'는 식으로 종교인이나 감히 할 수 있는 자기 정화의 안식을 주고받는 것일 게다.

'착한 수다'와 '나쁜 수다'의 경계에서 기웃거리던 나는 이제야 비로소 언제 수다를 떨어야 하는지, 아니 어떻게 수다를 만들어야 행복해지는지 깨달았다. 그리고 다시 '신명 나는 수다판'의 설렘을 기다린다. 산타클로스 할아버지의 선물을 기다리던 그때처럼.

아픈 마음 가만히 바라보기

긴 잠을 자고도 벌떡 일어날 기력이 없어 아직 캄캄한 방에 우두커니 앉아 있었다. 어제 저녁 6시 이후 아무것도 먹지 않은 것 같은데 허기를 느끼지 못했다. 그냥 가만히 누워 한숨만 푹푹 내쉬고 싶었다. 내 인생은 왜 이 꼴인가 싶어 눈물이 찔끔 나기도 했다. 분노가 마음 이곳저곳을 할퀴고 간 흔적이었다.

살아가다 보면 힘든 날들이 참 많다. 벼르고 벼르던 참관 수업을 망친 후 찾아든 자신감 상실, 아직 갈 길이 보이지 않는 일과 연애의 피로감, 같은 공간에 얼굴 마주하고 있는 것만으로도 체할 것 같은 상사와의 갈등, 모두가 행복한 것 같은데 나만 하루하루 꿈에서 멀어지는 것 같은 불안감. 매일매일 새로운 스트레스가 쏟아지고 그만큼 몸도 마음도 병이 든다.

"뭔가 변화를 시도해야겠어. 힐링 타임이 필요한 때라고!"

그러나 치유의 첫 단계는 자신의 심신이 지쳐 있음을 깨닫는 것이다. 어떤 일 때문에 힘든지, 얼마만큼 아픈지, 마음속에 가득 찬 스트레스의 무게와 부피부터 정확히 측정하는 작업이 필요하다. 힘듦의 실체와 크기를 알아야 그것에 알맞은 해결책을 모색할 수 있을 테니까.

영하 10도의 추위에 제주도 올레길을 혼자 거닐지 않아도, 고급 힐링 스파 체험을 하지 않아도, 3박 4일 템플 스테이에 참여하지 않아도 온전한 평화와 따뜻한 위로를 건넬 수 있는 것은 오직 자기 자신뿐이다. 그러므로 지금 자신의 마음 상태를 가만히 들여다보는 일은 <u>스스로와 화해를 도모</u>할 수 있는 가장 중요한 일이다.

지난해 여름, 나는 죽음을 며칠 앞둔 매미처럼 '맴맴' 거렸다. 정말 미쳐버릴 것만 같았다. 친할머니처럼 딸아이를 돌봐주던 베이비시터가 한마디 상의도 없이 중국으로 떠나버렸고, 임시변통으로 딸을 어린이집에 보냈으나 적응에 실패했다. 아이는 심리상담이 필요할 정도로 망가져 갔다.

그러는 동안 벌려놓은 일들은 시급한 마무리를 기다리며 매일매일 나를 옥죄었고, 대학원 시험은 며칠 앞으로 다가와 극도의 초조함을 경험했다. 어디 그뿐이던가. '양육은 엄마의 몫'이라는 남편에 대한 실망으로 이혼까지 심각하게 고려할 정도였다. 세상 한복판에서 홀로 비바람을 맞으며 서 있는 것 같은 외로움과 처량한 설움이 밀려왔다.

"어디서부터 잘못된 건지 모르겠어. 이대로 삶에 질식되어 죽을 것 같아."

잘 살아야 했고 기필코 행복해져야 했기에 나를 살리는 대책을 강구하기 시작했다. 미술상담 과정을 수강하기 시작한 것도 바로 그 무렵이었다.

미술상담은 심리치료 과정 중 하나로, 미술활동을 통해 숨겨진 감정이나 내면세계를 표현하고 감정적 스트레스를 완화하는 방법으로 사용된다. 말로는 표현하기 힘든 느낌, 무의식의 생각들이 미술활동을 통해 나타남으로써 자기 자신도 미처 몰랐던 자기 감정과 마주할 수 있다. 이런 작업들을 통해 감정을 정화하고 스트레스를 완화할 수 있다는 것이 장점이다. 나 역시 일주일에 두 번씩 수업을 들으면서 냉동실에 쑤셔넣었던 오래된 음식물 같은 묵은 감정들을 하나하나 꺼내 해동하고 버리고 정리할 수 있었다.

"이만큼이나 힘들었구나. 그런데도 정말 잘 버텨왔네."

그림을 그리며 어딘가 꼬리를 숨기고 있는 지친 나와 대화를 하는 기분이었고, 어딘가 나와 닮은 그림 속 여자를 보며 연민과 애정이라는 감정을 경험했다. 그림을 통해 나 자신에게조차 털어놓지 못했던 감정과 조우할 수 있었고, 이유를 알 수 없던 조갈증을 시원한 물 한잔의 위로로 조금은 해소할 수 있었다.

너무나 외롭고 힘들고 아프고 지쳐 있을 때 내 손끝에서 완성된 그림 한 장을 보고 까닭 없이 대성통곡을 하기도 했고, 어쩐지 너무나 애잔하고 그리워 서재 한가운데 붙여놓고 마치 기도를 하듯 성스럽게 바라보기도 했다. 이 무렵에 그린 그림들은 내게 종교와도 같았다.

그런 경험과 기억을 토대로 이번 장에서는 미술치료에서 사용되는 '빗속의 사람(PITR)' 기법을 함께 진행해보려고 한다. 이 그림 기법을 통해 스트레스의 양과 감정 상태, 그리고 현재의 대처 능력을 진단해볼 수 있을 것으로 기대한다.

자, 그럼 내면 깊은 어딘가에 숨겨둔 당신의 진짜 마음과 조우하는 여행이 되기를!

Action! 빗속의 사람 그리기

종이와 4B 연필 그리고 지우개를 준비하세요.

자유 형식으로 빗속의 사람을 그려주세요. 단, 만화 캐릭터나 막대기 모양의 사람은 안 돼요. 그림은 수정하셔도 됩니다.

다 그리셨나요? 그렇다면 저랑 대화를 나눠볼게요.

1. 그림 속 사람은 누구인가요?
2. 이 사람의 현재 기분은 어떨까요?
3. 지금 이 사람에게 가장 필요한 것은 무엇일까요?

Review Together 빗속의 사람 마음 읽기

'빗속의 사람' 기법은 자신의 스트레스를 비로 투사해 그림에 나타내는 미술치료 기법인데, 비의 양과 세기, 바람, 먹구름, 번개, 웅덩이 등이 스트레스의 정도를 나타내요. 물론 빗속의 사람은 여러분 자신이거나 지금 가장 마음을 쓰는 사람이겠죠. 또한 우산의 크기는 스트레스를 받아들이는 본인의 심리적 스트레스 정도를 표현한다고 볼 수 있답니다.

한편 그림 속에 나타난 비를 피하는 요령은 여러분에게 내재된 스트레스 회복력을 의미해요. 예를 들어, 엄청난 양의 비가 쏟아지는데 우산도 없이 비를 맞고 서 있다면 감당할 수 있는 이상의 스트레스에 무기력한 상태로 노출되어 있다고 풀이할 수 있어요. 반면, 장화를 신은 채 우산을 꼭 들고 있다면 적극적으로 스트레스에 대처하고 있다고 볼 수 있지요.

저는 커다란 우산을 들고 장화를 신은 채 보슬보슬 봄비를 즐기고 있는 그림을 그렸는데, 이것은 객관적인 스트레스의 양보다 실제로 체감하는 스트레스가 크다는 것으로 풀이할 수 있어요. 우산, 장화, 표정 등을 살펴볼 때 능동적으로 스트레스에 대처함으로써 건강한 감정 상태를 유지한다고 볼 수 있답니다.

여러분의 '빗속의 사람'은 어떠한가요?

- **비의 양과 세기, 바람, 먹구름, 번개, 웅덩이 등** : 현재 당신의 스트레스 정도를 이야기해준답니다.
- **'빗속의 사람'의 표정** : 현재 당신의 감정 상태를 말해줘요.
- **우산의 크기** : 객관적인 스트레스 지수와 별개로 본인이 스트레스를 받아들이는 예민함을 나타내요.
- **비에 젖은 상태, 버스 정류장 등 주변 공간** : 쏟아지는 스트레스에 대한 본인의 심리적 두려움의 정도를 표현해요.

페이스북, 트위터, 카카오톡, 일주일 미루고 생활하기

　새해 아침, 올 한 해 동안 실천할 몇 가지 계획과 다짐들을 혼자 점검하면서 꼭 지키고 싶은 일로 'SNS 사용 시간 확 줄이기'를 꼽았다. 구체적인 목표 설정도 중요하지만, 그 목표를 이행하기 위해서는 잘 길들여진 습관의 힘이 필요하다는 판단 때문이었다.

　지난 한 해 동안 나는 적극적으로 SNS를 즐겼다. SNS 속 세상은 현실 세계보다 조금 더 달콤하고 친절했다. 원하는 정보를 손쉽게 얻을 수 있는 장점은 물론, 수천 명에 육박하는 친구들이 달아주는 실시간 댓글 퍼레이드를 경험할 수 있는 짜릿한 공간이었다. 예를 들어, '점심은 뭘 먹었네', '저녁에는 누구랑 어디를 다녀왔네' 하는 식으로 별 의미 없는 일상의 한

토막을 글과 사진으로 표현해도 SNS 속 친구들은 호들갑을 떨며 '멋지다', '예쁘다', '부럽다'와 같은 찬사와 환호의 댓글을 남겨주는 게 아닌가!

심심하거나 괜히 우울해질 때 마치 램프의 요정 지니처럼 스마트폰 SNS 어플리케이션만 쓱쓱 문지르면, 희망이 가득한 각종 댓글이 빽빽이 고개를 내미니 여간 재미나는 게 아니었다. '고래도 춤을 추게 한다'는 칭찬을 얼굴 한 번 보지 못한 '친구'들에게서 매일 듣고 살다 보니, 이곳이 내 집인 것처럼 친근하고 정겹게 느껴졌다. 마치 내가 진짜 있어야 할 곳은 여기라는 착각마저 들 정도로.

그러면서 하루에 한 번, 두 번 열어보던 SNS 확인 주기는 1시간에 한 번, 30분에 한 번, 그러다 알림음이 울릴 때마다 수시로 열어보는 생활로 빠져들었다. 손바닥만 한 스마트폰을 끼고 살면서 알림음이 울릴 때마다 댓글 달림 여부와 상황 변화를 확인하기 위해 산만하게 몸을 움직였다. 몰입의 호흡이 짧아졌고, 알림음의 횟수만큼 잡념이 늘어났다. 스마트폰이 보이지 않는 순간마다 불안했고 수시로 스마트폰을 만지작거리는 집착 증세까지 나타났다. 그럴수록 쉽게 짜증이 나고 많이 피곤했다.

그런데 이 같은 현상은 비단 나에게만 일어났던 게 아닌가 보다. 미국의 경제 잡지 〈포브스(Forbes)〉에 실린 시카고 대학교 경영대학원 빌헬름 호프만 교수 팀의 연구결과에 따르면, 페이스북이나 트위터 같은 소셜 네트워크 서비스, 문자 메시지 등이 술이나 담배보다 더 중독성이 강한 것으로 나타났다.

이 연구는 독일 뷔르츠부르크에 거주하는 성인 205명을 대상으로 스마트폰을 이용해 SNS와 문자 메시지 확인 욕구를 실험한 것으로, 실험 방법

은 매우 간단했다. 먼저 실험 참가자들에게 7일 동안 하루 14시간 내에 7차례 트윗이나 이메일을 보냈다. 그리고 보낸 지 30분 안에 이를 확인하거나 회신하는지를 측정한 것이다. 그 결과, 예상대로 대부분의 실험 참가자들이 30분 내에 확인하는 것을 알 수 있었다.

그렇다면 사람들은 왜 이렇게 일상의 균형을 깨뜨리면서까지 말장난이 가득한 SNS 속에서 헤어 나오지 못하는 것일까? 빌헬름 호프만 교수 팀은 그 원인을, "자신의 새로운 글에 대한 주위 사람들의 반응이나 댓글 등을 즉각적으로 확인하고 싶어 하는, 인정받고자 하는 인간의 욕구 때문"이라고 분석했다. 자신이 올린 글에 대한 타인의 반응이 어떠한지, 몇 명이나 자신의 글에 반응하는지를 수시로 확인하면서 자신의 존재감을 느낀다는 이야기이다. 실제로 SNS에 중독된 많은 이들이 실시간으로 상대의 반응을 확인하면서 관계의 안정성을 느끼며, 이를 확인하지 못할 경우에는 관계에서 도태된다고 여겨 불안해하는 모습을 보인다.

"오늘 밤은 외로워요. 간호사 언니 복장을 입은 나 어때요? 섹시한가요?"

페이스북 친구 중 한 명은 약사이다. 처음에 그와 페이스북 친구를 맺었을 때만 하더라도, 우리는 형식적인 인사와 불편하지 않은 콘텐츠들을 공유하며 교류의 폭을 넓혔다. 그러나 시간이 지나면서 그가 좀 이상했다. 가발을 쓰고, 여자 수영복을 입고, 화장을 하고, 도대체 저런 복장과 액세서리들은 어디서 구입하는지가 궁금해지는 이상한 사진들을 실시간으로 올리면서 마치 '나 좀 봐줘요. 날 좀 보라고요!' 라고 호소하듯 사람들의 반응을 구걸했다. 댓글이 적게 달리는 날에는 조금 더 수위를 높여 민망하고 자극적인 자세와 글들을 올렸다. 댓글 하나로 슬퍼하고 댓글 하나로 기뻐하는 그의 모습을 보면서 혀를 끌끌 차다가 불현듯 그의 모습과 내가 크게 다르지 않음을 깨달았다. 가짜와 진짜 사이를 오가며 애정에 목말라하는 그런 모습 말이다.

　가끔씩 내 삶이 과거에 비해 훨씬 더 복잡하고 지저분하게 오염된 듯한 기분을 느꼈다. 각종 SNS 활용을 일상 속에 포함시키고부터였다. SNS에 달린 수많은 댓글에 반응하고, 답글을 달고, 수시로 오는 불필요한 메시지들에 답장을 보내느라 평화롭던 일상에 금이 가기 시작했다. 몇 시간 동안 한 가지 일에 몰두하기 힘든 구조가 만들어졌고, 스마트폰이 없으면 하루 종일 좌불안석하며 아무것도 하지 못하는 바보가 되어버렸다. 작은 조각글이라도 하나 올리는 날에는 30분 단위로 댓글을 확인하며, 다른 사람들이 나를 어떻게 생각하는지 살피느라 황금 같은 시간을 공중분해로 날려버리기 일쑤였다. 그뿐만이 아니었다. SNS를 시작하고부터 남의 사생활을 염탐하느라 감정의 에너지가 동서남북으로 갈라지는 현상에 자주 봉착했다.

　"어라! 이 여자, 지난달에 책 출간했는데 벌써 3쇄를 찍었다고? 아휴, 배 아프다!"

　"뭐야! 내 친구랑 얘랑 둘이 친구 맺더니 나보다도 친하게 지내잖아!"

　그들의 홈페이지에 들어가 한참 동안 시간을 보내며 시샘하고 질투하느라 정작 해야 할 일을 놓친 적도 많았고, 밤늦게까지 댓글을 달아준 친구들에게 답글을 다느라 신체 리듬이 깨진 적도 많았다. 타인의 삶을 통해 자극받거나 동기 부여를 한다고 스스로를 정당화했지만, 실은 알고 있었다. 쓸데없이 복잡하고 이유 없이 불안한 날들로 일상이 채워지고 있었음을.

　새해 첫날, 스마트폰 바탕화면에 너저분하게 널려 있던 SNS 어플리케이션을 하나만 남겨두고 싹 지웠다. 먼지와 각종 불필요한 살림살이로 가득해 불편했던 마음까지 싹 청소가 된 기분이었다. 친구라는 이름으로 얼굴 한 번 보지 못하고 제대로 된 대화 한 번 해보지 못한 이들의 각종 하소연과 일상사를 들으며 시간을 죽이는 일, 저마다 자기가 더 잘났다고 떠들며

어떻게든 인정받기 위해 올리는 글에 거짓으로 호응하는 일은 내게 너무 미안했다. 나다운 것, 지금 진실로 원하는 한 가지에 몰입하기 위해 삶을 단순하고 소박하게 구조 조정을 하고 나니, 어제와 오늘이 그렇게 다를 수가 없었다.

그동안 소통이라고 믿으며 집착했던 것의 실체는 불필요한 과잉의 관계와 감정이 만들어낸 나쁜 분비물들은 아니었을까? 뭔가 다른 내일을 꿈꾸고 오늘보다 조금 더 생산적인 하루를 계획하고 있다면 원하는 대로 편집이 가능한 SNS 속 '가짜 내 모습'에 만족하기보다 오늘 해야 할 일과 앞으로 하고 싶은 일들을 설계하면서 '진짜 나'로 성장할 미래를 어루만지는 것은 어떨까?

SNS 중독 증세 Check List
1. SNS 사용 시간을 줄여보려고 노력하지만 도무지 어렵다.
2. SNS가 없는 삶을 생각할 수 없다.
3. SNS를 한 시간 이상 하지 않으면 불안하다.
4. 아무런 이유 없이 SNS를 들여다보고 있을 때가 종종 있다.
5. SNS를 하느라 내가 할 일을 제시간에 못할 때가 많다.
6. 수업 중이나 중요한 회의 중에도 스마트폰이나 컴퓨터로 SNS를 확인한다.
7. SNS 때문에 잠을 제대로 못 자거나 지각을 한다.

※ 위의 현상들 중 해당되는 것이 세 가지 이상이라면, 당신은 이미 중독 증세에 접어들었다는 증거입니다. 자! 지금부터 긴장감을 가지고 SNS와 거리 두기를 시작해볼까요?

땅을 치고 싶은 후회, 사뿐하게 이겨내기

하루에도 수없이 오만 가지 생각을 하게 된다. 근심, 걱정, 궁금함, 기대, 후회, 반성 등 수많은 감정들과 생각들은 오늘 하루를 더욱 무겁게 만드는 주범이기도 하다. 특히 과거에 대한 반성과 미련으로 괴로움을 자아내는 '후회'라는 감정을 반복적으로 재생산하는 일은 내일을 병들게 하는 요인이다.

후회의 범주도 다양하다. '아까 짬뽕 말고 자장면 먹을 걸 그랬어.'부터 '취업에 별 도움도 되지 않는 러시아어학과에 왜 진학했을까?', '왜 1년씩이나 그와 사귀었을까?' 등등까지. "에이! 할 수 없지. 이깟 게 뭐 대수라고!"라는 식으로 툭 털어버릴 수 있는 후회가 있는 반면, 두고두고 곱씹을 때마다 가슴 저미는 후회도 있다. 그러나 이렇게 주기적이거나 습관적으로 찾아오는 만성적

후회는 성질이 꽤나 고약하다. 이미 엎질러진 물인데, 물을 마실 때마다 부르르 분노하고 체기까지 느끼게 만드는 것이 바로 우둔하고 자학적인 만성적 후회의 특징이다.

중요한 사실은 아무리 땅을 치며 통곡하고 싶은 후회라 할지라도 자신의 선택이었으며, 지금도 마음을 어지럽히는 후회의 감정 또한 애초부터 선택에 포함된 자신의 몫이라는 것이다. 그리고 어쩌면 후회하는 그 행동이 그 당시에는 최선이었을지도 모른다.

얼마 전, 아끼던 노트북을 시내의 공중화장실에서 잃어버리는 어처구니없는 일이 일어났다. 그 노트북으로 말할 것 같으면, 4년간 써온 온갖 원고들과 수십 군데의 기관에서 강의를 해온 강의안과 딸의 성장 앨범 자료가 고스란히 담겨 있어 값으로 환산할 수 없는, 내게는 중요한 자산이자 보물이었다.

"미쳤어! 미친 게 분명하지 않고 이럴 순 없어!"

뒤늦게 수습을 위해 경찰서에 신고한 뒤 건물 내 CCTV를 돌려 보기도 하고 사례금 전단지도 붙여보았지만 말짱 도루묵이었다. 정말 땅을 치고 통곡하고 싶은 심정이었다. 이미 일어난 일이니 어쩔 수 없다며 마음을 가다듬고 새 노트북을 장만해 잃어버린 자료들을 하나둘 찾아 모았지만, 일주일, 한 달, 두 달, 아무리 시간이 지나도 한 서린 후회의 감정은 좀처럼 가라앉지 않았다.

새로 산 노트북이 손에 익지 않아 오타가 날 때마다, 누군가 요청한 자료가 잃어버린 노트북에만 저장되어 있음을 깨달을 때마다, 다시 쓰기 싫은 원고 때문에 머리가 아플 때마다 '그러니까 왜 그랬냐고!' 라는 자책의 후회가 쓰나미처럼 몰려왔다. 평생 노트북의 그늘에서 벗어나지 못할 것만 같았다.

그러다 문득 한 가지 생각이 머리를 스쳤다. 어쩌면 '노트북 실종사건'은 고마운 사건이 될 수도 있다는 기괴한 역발상 말이다. 한 가지 고백하자면, 노트북 실종사건이 일어날 무렵에 남편과 심각한 냉전 중이었다. '네가 나가네, 내가 나가네'를 논의할 정도로 다툼이 길어졌고, 머릿속은 '계속 살아야 하나, 말아야 하나' 하는 번뇌들로 가득했다. 사업적으로도 금전적 손해를 볼 게 뻔한 계약을 앞두고 인정 때문에 이러지도 저러지도 못하는 골치 아픈 상황이었다. 그야말로 정신 줄을 놓는 멍한 상태가 반복되고 있었다. 노트북을 잃어버린 사건은 그렇게 예고된 일이었는지도 모르겠다.

그런데 '노트북 실종사건'은 남편의 소중함을 깨닫는 계기를 마련해주었다. 컴맹인 나는 노트북을 재구입하는 일부터 녹록지 않았을 뿐만 아니라, 심적 위기감이 밀려오자 '미우나 고우나 가족이 최고'라는 깨달음을 얻으면서 어떻게든 화해를 하고 다시 사랑해야겠다는 굳은 결의가 불타올랐다. 게다가 대충 진행하고 넘어가려 했던 모 기업의 강연도 노트북 자료를 통째로 잃어버리는 바람에 며칠 밤을 새워 새로운 버전의 강의를 준비할 수 있었다.

결과적으로 노트북 실종사건이 꼭 후회할 만한 일은 아니었다. 오히려 물질적 손실을 통해 정신적 가치의 소중함을 깨닫게 해주었으니까. 후회를 바라보는 시선에는 이런 마음이 필요하다. 후회를 안 하고 살 수는 없으니 후회를 바라보는 시선을 현명하게 관리하는 지혜 말이다.

미국의 저명한 사회 심리학자인 닐 로즈도 자신의 저서 『If의 심리학』에서 이렇게 말했다.

"후회는 어쩔 수 없이 일어날 수밖에 없는 것이고, 후회가 나쁜 것만은 아니다."

후회를 안 하는 것보다 중요한 것은 '후회를 관리하는 심리적 기술'이라는 말이다. 후회를 통해 자신을 성찰할 수 있는 기회를 마주할 수도 있고, 후회의 원인인 실수를 통해 교훈을 얻을 수도 있고, 사건의 긍정적 측면을 조명해 인생을 새롭게 설계할 수 있는 힘을 얻을 수도 있다. 누구나 후회할 법한 사건을 가지고 플러스 인생을 만들 수도 있고 마이너스 인생을 그릴 수도 있는 것이다.

그러나 후회를 플러스 기능으로 작용하게 하려면 몇 가지 요령이 필요하다.

엎질러진 물은 '바로' 닦아라

이미 벌어진 일을 '왜 그랬을까?' 끙끙대며 괴로워하기보다는 바로 해결책을 찾아내어 즉각 행동에 옮겨야 한다. 얼마나 빨리, 또 어떻게 대처하느냐에 따라 같은 사건이라도 후회의 상흔이 달라질 수 있다. 예를 들어, 직장 상사에게 말대답을 잘못해 회의실 분위기를 싸늘하게 만드는 실수를 범해 괘씸죄를 사게 되었다면, 당일을 넘기지 말고 상사에게 진심 어린 사과의 뜻을 전하고 마음을 풀어줄 수 있는 해결점을 모색해야 한다. 퇴근 후 동기들과 노가리를 뜯으며 "아, 진짜 망했어!"라고 푸념하며 후회만 되풀이하는 것은 아무런 효과가 없다.

당신의 잘못에 대한 이유를 속단하지 마라

일이 원치 않는 방향으로 가버린 것이 당신의 잘못일 수도 있지만, 미처 파악하지 못한 외부 요인이 작용한 것일 수도 있다. 당신이 생각하는 그 이유 때문에 일을 그르친 것이 아닐 수도 있다는 뜻이다. 예를 들어, 술자리에서 친구와 말다툼으로 사이가 멀어졌다고 하자. 당신은 '그날 술만 마

시지 않았다면' 이라고 자책하며 후회할 수 있겠지만, 실은 전날 발표된 시험 성적에 실망한 그 친구가 홧김에 당신에게 화풀이를 한 것일 수도 있다. 일을 그르친 책임을 무조건 자신에게서 찾지 말고 다른 이유가 있을 수 있다고 생각하는 연습을 하는 것도 후회를 극복하는 방법 중 하나이다.

더 나은 대안에 대한 집착을 버려라

후회를 하는 대부분의 이유 중 하나는 그때의 선택이 최선이 아닐 수도 있다는 불안감 때문이다. '그때 A사가 아닌 B사에 입사했다면 더 좋았을 텐데', '평범한 회사원이 아니라 사업하는 남자랑 결혼하는 게 훨씬 유복했을 텐데' 라는 식으로 확인되지 않는 후회를 만드는 경우가 적지 않다. 그러나 완벽한 대안이란 없다. 더 나은 것, 더 좋은 것을 선택하기 위해 기다리다가 결국 아무것도 못하는 것만큼 어리석고 후회스러운 일도 없지 않은가. 실제로 행동한 것보다는 아무것도 하지 않는 것에 대한 후회를 더 많이 하고, 선택의 기회가 많을수록 더 후회하며 살아가고 있다는 것이 그 반증일 터이다.

더 최악의 결과를 상상하라

이미 일어난 일보다 더 나쁜 결과를 상상하는 연습을 해보자. 이직에 실패했다면, '이직 면접은 못 보았지만 지금 회사에서 잘리진 않았으니까.' 라는 식으로 일어나지 않은 더 최악의 상황을 상상하는 것이다. 이를 심리학에서는 '하향적 반사실성 상상' 이라고 한다. 이렇게 생각할 수 있다면 지금 나에게 주어진 것에 대해 고마워할 수 있고, 안도감과 행복함을 느낄

수 있다.

 후회는 더 나은 것, 더 완벽한 것을 추구하는 인간의 욕망에서 비롯된다. 따라서 후회 자체는 어쩌면 건강하고 성장 지향적인 것인지도 모른다. 반성할 것이 있다면 돌아보고, 고칠 수 있는 일이면 고치고 다음에는 그런 일이 없도록 스스로를 채찍질하는 계기로 삼으면 된다. 후회가 두려워 아무것도 하지 않은 채 '그때 그걸 했어야 하는데' 라고 한탄하는 사람보다 이미 한 일에 대한 아쉬움을 토로하는 당신이 훨씬 아름답다. '아쉽지만 해보았다' 는 그 사실만으로도 비탄과 절망에서 구원받을 자격은 충분하다.

 영국의 시인 헉슬리는, "후회하는 것은 스스로의 가슴을 병들게 한다."고 말했다. 그의 말처럼, 후회하면 뭐할 것인가! 빨리 몸과 마음을 가다듬고 희망 찬 새 아침의 거리를 씽씽 달려보자!

미쳐버리기 직전 스트레스 다독이기
: 스트레스 해소법이 딱히 없는
 당신을 위한 추천 스트레스 해소법

스트레스는 소복소복 쌓이는 눈과 같아서 계속 쌓아두기만 하면 어느새 굴리기도 쉽지 않은 눈덩이처럼 커져 감당할 수 없게 된다. 이렇게 커진 스트레스 눈덩이는 건강한 정신 세포들을 짓눌러 더 이상 생각하지도 느끼지도 못하는 위기 상태를 초래한다. 잘나가던 연예인들이 토크쇼에 나와 한때 심각한 공황 장애로 은퇴를 결심하기도 했다고 고백하는 것도 일상생활 속에 누적된 피로, 불안, 긴장, 좌절 등의 스트레스 때문에 정신 건강이 심각하게 손상될 수 있음을 보여주는 예이다.

 스트레스 지수가 높아지면 공황 상태에 빠지거나 뇌에서 해리 작용이 일

어난다. 해리란 생각, 감각, 감정, 행동 사이에 단절이 일어난다는 의미로서 일시적 의식 상실이며, 공황 장애 같은 질환도 해리 작용으로 볼 수 있다. 공황 장애는 특별한 이유 없이 예상치 못하게 나타나는 극단적인 불안 증상, 즉 공황 발작(Panic Attack)이 주요 특징인 질환이다. 심장이 터질 것처럼 빨리 뛰거나 가슴이 답답하고 숨이 차며 땀이 나는 등의 신체 증상이 나타나고, 죽음에 이를 것 같은 극도의 공포심과 불안 증상을 동반한다.

고등학교 3학년 수험생 시절, 나는 심각한 불안 장애를 경험했다. 늘 불안했고 안절부절못했으며 쉽게 심장이 두근거려 학업에 집중하기 힘들었다. 답답한 증상을 달래기 위해 거친 숨을 몰아쉬는 습관이 생겨 짝꿍의 자습시간을 어지간히 불편하게 했다. 그저 늘 피곤해서 그러려니 하고 생각했을 뿐, 조금만 더 두었다가는 곧 미쳐버릴지도 모른다는 몸의 신호라고 생각하지 못했다.

공부깨나 한다는 아이들이 진학하는 특목고에 입학한 후, 나는 과도한 경쟁 속에서 나름 최선을 다했지만 쉽게 오르지 않는 성적 때문에 반복적으로 좌절했다. 그 과정에서 자존감을 상실하고 우울감과 무기력 증세를 자주 경험했지만, 별다른 방법이 있다고는 생각하지 못했다.

'수험생 인생이 다 그렇지 뭐. 그냥 참고 버티며 살아가는 수밖에……'

그러는 동안, 나는 몸과 마음을 스스로 통제할 수 없을 정도로 병들어가고 미쳐갔다. 매일매일 부딪히는 스트레스를 관리할 줄 아는 능력이 부족했기 때문이다. 스트레스가 얼마나 끔찍하고 잔인한 부작용을 일으킬 수 있는지 무지했던 탓이다.

스트레스는 시한폭탄처럼 언젠가 폭발하는 성질이 있기 때문에 주기적으로 관리하는 것이 중요하다. 불치병으로 고착되기 전에 별것 아닌 통증으로 날려버릴 수 있도록 개인에게 맞는 '스트레스 예방법'을 적용하는 것이 똑똑한 삶을 위한 중요한 습관이다.

나를 살리는 작은 사치 200% 즐기기

나는 스트레스 지수가 중급 이상 오르면 몸에 이상 신호가 나타난다. 그것은 바로 등 근육과 어깨 근육이 굳어지면서 목이 찌릿찌릿 아파오는 것이다. 중요한 강의나 프레젠테이션을 앞두고 있거나 감정적 손상이 큰 사건이 발생했을 때는 어김없이 등 근육부터 어깨와 목에 묵직한 통증이 잇따른다.

위험을 알리는 옐로카드 같은 신호가 올 때면, 나는 요즘 짬짬이 사 모으고 있는 유기농 향초들 중 그날 기분에 가장 어울리는 향을 골라 욕실로 달려간다. 초에 불을 붙이고 욕실에 향이 가득 퍼질 때쯤 욕조에 몸을 푹 담그고 어깨와 목을 마사지한다. 좋아하는 향을 골라 마음껏 향에 도취되는 여유를 즐기는 사치만으로도 등 근육을 마비시켰던 스트레스가 잠잠해진다.

조금 우울한 날에는 프리지어, 화이트 재스민 같은 로맨틱한 향을 담은 디퓨저를 침실에 두고 숙면을 취해보자. 그렇게 코끝으로 올라오는 향을 음미하며 꽃미남과 데이트하는 달콤한 꿈을 꾸고 나면 고약하게 성질을 부리던 스트레스도 꼬리를 내릴 것이다. 스트레스를 날리고 여유를 만끽하는, 자신만의 작은 사치를 누리는 스트레스 해소법을 발견하기를!

몸을 움직이는 새로운 습관에 도전하기

운동을 하면 혈액순환이 원활해지면서 뇌에도 더 많은 산소를 공급할 수 있다. 우리 몸의 다른 기관들과 마찬가지로 뇌에도 산소가 필요한데, 산소가 많이 공급될수록 뇌 기능이 활발해진다.

실제로 심각한 우울증으로 진단받은 환자들을 대상으로 운동과 우울증 개선의 상관관계를 연구한 실험이 있다. A 그룹은 약물치료만 받게 했고, B 그룹은 약물치료 없이 운동요법만 시켰으며, C 그룹은 약물치료와 운동요법을 병행하도록 했다. 그 결과, 우울증 치료에 약물치료 못지 않게 운동이 유익한 것으로 나타났다. 우울증의 표준적 측정 방법에 따라 판단했을 때, 세 그룹 모두 통계적으로 유의미하고 동일한 향상을 발견할 수 있었다.

몸을 움직이는 활동으로는 이왕이면 한 번도 시도해보지 않은 사교춤, 뜨개질, 아침 조깅, 요가 등처럼 새로운 것이 좋다. 새로운 체험은 흥분과 유쾌한 즐거움, 생동감을 안겨줄 뿐만 아니라 건강한 긴장감을 제공함으로써 스스로 정서를 조절할 수 있는 정신건강의 면역체계를 강화한다. 한 번도 체험해보지 않은 것들을 경험할 때 신체 세포는 물론이고 뇌 근육도 활발하게 움직여 일상생활의 여러 변화와 스트레스에 대처할 수 있는 힘을 키울 수 있다.

행복한 기억을 간직한 애장품과 대화하기

내게는 애지중지하는 몇 개의 애장품들이 있다. 미국 산타페(Santa Fe)를 여행할 때 인디언 원주민 마을에서 구입한 수공예 도자기, 캐나다 어학연수 시절에 이름 모를 골목 카페에서 구입한 은수저, 유럽 배낭여행 도중 기차 안에서 우연히 만난 옛 스승이 선물한 십자가, 사춘기 소녀 시절부터 사용해온 낡고 허름한 보석함 등이 그것이다. 특히 긴 생머리를 한 삼십대 중반의 인디언 여성이 자기네 언어로 기도까지 해주며 판매한 미니 도자기는 나만의 부적처럼 믿고 의지하는 애장품이다.

미국의 잔혹한 인디언 말살 정책에도 타협하지 않고 자신들을 지켜온

인디언들. 그들의 정신이 깃든 이 도자기를 가만히 보고 있노라면, 이까짓 세속적인 근심에 휘둘리며 스스로를 의심하고 자학하는 내가 얼마나 부끄러운지돌아보게 된다. 그 인디언들의 정신과 내게 해맑은 웃음으로 물건을 팔던 인디언 여성의 건강한 품격이 이 작은 도자기에 깃들여져 내게 흔들림 없는 미래를 약속하는 주술 같은 기분을 선물해주기도 한다. 비싸고 화려한 귀중품은 아니지만 각각의 사연과 추억을 담은 이 물품들은 그냥 바라만 보아도 옅은 미소가 번지는 나만의 특별한 사연을 간직한 보물들이다.

유난히 힘들거나 짜증과 불안으로 괴성이라도 지르고 싶은 날, 아끼는 애장품들을 꺼내놓고 각각의 보물들이 간직한 이야기와 시간에 가만히 취해보자. 평온한 숨이 방 안 가득 퍼지면서 어느새 훨씬 편안해진 자신을 발견하게 될 테니까!

따뜻한 체온의 위로 만끽하기

고도의 스트레스를 받으면 온몸에 힘이 빠지고 냉기가 퍼지는 것 같은 우울함이 찾아온다. 감정의 바닥을 향해 끝없이 추락하는 것 같은 불안함과 혼자만 덩그러니 버려진 듯한 고독감이 밀려온다. 스트레스의 부작용이다. 이런 상태가 밀려올 때는 누군가의 팔 하나를 빌려 체온을 나누는 행위가 그 어떤 것보다 진정 효과를 줄 수 있다.

많은 말을 하지 않아도 그냥 말없이 꼭 안고 서로의 체온을 나누는 것만으로 한결 마음이 이완된다. 듬직해 보이는 남편의 품에 안겨 가만히 심장

소리를 듣고 있노라면, 잠든 어린 딸을 끌어안고 볼을 비비고 있노라면, 한밤중에 바람의 속도로 달려 나와 꼬리를 흔들며 반기는 애완견을 쓰다듬고 있노라면 하루 종일 뾰족뾰족한 가시처럼 돋아 힘들게 했던 스트레스들이 멀리 사라지는 기분을 만끽하게 된다.

만일 싱글이라면 기필코 체온을 나눌 애정 가득한 대상을 발굴하기를!

꾹꾹 눌러 일기 쓰기

말 한마디 나눌 힘조차 없거나 아무 말도 하고 싶지 않을 정도로 마음이 힘들어본 사람은 안다. 두서없이 꾹꾹 눌러 쓴 일기가 얼마나 큰 위로가 되는지. 눈물을 뚝뚝 흘리며 거친 단어들을 마구 섞어 작성한 일기는, 아무에게도 보여줄 수 없었던 가장 나약하고 작고 부끄러운 감정들을 쏟아내 스스로에게 반창고를 붙여준다.

어떤 기분인지, 왜 그런 행동을 할 수밖에 없었는지, 그에게 어떤 분노를 느낀 것인지, 자신은 왜 이렇게도 못났는지, 그렇지만 내일의 태양은 어떠했으면 좋겠는지 등의 심정을 그때그때 아무런 미사여구나 꾸밈없이 고백한다. 그러다 보면 싸구려 노래방에서 고성을 지르며 민망한 춤으로 몸을 흔들어대지 않아도 숨조차 쉴 수 없을 것 같았던 체기가 내려가는 위로를 받게 된다.

Step 1 여자가 사랑하기 전에 알아야 할 것들

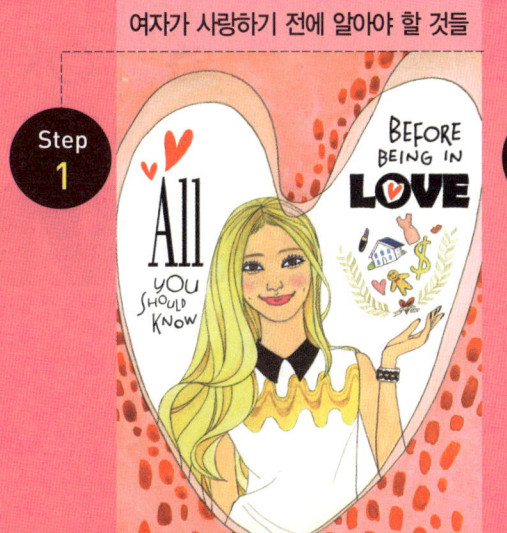

Step 2 만남

Step 3 전략

Step 4 이별

Step 1

여자가 사랑하기 전에 알아야 할 것들

BEFORE LOVING SOMEONE

남자 편
남자와 여자의 사랑 전개방식에는 차이가 있다

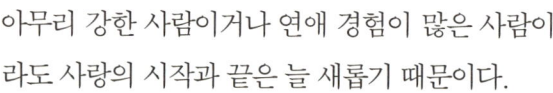

여자와 남자가 만나 사랑에 빠진 역사는 인류가 탄생된 이래로 쭉 이어져오는 일이건만, 여전히 인류는 끊임없이 반복되는 의식주 문제처럼 사랑을 어려워한다. 아무리 강한 사람이거나 연애 경험이 많은 사람이라도 사랑의 시작과 끝은 늘 새롭기 때문이다.

낯선 타인으로부터 긍정적 감정을 획득하고 사랑을 얻었다가 어느 날 문득 예기치 못한 이별을 선고받으며 홀로되는 여정은, 인간이 마주할 수 있는 가장 어려운 과제일지 모른다. 여자는 남자를 모르고 남자도 여자를 여전히 알지 못하는 까닭이다.

"여자와 남자, 어떻게 다른가요?"

남과 여, 그들은 관계를 맺는 과정과 속도가 다르고, 좋은 배우자에 대한

기대 조건이 다르고, 성장 환경에서 습득한 성 역할에 대한 기대치도 다르다. 섹스를 관계의 기점이라고 생각하는 남자와, 모든 것을 내어줄 수 있을 때 행할 수 있는 마지막 종착역이라고 생각하는 여자. 일도 좋지만 아내와 엄마 역할을 우선순위로 주장하는 남자와, 사랑만큼이나 커리어 성장이 중요한 여자. 강한 것만이 적자생존의 사회에서 살아남을 수 있다고 교육받아 온 남자와, 타협과 양보를 미덕으로 교육받아온 여자. 다양한 이유로 여자와 남자의 뇌 구조와 심장 구조는 세포 하나하나까지 다를 수밖에 없다.

여자와 남자, 그들의 사랑이란 도대체 어떻게, 얼마나 다를까?

남자가 사랑을 할 때

남자는 '목표 지향적인 사랑'을 선호한다. 아늑한 가정을 꾸릴 아내를 찾든가, 육체적 쾌락을 불태울 여자의 몸을 원하든가 목표하는 바가 확실하다. 연애의 목적이 간단명료하기에 그들의 사랑 전개방식도 일정하다. 초반은 뜨겁게, 그러나 후반은 미지근한 것이 바로 남자들이 연애를 이끌어가는 방식이다.

처음이 뜨거운 이유는 목표물을 얻기 위한 초반에 모든 방법이 동원되기 때문이다. 그들은 수컷 본능의 소유욕을 발동시켜 원하는 여자를 얻기 위해 자신이 가진 모든 경쟁력을 동원한다. 이 과정에서 "오빠네 집 대대로 내려오는 부동산 좀 거하게 있잖아.", "맹세하건대 여자는 평생 너 하나만 바라본다!"라는 식의 허세, 과장, 거짓말이 난무한다. 일단 원하는 것을 얻어야 하기 때문이다.

남자들이 이처럼 목표 지향적인 것은 원시 시대의 사냥 방식에서 유래를 찾을 수 있다. 허리 한쪽에 돌도끼를 차고 오로지 훌륭한 사냥감 찾기에만 집중했던 남자들과 달리, 여자들은 조금 더 복잡하고 복합적인 역할을 맡았다. 사냥감의 가죽이 제대로 된 것인지, 살코기가 부패하지는 않았는지, 남은 고기는 어디에 보관하면 좋은지 등 여러 가지 과제를 동시에 해결해야 했다. 남자가 사냥해온 것을 요리조리 살피면서 어떻게 활용해야 최대의 효과를 거둘 수 있는지를 고민한 것이 바로 여자이다.

이 같은 역사적 DNA 흔적으로 남자에게 사랑은 지금 당장 필요하고 원하는 것을 소유하기 위해 여자의 마음을 얻고자 하는 것일 뿐이다. 반면, 여자들은 남자의 구애를 지켜보면서 그의 사랑이 앞으로 어떤 쓰임새가 있을지, 받아주는 것이 미래를 위해 현명한지, 미래의 내 아이들의 아빠로 적합한지 등 복합적인 관점으로 사랑을 바라본다.

남자의 섹스

남자는 '내 것', '내 여자'라는 '소유'에 대한 욕구가 평생 반려자가 될 상대이든 일시적인 연애 상대이든 상관없이 빠르게 생성된다. 여자의 입장에서는 아직 친밀감이 덜 형성되었다고 생각하는데, 남자는 '한번 해보자'고 조르고 떼쓰고 치대는 것이다. 그들의 뜨거움과 소유욕에 대한 성취감을 해소할 수 있는 유일한 방법이 바로 섹스이다.

"그녀를 알고 싶고 알아가고 싶다는 기대 심리가 섹스 욕구로 분출되죠."

소유 개념 이전에 남자에게 섹스는 '당신을 알고 싶다'는 관심의 메시지이기도 하다. 실제로 섹스의 어원은 라틴어로 '알다'라는 단어에서 유래된 것이며, 특히 남자에게 섹스란 관심을 표현하는 수단이자 알아가는 소통의 언어인 셈이다.

스위스 출신의 영국 작가인 알랭 드 보통(Alain de Botton)은 『인생학교 : 섹스 — 섹스에 대해 더 깊이 생각해보는 법』이라는 자신의 저서에서, 성욕이란 서로에 대한 흥분의 기대 심리에서 생겨나는 것이라고 했다. 각자가 내밀하게 간직해온 성적 자아들이 죄스러운 고독에서 벗어나 서로를 진정으로 받아들이는 행위가 바로 섹스라는 것이다.

남자들에게 여자를 알아가고 싶다는 것은 바로 이 내밀하게 숨겨진 성적 자아를 만나고 싶다는 마음이다.

"아무에게도 보여주지 않은 너의 속을 나에게만 보여줘. 그리고 같이 나누고 싶어. 그럼 이 세상에 우리 둘만 아는 비밀과 이야기가 생길 테니까."

거리에서 마주치는 흔한 수컷들과 자기는 다르다는, 남다른 관계라는 사연이 생겨야 비로소 남자에게 여자는 자신만의 '여자'가 된다.

남자를 정복하려면

남자가 결혼을 생각하면 단순하던 연애 패턴과 달리 신중해진다. 한 번만 자보자고 징징거리는 대신, 자손을 제대로 번식시키고 교육시킬 수 있는 여자인지 꼼꼼하게 재는 데 연애의 초반을 투자한다. 그들이 원하는 것은 결혼이라는 제도를 통해 더욱 개선된 자신과 후손의 안녕 · 보존이다. 그러므로 희망하는 상대도 숨 막히게 섹시하거나, 동료들의 질투를 일으킬 정도로 아름답거나, 친구들에게 자랑할 만큼 잘난 여성이 아니라 '적당히 예쁘고 적당히 똑똑하고 적당히 착한' 여성이다.

남자를 위협하거나 긴장시키지 않을 정도의 진선미를 갖춘 여자라는 결론이 나오면, 다시금 그들 특유의 속전속결 방식으로 연애를 시작한다. 결혼하기 적당한 배우자를 만난 만큼, 결승점에 도달하기 위해 그동안 학습한 매너와 귀동냥으로 듣던 여자의 마음을 사로잡는 방법들을 모두 시도한다. 적성에 맞지 않는 감동의 프러포즈까지 연습한다. 너무나 귀찮고 낭비라고 생각했던 이벤트를 위해 하루 종일 인터넷으로 프러포즈를 할 장소를 검색하고, 꽃바구니를 장만하고, 한 번도 해본 적 없는 닭살 돋는 목소리로 사랑 고백의 동영상을 제작하기도 한다. 결혼이라는 목표에 딱 맞는 여자를 발견하면 그녀를 '내 것'으로 소유하고 싶기 때문이다.

남자들이 사랑을 하나의 '목표'로 인식하는 까닭은 과시욕이나 인정받고 싶은 욕구가 상대적으로 더 크게 작용하는 존재이기 때문이다. 여자들은 얼굴이나 외모 등 보이는 것으로 평가되는 경우가 많다. 하지만 남자들은 겉으로 잘 보이지 않는 자신만의 프로필, 경력, 사회적 지위 등으로 평가되고 삶 자체가 늘 생존 경쟁이기 때문에 연애를 하는 방식에서도 무의식적으로 생존 본능이 발휘된다. 사랑하는 대상을 통해 불안감을 해소하고 성취욕을 맛보고 싶어 하는 존재가 바로 남자이다.

따라서 연애의 목적이 무엇이든 사랑하고 싶은 남자를 만났다면, 그의 가장 은밀한 욕구인 인정받고자 하는 마음을 잘 다루면 원하는 것을 얻을 수 있다.

"진짜 대단해! 지금까지 당신처럼 논리적으로 이번 대선을 분석한 사람은 없었어."

"넌 주차도 이렇게 감동스럽게 하니? 널 만난 건 진짜 행운이야!"

기억해야 할 것은 남자는 사랑할, 아니 사랑해야 할 목표가 있어야 뜨거워진다. 그가 당신이라는 여자와 함께 있을 때 세상에서 가장 잘난 남자처럼 느낄 수 있도록 관계를 정서적으로 경영하는 것, 그것이 바로 우리 여자들이 사랑할 때 해결해야 할 과제이다.

여자 편
남자와 여자의 사랑 전개방식에는 차이가 있다

여자가 사랑을 할 때

"사랑이 밥 먹여주니?"

소녀는 여자가 될 때 겁쟁이가 된다. 좋으니까 함께 있고 싶고, 사랑하니까 다 내주어도 괜찮다는 순수한 감정만으로 살아가기에는 너무 험난한 세상이다. 이런 고단한 세상을 살아가면서 한순간 들뜬 감정이나 설렘을 고백하는 것이 얼마나 부질없는 짓인지도 깨닫게 된다.

"이년아! 남자 얼굴 뜯어 먹고 사니? 남자는 그저 돈 잘 벌고 가족에게 헌신적인 놈이 최고인 거야."

할머니, 어머니로부터 반복 재생으로 들어온 '결혼의 조건'은 막연하지만 '사랑만으로는 결혼할 수 없음'을 학습했고, 좋아하는 남자가 생겨도 확 마음을 열 수 없는 수동적인 연애 패턴을 연출하게 만들었다. 또한 '남자 편'에서 언급한 사냥의 유래에서도 여성들의 겁쟁이 연애 스타일에 대한 이유를 찾을 수 있는데, 여자들은 남자들이 잡아온 사냥감으로 최대의 효과를 얻기 위해 여러 가지를 생각해야 하는 역할을 맡았다는 것이다. 자신의 선택과 역할로 나머지 구성원들의 겨우살이가 좌우되는 상황을 경험하면서, 사랑이란 '자신과 가족을 지킬 수 있는 어떤 것'이라고 믿게 되었다. 오랜 역사적 기록과 경험을 통해 그것이 곧 자신들이 사랑을 기반으로 생존해나갈 수 있는 길임을 터득한 때문이다.

따라서 여자가 사랑을 할 때는 '과정 중심적'이다. 사랑을 다지는 긴 터널을 통과한 남자만이 자신의 마음을 주어도 안심이 되는 남자라고 판단한다. 데이트를 하며 음식을 먼저 챙겨주는 자상함, 한결같이 안부를 챙기는 성실함, 애인이 어려움에 처했을 때 위로를 건네는 듬직함, 데이트를 온전히 책임질 수 있는 경제적 안정성 등을 지켜보면서 '이 남자는 내 남자가 되어도 좋다.'라는 확신이 든 후에야 비로소 마음속을 비집고 들어온 감정을 사랑이라고 이야기한다. 여자에게 사랑이란, 자신과 가족이 안녕하게 존재할 수 있는 아늑한 울타리를 의미하기 때문에.

여자의 섹스

"이제 그대는 내 모든 것을 가졌어요."

아무리 성에 개방적인 시대가 되었지만, 여자에게 섹스란 '사랑의 완성'을 의미한다. 자신이 가진 것 중 가장 값진 것을 내주고 싶을 때, 가장 섹시하고 순결한 것으로 상대의 마음을 얻고 싶을 때, 아낌없는 나무처럼 모

든 것을 주어도 아깝지 않을 때, 미치도록 아긴다는 고백을 하고 싶을 때 여자는 몸을 허락한다. 물론 충동적으로 쾌락을 위해 하룻밤을 보내기도 하지만 대체로 미혼 여성들의 섹스 로망은 여전히 순종적이다.

육체적 쾌락 이후 변할 수 있는 관계를 예견할 때도, 예기치 못한 임신이나 질병의 위험을 두려워하면서도, 오늘을 마지막으로 영영 이별일 수 있음을 직감하면서도 여자는 섹스를 허락한다. 여자들에게 섹스는 아직 고백하지 못한 고해성사인 동시에 사랑을 지키기 위한 희생이기도 하다.

"사실 하고 싶진 않았어. 그렇지만 그와 잘해보고 싶었고 더 사랑받고 싶었어. 지금은 아니라는 직감이 들었지만 그를 위해 해준 거지. 그런데 역시 불길한 예감은 틀리지 않았어. 그놈이 그날 이후 연락을 끊었거든. 나쁜 새끼!"

남자들의 섹스가 자기중심적인 동시에 목표 중심적이라면, 여자들의 섹스는 이타주의적이고 관계 중심적이다. 여자가 섹스를 통해 얻고 싶은 쾌감은 육체적 흥분보다 사랑하는 남자를 통해 자신의 존재를 발견하고 행복한 삶의 요소들을 만나는 과정 자체일지도 모른다. 즉, 여자로서 사랑받고 있다는 확인, 사랑하는 남자를 위해 무언가 해주고 있다는 성취, 둘만의 친밀하고 비밀스런 경험을 나누고 있다는 특권, 이 모든 게 여자들에게는 섹스의 의미이다.

여자를 얻으려면

사랑하는 여자의 마음을 얻으려면 너무 뜨겁거나 차가운 것은 금물이다. 요즘 '나쁜 남자'가 대세라고는 하지만 이것도 여자들이 어릴 때에나 적용되는 말일 뿐, 여자들이 결혼 적령기가 되면 나쁜 남자는 꼴도 보기 싫어진다. 밀고 당기는 재미나 연애의 승부욕을 불태우게 하는 긴장감은 있지만, 도대체 '나쁜 남자'가 무엇을 해줄 수 있단 말인가! 영양가는 하나 없이 속만 썩이는 빈껍데기는 철든 여자에게 더 이상 매력적이지 않다.

함께 있으면 편안하고 그런 안정된 관계를 기반으로 좀 더 큰일에 대한 도전과 열정을 품을 수 있는 자신을 발견할 때, 여자는 이제 그 남자 없이는 온전한 자신이 될 수 없음을 깨닫는다.

"그와 있으면 조금 더 나은 내가 되고 싶은 욕심이 생겨요."

스트레스성 폭식으로 체중이 확 늘었을 때도, 집안이 폭삭 망해 한없이 작아질 때도, 취업 준비로 매일 밤 도서관에 박혀 추레한 생활을 할 때도, 자존감이 바닥을 찍었을 때도 한결같이 곁에서 인정해주고 응원해준 그 사람! 고맙고 그립고 착한 사람! 결국 여자의 마음은 그에게로 향한다. 꿈꾸던 현대판 왕자님은 아니더라도, 더 잘난 남자들의 러브콜이 줄을 잇는다 하더라도, 소형차 하나 뽑기 힘든 현실 잔고가 아쉽더라도, 하이힐을 신기가 미안할 만큼 키 작은 남자라 하더라도 괜찮아진다. 오랜 시간 동고동락해준 고마운 사람이니까.

어쩌면 여자들은 남자들보다 더 의리와 정으로 사랑을 하는지도 모른다. 열정과 냉정 사이에서 그 평화로운 애정의 온도로 꾸준히 사랑을 확인시켜주는 것, 그것이 바로 여자의 마음을 얻는 비결일 것이다.

사랑에 빠지는 아주 특별한 원칙

사랑의 시작은 너무 신기해
사랑에 빠지면 아픔도 잊는가 봐
너랑 나랑 종일 걸어도 종일 얘기해도

행복한걸 행복한걸 내 가슴이
소곤소곤 귓가에 하는 말
사랑한대 사랑한대 언제부터
내 가슴에 내 안에 살게 된 거니
　　　　　__〈커플링〉 가사 중에서

"정말이에요? 운명의 상대를 만나면 딱 알아본다는 말이. 귀에선 종소리가 들리고 머리 위에선 폭죽이 터지고, 뭐 그런 마술 같은 일들이 일어난다는 사람도 있던데, 진짜인가요?"

사랑에 서툰 여자는 궁금한 것이 너무나 많다. 정말 '내 사람'을 만나게 되면 운명의 신이 신호를 주는 것인지, 첫눈에 반하는 사랑이 정말 가능한 것인지 말이다. 그야말로 청첩장을 들고 나타나는 여자들이 가장 위대해 보인다고 해도 무리가 아니다.

그런데 도대체 사랑에 빠지는 순간이라는 것이 진짜 있을까? 결론부터 말하면 사랑에는 찰나가 있다. 우연히 눈이 마주친 순간 시선을 피하지 않고 씩 웃던 그의 모습을 목격한 날, 10년 우정이 힘없이 휘청거렸다. 탄력적인 엉덩이 라인이 드러난 데님 팬츠를 입고 나타난 그의 변신에 하트 뿅뿅 눈빛이 되었던 기억을 떠올려보면, 사랑이 시작되는 아주 특별한 원칙들이 있음을 깨닫게 된다.

사랑에 빠지는 첫 번째 원칙은 '신체적 매력의 발견'이다. 상대방이 예쁘고 섹시하고 잘생기고 멋지다고 느껴질 때 무기력했던 심장이 두근거린다. 외모가 매력적인 사람에게 호감을 느끼는 이유 중 하나는 후광 효과로 설명할 수 있는데, 후광 효과란 좋은 특성으로 인해 다른 특성까지 좋게 평가되는 것을 말한다. 매력적인 외모를 지닌 사람에게는 다른 능력도 있을 것이라는 기대 심리를 갖게 되는 현상을 후광 효과로 풀이할 수 있다.

내가 남편을 처음 만난 곳은 광화문 한복판에 위치한 이탈리안 레스토랑이었다. 지하철 가판에서 5천 원 주고 샀을 법한 촌티 나는 넥타이, 얼굴빛과 전혀 맞지 않는 칙칙한 컬러의 낡은 정장 차림에 브랜드도 알 수 없는 구닥다리 서류가방을 들고 등장한 남편.

나는 그와 인사를 나누면서 속으로는 이렇게 중얼거렸다.

'밥만 잽싸게 먹고 일어나야지. 아휴! 주선자, 넌 내일 죽었어!'

엄마는 사람을 외모로 판단하는 게 아니라며 서너 번은 만나보아야 진가를 알 수 있다고 했다. 하지만 첫인상부터 감정이 확 굳어버리자, 테이블에 근사하게 세팅된 느끼한 스파게티가 한심스럽게 느껴질 뿐이었다.

"아무리 성격 좋고 탄탄한 직업을 가졌어도 촌스럽고 못생긴 남자랑은

만날 수 없어. 그건 소중한 나에게 가하는 일종의 고문이라고!"

그러나 반전의 기회가 찾아왔다. 늦은 밤에 회사 앞으로 깜짝 방문한 그를 다시 본 순간, 내 심장은 마구 뛰기 시작했다. 머리를 쓸어 올리며 손목시계를 바라보는 그의 턱선은 날카로우리만큼 날렵했으며, 도톰한 귓불까지 내려오는 풍성한 구레나룻은 야성미가 넘쳤다. 짙은 감색 셔츠와 코디한 폴로 마크가 찍힌 회색 카디건은 막 귀국한 유학생 같은 분위기까지 자아냈다.

"어머! 오래 기다리셨어요? 전화를 하지 그러셨어요. 호호!"

아름답게 쏟아지는 달빛 때문이었는지, 잘 다려진 셔츠의 깃 때문이었는지는 아직도 잘 모르겠지만 아마 그날부터였을 것이다. 그가 내게 특별한 사람으로 다가온 건.

그가 내게 호감을 갖고 있음을 직감한 순간부터 바게트처럼 딱딱하던 심장이 말랑거렸다. 본능적으로 그를 사랑하면 좋을 것 같다는 신호가 전해진 탓이다. 이것이 바로 사랑에 빠지게 되는 두 번째 원칙인 '호감의 상호성'이다.

호감의 상호성이란 '자신을 좋아하는 사람을 좋아하는 행위'를 말하는 것으로, 이런 현상이 생기는 이유는 상대방에게 동일한 정서로 보답해야 한다는 일종의 의무감 때문이라고 설명할 수 있다.

대부분의 사람들에게는 자기가 사랑하는 사람이 자신을 좋아하지 않았던 경험이 있다. 이것은 자존심에 상처를 입히는 끔찍한 경험이기에 누군가 나를 좋아한다는 사실을 알게 되면 그 상황에서 자유롭기 힘들다. 언젠가 경험했던 끔찍한 기억의 고통이 어떤 것인지 잘 알고 있기 때문에 죽었다 깨어나도 영 아니라고 생각되는 남자가 아닌 이상 감정을 주고받는 쪽으로 마음을 몰아간다.

Step 1. 여자가 사랑하기 전에 알아야 할 것들

누가 보아도 여자가 아까운 경우이건만, 오랜 시간 자신의 곁을 지켜준 남자에게 결국 심장의 한쪽을 내어주는 알파걸들이 적지 않다. 그동안 받은 사랑에 대한 보답을 하고 싶고 냉정한 거절로 상처를 주고 싶지 않은 연민에서 비롯된 감정이 어느 날 사랑임을 깨닫기 때문이다.

"날 너무 좋아해주니까 고맙기도 하고 정도 들고……. 사랑 뭐 별거 있니?"

누군가 '왜 그를 사랑하느냐?'는 질문에 이렇게 대답한다면, 그녀는 그를 제법 사랑하는 것이다. 그에게 상처 주고 싶지 않을 만큼 아끼는 것이고, 그동안 사랑을 받은 만큼 베풀고 싶을 정도로 그에게 의지하고 있다는 증거이다. 사랑은 때로 그렇게 의리와 신뢰의 감정 위에서 싹트기도 한다.

사랑에 빠지는 또 다른 법칙은 '유사성의 끌림'이다. 쉽게 말하면, 서로가 닮은 사람들이라는 공통점을 발견할 때 사람들은 끌림을 경험하게 된다. 이를 증명하는 한 예로, 스코틀랜드 세인트앤드루스 대학교 인지심리학자인 데이비드 페렛(David Perrett) 연구 팀은 실험 참가자들의 얼굴을 각각 반대의 성(性)으로 합성한 이미지를 만든 후, 가장 선호하는 얼굴을 고르게 하는 실험을 했다. 그 결과 많은 참가자들이 자신과 닮은, 즉 자신의 얼굴을 합성한 이미지의 이성을 선택했다. 자신과 유사성이 많은 이성에게 호감을 느끼는 현상이 나타난 것이다.

전문가들은 닮은 사람, 어딘가 비슷한 사람에게 빠져드는 이유를 대부분 부모와의 익숙함에서 찾는다. 정서적으로 민감한 시기에 부모의 얼굴을 보면서 자신의 배우자에게 필요한 특징을 찾는다는 프로이트 이론도 이를 뒷받침한다. 마치 언젠가 만난 적이 있는 사람처럼 친근하게 느껴지고, 왠지 자꾸 눈길이 가고, 자꾸만 그에 대한 생각이 떠오른다면 자신과 닮은 그에게 매력을 느끼는, 비슷한 사람들끼리 여러 가지를 함께 나누고 싶은 욕망이 발동되는 순간에 접어들었다는 증거이다.

〈뉴욕 타임스〉는 '왜 우리는 닮은 사람에게 끌릴까?'에 대해 이렇게 보도했다.

"부부는 닮아가는 것이 아니라 애초에 자신과 닮은 이성에게 더 매력을 느끼고 더 신뢰하기 때문에 배우자로 선택해 결혼하는 것이다."

자신과 닮은 사람에게 사랑의 감정을 느끼는 것, 그 현상은 어쩌면 한없이 여리고 외로운 존재가 자신과 유사한 존재를 통해 안도하고 지지받고 위로받기 위한 자기방어인지도 모른다.

우리는 운명적인 사랑이 어느 날 예고 없이 숨 막히게 찾아올 것이라고 꿈꾸지만, 사실 현실의 사랑은 참으로 시시껄렁하게 다가온다. 지글지글 맛있게 구워진 첫 번째 삼겹살을 접시 위에 담아주던 그의 모습에 반해 사랑이 노릇하게 익어가기도 하고, 오들오들 떠

는 내 어깨에 걸쳐준 두툼한 외투에서 묻어나는 싫지 않는 체취에 묘한 전율이 통했을 수도 있다. 또는 한자투성이의 전문서적을 아무렇지 않게 읽는 그의 모습에서 느껴진 부정할 수 없는 존경심이 사랑의 감정으로 변했을 수도 있다.

중요한 것은 심장이 요란한 소리를 내며 펌프질을 할 때, 그때를 놓치지 않고 자신의 마음을 들여다보는 일이다. '몰라, 몰라! 내 마음은 나도 몰라!'라는 식이 아니라, 어떤 이유로 그를 사랑하게 되었을까 곰곰이 생각해보는 것이다. 그에게 사랑을 느낀 까닭을 알면, 미처 깨닫지 못했던 자기 자신에 대한 비밀도 조금은 벗겨낼 수 있을 테니까.

알랭 드 보통 식 연애 & 사랑 스터디

"며칠 전, 소개팅으로 한 대학병원에서 근무하는 남자를 만났어요. 음, 사실 그는 제 스타일은 아니에요. 엄밀히 말하면 정반대 타입이라고 할 수 있죠. 아저씨처럼 배도 나오고, 머리숱도 조마조마하게 있고, 대화도 썰렁하고 정말 별로였어요. 그런데 참 우습게도 다음 날 그에게서 온 문자에 정성껏 한 글자 한 글자 꾹꾹 눌러 답장을 보내고 있는 저를 발견했어요. 그의 안정적인 사회적 · 경제적 지위에 무의식적으로 끌리는 건가 봐요. 제가 세속적이고 나쁜 여자인가요?"

지난해 진행한 '사랑학 개론' 강의에서 만난 한 여성 참가자가 궁금해했다. 사랑이란 감정에 세속적 조건들이 기준이 될 수 있는 것인지, 순수한 감정적 끌림이 아니어도 사랑을 시작할 수 있는 것인지에 대하여.

정말 사랑은 순수하게 감정적인 요소들에서만 파생되는 것일까, 또는 물

질적인 어떤 요소에 의해서도 생성될 수 있는 걸까?

"당신은 왜 나를 사랑하나요?"

사랑하는 사람에게 종종 묻고 싶어지는 질문이다. 그러고는 내심 드라마 속에서 들어보았을 법한 그런 대답을 기대한다.

"에이, 사랑하는 데 이유가 어디 있어! 내가 사랑하는 사람이 너니까 사랑하는 거지, 바보야!"

네가 '너'라서 좋아하는 거라고, 다른 특별한 이유가 어디 있겠느냐고, 너의 존재 그 자체를 사랑하는 것뿐이라는 맹목적이고 무조건적인, 그러니까 상업적이고 세속적인 조건은 다 걸러진 순도 100%의 감정만 남은 이유를 듣고 싶다.

어떤 여자도 "너희 집에 돈 많잖아. 난 사실 내심 그게 참 좋아."라는 대답이나 "날씬하고 예뻐서 좋지. 난 정말이지 뚱뚱하고 못생긴 여자는 질색이야. 너도 관리 안 해서 망가지면 끝이다!"라는 대답을 듣고 싶지는 않다. 언제든 변할 수 있는 조건에 의한 사랑이 아니라, 영속적이고 불변하는 까닭인 '나'라는 사람 자체에 대한 애정과 믿음이 사랑의 조건이 되어주기를 바란다.

그러나 사랑과 관련된 수많은 글을 써온 알랭 드 보통은 자신의 저서 『우리는 사랑일까』에서 "사랑을 시작하는 데는 일정한 원인"들이 작용한다고 설명했다. 그것은 '나는 왜 사랑받는 것일까?'에 대한 답과도 긴밀하게 연관되어 있는 문제인데, '그냥 어쩌다 보니 좋아져서'라는 막연하고 비논리적인 답에도 사실은 구체적인 이유가 존재한다는 것이다.

알랭 드 보통은 그 이유들을 이렇게 정리했다.

1. 예쁘고 날씬한 육체
2. 풍요로운 경제적 입지

3. 성취해놓은 일
4. 명석한 두뇌
5. 친절과 세세함
6. 존재 자체

   여러 가지 이유들 가운데 마지막 이유인 '존재 자체'가 '나를 왜 사랑하나요?'에 대한 답이 되기를 누구나 꿈꾼다. 그러나 처음부터 그 이유 때문에 사랑을 하기란 참으로 어렵다. '존재 자체'를 사랑한다는 것은 내가 그 사람을 생각하고 좋아한다는 그 사실, 그리고 그 사람도 나를 생각하고 아낀다는 그 사실 하나만으로도 충분히 행복할 수 있고 사랑할 가치가 있다는 것을 말한다. 즉, 내가 사랑하는 사람 역시 나를 아끼고 사랑해주고 있다는 감정이 실존하는 것, 그것만으로 다른 조건들은 전혀 자리할 필요가 없어지는 특별한 상태를 말한다. 나와 내 딸의 관계처럼.

   올해로 다섯 살이 된 내 딸은 피눈물 흘려가며 지금껏 키워준 엄마인 내게 해주는 것이 개뿔 하나 없다. 돈 한 푼 벌어다주는 것도 아니고 몇 개의 외국어를 구사해 감탄스러운 지적 능력을 보여주는 것도 아니면서, 어쩌다 아이스크림을 한 입 빼앗아 먹으면 눈에서 빔을 쏘며 삼십 분 넘게 대성통곡을 한다. 그러니까 알랭 드 보통이 제시한 사랑의 필요조건에 부합하는 요소가 하나도 없는 셈이다. 그렇지만 나는 딸아이를 끔찍이 사랑한다. 내가 세상에서 가장 사랑하는 딸아이가 나만큼이나 뜨겁고 열렬하게 엄마를 아끼고 사랑한다는 그 사실 하나로 충분히 행복하니까.

   존재 자체를 사랑한다는 것은 바로 다른 이유들이 있을 자리가 없어지는 상태를 말하는 것이다. 하지만 남녀 관계에서 '존재 자체'가 사랑을 시작하는 이유가 되기란 거의 불가능하다. 그것은 잘 숙성된 치즈처럼 적잖

은 시간 동안 투자와 인내와 희생이 동반되었을 때 비로소 도달할 수 있는 종착역과 같은 감정이기 때문이다.

애석하게도 사랑은 조금은 세속적인 이유들로 시작된다. 성적인 매력이 물씬 풍기는 외모 때문에 호감이 싹트기도 하고, 교제를 통해 대리만족을 얻을 수 있는 탄탄한 사회적 지위 때문일 수도 있고, 안락한 미래를 꿈꾸게 하는 경제적 지위 때문일 수도 있다. 수많은 사람들 가운데 그에게 유독 마음이 가고 욕심이 생기는 이유는 합리적인 계산에서 비롯될 수 있다는 말이다.

정말이지 이상형과는 거리가 멀었던 남자를 남편으로 삼겠다고 내가 결심하게 된 이유도 사실 알랭 드 보통이 제시한 사랑의 이유와 별반 다르지 않다. 고백하건대 남편의 촌스러운 외모와 너무나 순박해 보이던 패션, 그리고 턱 밑 까만 점은 두 번 다시 데이트를 하고 싶지 않은 조건이었다. 그런데도 두 번, 세 번, 계속 데이트를 이어나가면서 결국 부부라는 정겨운 타이틀을 함께 나눠 쓰게 된 데는 그의 명석한 두뇌 탓이 컸다.

"정말 그 학교를 수석으로 입학하신 거예요? 와! 수능점수가 상위 몇 퍼센트였어요?"

우연히 그의 입에서 '수석 입학'이라는 말이 떨어진 순간, 내 눈은 헤드라이트처럼 깜빡였고 무표정하던 감정은 순식간에 달아올랐다. 별 생각 없이 툭 내뱉은 그의 한마디에 나는 그와의 전도유망한 미래를 상상하며 흐뭇한 미소를 지었고, 출근하자마자 주선자에게 표출하려 했던 분노 역시 제대로 그를 알아가고 싶다는 기대감으로 바뀌었다.

그리고 한 달, 두 달 만나면서 나는 처음 만난 날에는 미처 보지 못했던 그의 자상함과 남자다움에 반해 진심으로 그를 사랑하게 되었다. 결혼을 결심한 무렵에는, 그가 학력 위조를 했다 하더라도 상관없을 정도로 그가 나를 따뜻하게 사랑해주고 있다는 그 감정 자체에 집중할 수 있었다. 그리고 그 사실이 행복했다.

　사랑은 우리가 생각하는 것처럼 그렇게 무조건적이고 순종적이며 비영리적이지 않다. 내게 있는 결핍을 충족시키기 위해 사랑을 탐하기도 하고, 더 풍요로운 안위를 위해 투자의 개념으로 사랑에 접근할 수도 있고, 주변 사람들의 기대를 충족시키기 위한 책임감으로 사랑이 시작되기도 하고, 본능적인 성적 끌림으로 뜨겁게 사랑이 꿈틀거리기도 한다. 그 모든 과정을 거쳐 사랑은 부끄럽지 않은 아름다운 감정으로 성장하고 성숙된다. 마치 우리들처럼. 그러니 사랑을 너무 어렵고 대단히 숭고한 것으로 생각하지 말자.

　소개팅에서 만난 레지던트인 남자에게 답 문자를 보내면서 스스로 '나쁜 여자'는 아닌지 반문했던 그녀에게 이제야 내 마음을 전한다.

　" '나쁜 여자'라니요. 원래 사랑은 그렇게 시작하는 거예요. 부모 자식 간의 사랑이 아닌 이상 사랑은 어느 정도 이기적이고 기계적이고 합리적인 감정인걸요. 당신은 지극히 평범하고 자연스러운 반응을 보이고 있는 거예요. 그러니 제대로 시작해보세요. 비록 시작은 미약했으나 끝은 성대할 수 있게, 경제적 조건 때문에 호감을 느꼈더라도 마지막은 그와 당신의 감정 자체가 사랑의 이유가 될 수 있게 노력해보면 어떨까요?"

다 죽어가는 연애감 살리는 필살기

사랑 때문에 슬프고 아프다면 화장을 하라.
자신을 돌봐라. 립스틱을 바르고 앞으로 나아가라.
남자는 우는 여자를 혐오한다.

__코코 샤넬

"사랑이 있기는 할까요? 사랑하고 이별하고, 다시 사랑하고 또 이별하고……. 짧은 행복 뒤에 감당해야 할 슬픔이 싫어요. 다시는 하고 싶지 않아요."

어쩌면 사랑하고 싶은 사람을 만나는 것보다 더 어려운 일은 누군가를 온 마음을 열고 온몸의 세포 하나하나를 깨워 뜨겁게 사랑하는 일인지도 모른다. 가슴에 이는 작은 떨림에도 민감하게 반응하려면, 지나간 이별 따위는 잊고 다시 행복해질 열정을 불태우려면 팔팔하게 살아 숨 쉬는 건강한 연애 세포들의 역할이 중요해진다. 그 세포들을 통해 우리의 소소한 감정은 동서남북으로 분열을 시도해 성숙

Step 1. 여자가 사랑하기 전에 알아야 할 것들

된 감정을 경험할 수 있기 때문이다.

　사랑은 사람이 하는 일 같지만 애초에 세포가 하는 일인지도 모른다. 우리의 몸 속 어딘가에 있는 사랑을 관할하는 특정 세포에 의해 사랑, 이별, 또 다른 사랑이 만들어지고 있을 테니까. 『바람이 분다 당신이 좋다』의 저자인 이병률 시인도, "사랑은 세포가 하는 것"이라며 "누군가를 좋아하게 되는 것도 그 사람이 내뿜는 향기와 공기 그리고 기운들에 불쑥불쑥 반응하는 것이지 않던가."라고 했다.

　하지만 아직도 가슴 쓰린 실패의 기억 때문에, 혹은 오랫동안 분열 활동을 쉰 이력 때문에 더 이상 연애 세포가 반응하지 않는다면 이제는 특단의 조치가 필요하다. 연애 세포가 더 늙거나 말라버리기 전에 물을 주고 영양분을 공급해야 할 때라는 것을 깨닫고 스스로에게 애정 어린 관심을 기울여야 한다는 신호이니까.

연애 세포 재생의 첫 번째 단계는 잘 차려입는 습관이다

　떠나간 연인에 대한 그리움과 미움, 허탈함 등이 마구 뒤섞인 감정은 삶을 무기력하게 만든다. 남몰래 눈물을 흘리며 한탄하거나 방 안에 처박혀 멍하니 시간을 보내는 일 이외에는 모든 게 무료해진다. 어디에서 샀는지 알 수도 없는 목이 늘어진 티셔츠와 무릎 나온 바지를 입고 방 안을 뒹굴거나, 며칠째 빨지도 않은 추리닝을 입고 TV를 시청하는 멍한 눈빛의 건어물녀로 전락하는 것도 순식간이다.

　외롭고 심심하고 만사 무료해질 때일수록 스스로를 가꾸어야 하는 것은 이 때문인지도 모르겠다. 몸과 마음은 일정한 정비를 하고 언제든 반갑게 사랑이란 감정을 마주할 사람들만 용케 알아본다. 스타일의 작은 변화 하나에도 감정적 반응을 보이는 게 우리 마음이니까 말이다.

동네 커피숍을 가더라도 차려입고 갔을 때와 누가 볼까 두려운 상태로 방문했을 때를 비교해보면 좀 더 명확해진다.

"아이스 카페라떼 한 잔 주세요. 얼음은 다섯 개만 넣어주시고요, 시럽은 빼주세요."

옷차림 상태에 따라 주문할 때의 목소리, 표정, 눈빛부터 달라진다. 립스틱 하나 바르고 나왔을 뿐이거나 새로 산 머플러 하나 둘렀을 뿐인데 주문을 하는 모습에 당당함과 의욕적 에너지가 묻어난다. 반면, 만사 귀찮은 심정으로 칙칙한 몰골을 하고 커피숍에 들른 날에는 종업원과 눈도 마주치지 않은 채 성의 없이 주문을 던진다.

용모와 복장을 잘 갖춘 여자는 다른 것을 바라볼 수 있는 여유가 있다. 자신에게 최소한의 예의를 선물한 대가로 타인의 시선에 자유로울 수 있고, 상대방의 외모뿐만이 아닌 내면을 바라볼 자신감이 생긴다. 그러니 사랑에 지치거나 사랑이 그리울수록 자신을 '예쁘게' 사랑하자. 슬픔을 달랠 사람도, 외로움에 지친 마음을 어루만질 사람도, 그리고 다시 사랑을 노래할 사람도 오직 당신뿐이다.

"몸단장을 하지 않고 외출하는 여자를 이해할 수 없다. 그것은 예의를 차리지 않는 행동이다. 왜냐하면 오늘이 운명의 상대와 만나게 되는 날일지도 모른다."

일만큼이나 사랑을 좇았던 코코 샤넬의 조언처럼 오늘은 운명의 그날일지도 모른다.

둘째, '아직 죽지 않았어!'를 실감할 기회를 만들 것

유행가 가사처럼 "바보처럼 사랑 안 해!"를 외치는 여자들의 마음 한구석에는 사랑한 사람으로부터 거절당했거나 마음을 얻지 못했다는 패배감이 자리한다. 가장 사랑받고 싶었던 사람의 마음을 얻지 못했다는 상처는 폭풍 같은 불안과 두려움으로 존재감을 위협한다.

"그렇게 잘난 척하더니 꼴좋다. 겨우 이 정도였니?"

실체도 없는 못된 공격이 조롱하기 시작할 무렵, 바짝 정신을 차리고 재빨리 방어해야 한다. 이내 그 가짜 조롱이 진짜처럼 헷갈리기 시작하기 때문이다.

한없이 작아지고 불쌍하고 초라하게 느껴져서 '다시 사랑 안 해'를 다짐할 때, 응급 처방으로 조언하고 싶은 것은 이성의 시선과 관심을 사로잡는 기회에 노출되는 것이다. 소모적인 사랑이라도 좋으니 '난 아직 건재해!', '죽지 않았어!' 라고 확인할 수 있는 환경에 적극적으로 동참하는 것만큼 이별 후 마음이 따끔거리는 여자들에게 절대적으로 유효한 방법은 드물다. 예기치 못한 사랑 고백도 받아보고, 점찍어두었던 남자의 데이트 신청도 받아보고, 우연이라 하기에는 너무 자주 마주치는 눈빛 교환의 짜릿함도 만끽하면서 자신이 얼마나 매력적인지를 확인하자. 연애 세포 활성화에 가장 좋은 에너지원은 자신감이기 때문이다.

비록 과거 그 남자와의 사랑에는 실패했지만, '여전히 나는 매력적이고 여자로서 사랑받을 충분한 자격을 갖추고 있어!' 라는 믿음이 있어야 어떤 이성을 만나도 주눅 들지 않고 과장되지 않은 몸짓으로 자신을 보여줄 수 있다. 설사 기대와 달리 마음에 들었던 그에게서 별다른 연락이 오지 않는다 해도 내일 당장 지구가 멸망할 것 같은 소란, 청승, 불안에서 스스로를 구원할 수 있다. '이렇게 멋진 내게 어떻게 반하지 않을 수 있지?' 라는 자기애는 '흥! 인연이 아니었나 보군. 아쉽지만 어쩌겠어!' 라는 합리적인 결론을 도출할 수 있으니까.

때로는 종로에서 뺨 맞고 한강에서 화풀이하는 것조차 너무 억울하고

외로운 그녀들에게는 괜찮은 힐링 방법이 아닐까?

셋째, 영양제 역할을 할 수 있는 도구들을 적극 활용할 것

결혼 6년 차에 다섯 살짜리 딸아이를 두고 있는 나는 영락없는 '아줌마'이다. 하지만 제도가 붙여주는 꼬리표 따위는 내게 그다지 중요하지 않다. 미혼 여성 부러울 것 없는 외모 관리를 하고 있고, 무엇보다 마음만큼은 늘 사랑에 취해 있는 철없는 소녀라는 착각 덕분에 늘 설렘 속에서 살아간다.

요즘은 아침 드라마의 남자 주인공에게 꽂혀 그를 닮은 미혼 남성과 운명적인 사랑에 빠져 가슴 아파하는 유부녀 역할을 상상 속에서 반복하고 있다. 그가 "우리 같이 먼 곳으로 떠나요."라고 하면 어떤 대사로 받아쳐야 가슴 저미는 감동을 선사할지 고민도 해보았고, 잠이 안 오는 어떤 날은 혼자 준비한 대사를 청승맞게 읊으며 연습도 해보았다. 남편이 알면 어이없어 하겠지만, 그런 음흉하고도 달콤한 상상들이 나의 모든 감정 세포들을 깨어 있게 만드니 내게는 버리고 싶지 않은 낙이다.

연애 세포의 재생을 원한다면 일상에서 마주하는 평범한 사건들을 자극적으로 활용하자. 예를 들어, 드라마나 영화를 볼 때도 그저 관찰자의 입장으로 등장인물이나 내용을 감상할 게 아니라 마치 내가 주인공이 되어 언젠가 그런 상황에 놓일 것처럼 감정 이입을 해 동화되는 것이다. 가슴을 설레게 한 대사들이 있다면 메모해놓았다가 다음번 연애 때 기필코 적절하게 사용하리라 마음먹기도 하고, 마치 여주인공이 된 것처럼 대사를 따라해보기도 한다.

"나를 좀 좋아해주면 안 돼요?"

"그런 '미안하다'는 사과는 필요 없어요. 당신의 진심일 리 없으니까."

약간 버터 냄새가 나는 대사들도 직접 따라해보면서 상상 속의 그와 대화를 나누는 듯한 설렘과 흥분을 만끽할 때에 귀찮기만 했던 연애와 상처뿐이기만 했던 사랑에 대한 인식도 점점 바뀔 것이다.

삶에 치여 우울한 날, 이승기의 〈누난 내 여자니까〉를 반복 청취하다 보면 예능 프로그램의 이승기 씨가 자꾸 애인처럼 느껴져서 콩닥콩닥 가슴이 뛴다. 너무 몰입한 나머지 어느 날, "그래, 승기야, 누난 네 여자야."라는 대사가 훅 내뱉어지기도 한다. 서른 중반 아줌마인 내가 아직도 로맨틱한 삶을 살아가는 비법이 여기에 있다.

넷째, 완벽한 이별 의식을 찾아 행할 것

새로운 연애 세포의 생성을 원한다면 죽은 세포부터 잘 제거해야 한다. 아직 가슴에는 이유조차 모른 채 여전히 받아들이지 못하는 이별의 상처가 깊게 파여 있는데, 아무렇지 않게 사탕을 빨듯 새로운 사랑을 낭창낭창하게 기다릴 수는 없다. 새로운 만남이나 새로 시작되는 감정이 두렵고 낯설다면, 어쩌면 지금은 연애 세포의 생성보다 자리만 차지하고 있는 불편한 죽은 세포들부터 깨끗하게 치울 필요가 있다.

"3개월 뜨겁게 사랑했어요. 첫눈에 서로 호감을 느꼈고 결혼을 전제로 진지한 만남을 이어가고 있다고 생각했죠. 그런데 어느 날부터 그가 전화를 피하고, 문자 메시지에도 짧은 대답만 하고, 바쁘다는 핑계로 데이트를 미뤘어요. 그렇게 영문도 모른 채 헤어진 지 6개월이나 흘렀네요."

연애 강연장에서 만난 서른 무렵의 한 여성이 다시 사랑을 하고 싶지만, 아직도 받아들일 수 없는 이별 때문에 머리와 가슴이 따로 분리되는 현상을 경험한다고 고백했다. 이미 이별을 했지만 그녀에게는 이별이 아니었다. 설명할 수 없는 이별 사유도 있기에 '왜 내가 싫어졌느냐?'는 질문을 하는 것은 이제 와서 무의미할 수도 있다. 다만, 아직도 그녀의 가슴속에 바윗덩어

리처럼 꼼짝 않고 있는 그와 진짜 헤어지는 의식이 필요해 보였다.

"묵은 감정을 다 토해낸 편지를 써 그에게 보내세요."

어떤 마음으로 사랑했고 일방적인 이별 통보에 얼마나 냉가슴을 앓았는지 고백하고, 그럼에도 합의되지 않은 이별을 받아들였노라고 알리는 편지. 편지에 명시되는 수신자는 그이지만 사실은 그녀 자신에게 보내는 편지 말이다. 자신과의 대화만이 과거와 현재를 끊을 수 있기 때문이다. 떠나보내야 떠날 수 있다.

사랑이 뜨거웠다면 이별은 차가워야 한다. 미처 끄지 못한 불씨를 아직도 가슴에 지니고 있다면, 한 동이의 물을 길어 남은 불씨에 뿌린 뒤 굵은 소금을 닮은 모래로 단단하게 덮어두자. 다시는 살아나지 못하게, 아니 살아날 필요 없게 말이다.

연애 세포 활성화 정도 체크하는 그림

위 그림을 3초간 바라보세요. 너무 오랫동안 관찰할 필요는 없어요.
바라본 순간 느껴지는 이미지를 말해보세요. 무엇이 보이나요?

만일 광대 복장을 한 남자의 얼굴이 보인다면 당신의 연애 세포는 위험 수준이에요. 이미 사랑이 재미없고 시시해져버렸거든요.
반면에 남녀의 키스 장면으로 보인다면, 올레! 다행입니다.
심장을 두근두근 뛰게 할 건강한 연애 세포가 마구 움직이고 있으니까요.

만남

가장 경계해야 할 것, 그 죽일 놈의 '필링(feeling)'

한 여자가 한 남자를 만나면 분명한 느낌이 생긴다. 사랑을 기다리는 여자일수록, 목적이 있는 만남일수록 상대에 대한 호불호가 갈리고 감정적 반응이 몸에서부터 생겨난다. 뭔가 뭉글뭉글한 덩어리 같은 감정이 크든 작든 생겨나는데, 우리는 그것을 '필링(feeling)'이라고 부른다.

"제 이상형은 필링이 통하는 남자예요. 딱 만났을 때 전해지는 느낌이 짜릿하고 막 서로 통하는 듯한 느낌을 줄 수 있는 사람 말이에요."

하지만 필링에 의존하는 사랑은 충동적인 관계의 시작을 의미한다. 사랑의 속성이 예측 불가한 불확실성이기는 하지만, 필링을 맹신하는 사랑을 염려하는 까닭은 필링이 '예민한 거짓말쟁이'이기 때문이다. 그날의 컨

디션, 기분, 기대, 상황, 환경에 따라서도 예민하게 반응한다.

"〈집으로〉라는 영화 보셨어요? 거기 나오는 꼬마가 있는데, 연기가 정말 훌륭하더라고요. 감독이 목표한 방향에 맞는 캐스팅이었다는 생각이 들어요."

그에게 빠져들었던 것은 순전히 그 망할 놈의 영화 때문이었다. 그의 입에서 언급된 그 영화를 하필이면 왜 내가 하루 전날 그다지도 재미있게 본 것인지, 그는 왜 그 영화를 화두로 꺼낸 것인지, 영화 때문이었는지 레스토랑의 은은한 조명 때문이었는지는 헷갈리지만 아무튼 그날 나는 그와 '필'이 통했다. 시간 가는 줄 모르고 온갖 수다를 떨었고 우리가 참 잘 맞는 커플이 될 것이라는 확신이 들었다.

어린아이처럼 눈웃음을 지으며 이야기하는 순진무구한 표정, 동갑내기 남자에게 좀처럼 찾아볼 수 없었던 문화적 감수성, 풍부한 대화를 나눌 수 있는 넉넉한 지적 수준. 그와의 첫 만남은 그렇게 더할 수 없이 즐겁고 풍요로웠으며 안성맞춤이었다. 사랑하기 좋은 사람이라는 확신을 갖기 충분했기에.

하지만 그와의 연애는 오래가지 못했다. 순진무구해 보이던 표정은 대체 무슨 생각을 하며 내 앞에 앉아 있는 것인지 답답하게 느껴졌고, 한 편의 영화를 소재로 몇 시간씩 대화를 나누었던 문화적 감수성은 쓸데없는 호기심의 산물로 느껴졌으며, 풍요로운 대화를 가능케 했던 지적 수준은 사사건건 '똘똘이 스머프'처럼 잘난 척을 해대는 밉상으로 보이기 시작했다. 첫 만남에서 그토록 완벽한 '필'을 선사했던 그가 교제를 시작한 지 두 달이 채 되지 않아 전혀 다른 '필'의 남자로 내 앞에 서 있더라. 과연 그에게 또 나에게는 어떤 일들이 일어났던 것일까?

불교 경전인 『반야심경(般若心經)』에 이런 말이 있다.

照見 五蘊皆空 度一切苦厄
조 견 오 온 개 공 도 일 체 고 액

오온, 즉 색온(色蘊 : 물질 요소인 육체), 수온(受蘊 : 감수 작용), 상온(想蘊 : 지각·표상 작용), 행온(行蘊 : 의지·형성 작용), 식온(識蘊 : 인식·판단 작용)의 모든 감각 작용은 항상 같을 수 없는 것이므로 이를 알고 깨달을 때 감정적 고통이 사라진다는 뜻이다.

불교에서는 무상무아(無常無我)의 관점으로 세상을 보는데, 모든 존재는 늘 같은 모습일 수 없으며 실체를 규정할 수 없다고 본다. 즉, 보고 듣고 냄새 맡고 맛보고 촉각을 느끼고 생각하는, '진실'이라고 믿어온 것들이 사실은 언제든 변할 수 있는 '어떤 것'이라고 보는 것이다. 필링을 신뢰하지 않는 이유가 여기 있다.

'필링'은 직감으로 느끼는 감정을 말한다. 불교의 관점에서 보면, 몸으로 경험한 느낌은 내일 당장이라도 변할 수 있는 것으로 통 믿을 게 못 된다. 귓가에서 종소리가 들렸고, 뭔가 확 통하는 느낌이 들었고, 알 수 없는 전류가 흐르는 기분이었다는 '필링'에 대한 증언들은 사실 우연찮게 발생한 기분 좋은 착각이거나 무의식의 한 작용일 수 있다.

"그렇다면 필을 무시하라는 건가요? 필이 전혀 통하지 않는 사람보다는 통하는 사람이 훨씬 사랑하기 좋잖아요."

그렇다. 이왕이면 필이 통하는 사람이 좋다. 하지만 감각적으로 '이 사람이 참 좋아!' 라는 반응이 왔다면 앞으로도 계속 좋을지, 어떤 점이 좋은 것인지를 확인해보아야 한다. 한 번 만나고 나서 '뭔가 통했어!' 를 외칠 게 아니라, 다양한 상황과 환경이 펼쳐질 때마다 그를 새롭게 관찰하고 지켜보면서 통했다고 느낀 그 감정이 대체 무엇인지를 설명할 수 있어야 한

다. 필링에만 의존한 사랑은 어느 날 갑자기 영원할 것 같던 그 필링이 사라졌을 때 억울함을 토로하는 일 외에는 달리 대응할 방법이 없다.

이를테면, 영화를 주제로 신나게 대화를 나눌 수 있는 남자에게 지적인 매력을 느꼈다면, 다음번 데이트 때는 동물원 산책을 하며 예술적인 장르가 아니더라도 신나는 대화를 나눌 수 있는지 관찰해보는 것이다. 영화관 데이트 때 우연히 스친 그의 손길에 짜릿함을 느꼈다면 한낮의 햇볕이 따갑게 내리쬐는 도시 한복판을 함께 걸을 때, 긴 줄이 늘어선 음식점 앞에서 30분 이상 기다릴 때, 데이트 중 갑자기 폭우가 쏟아질 때 그가 어떻게 행동하는지, 여전히 그의 모습에 짜릿짜릿한지 확인해보아야 한다. 그를 여러 단면으로 잘게 쪼개어 이리저리 살펴본 뒤에야 비로소 그와 진정 필이 통했는지 아닌지를 말할 수 있으리라.

"당신을 사랑해!"

'사랑한다'는 말은 언제 들어도 두근두근 가슴을 뛰게 한다. 더욱이 그에게 처음 듣는 사랑 고백은 주체할 수 없을 만큼 무한한 감동과 벅찬 흥분을 준다. 참 아름답고 따뜻한 말이다.

그런데 나는 사랑한다는 말의 본질은 자신의 감정에 책임을 지겠다는 약속이라고 생각한다. 사랑하기에 당신이 내게 어떤 실망을 주더라도 감내할 것이며, 아픔과 시련이 오더라도 함께 극복하고자 하는 용기를 가질 것이며, 다른 사랑의 유혹이 찾아오더라도 지금의 마음을 지키기 위해 노력하겠다는 참으로 아름답고 숭고한 약속을 담은 말이 바로 '사랑한다'는 말의 진실이 아닐까 싶다. 아껴두었다가 꺼낼수록 더 빛을 발하는 진솔한 떨림의 단어.

하지만 사랑한다는 고백보다 더 의미 있는 것은 그 사랑에 대한 이유이리라.

"내가 힘들어 보일 때면 참새처럼 '짹짹짹' 말을 걸어주던 너를 사랑해.
크게 다투고 난 다음 날이면, 무슨 일이 있었냐는 듯 아침인사를 전하는 너를 사랑해.
늦은 밤, 전화기 너머로 오늘 하루를 어떻게 보냈는지 앵무새처럼 조잘거리며 수다를 떨어주던 너를 사랑해.
뜨거운 여름 날, 1,000원짜리 아이스크림을 아이처럼 쪽쪽 빨아 먹던 너를 사랑해.
취업 준비로 지치고 힘들 때마다 귀찮을 만큼 응원과 격려를 보내준 너를 사랑해.
봄, 여름, 가을, 겨울, 사계의 뜨거움과 시림을 함께해준 너를 나는 사랑해."

"우린 잘 통했잖아!"
"처음 만났을 때부터 자기가 쭉 좋았으니까."
귀엽고 아기자기한 대답보다 깊은 울림의 사연을 말할 수 있는 사람, 함께한 시간들을 한데 묶어 사랑의 이유로 응축할 수 있는 사람, 그런 사람이 되어 그런 사랑을 했으면 좋겠다.
과감히, 아낌없이, 평생 동안!

스펙 좋은 남자를 사랑할 때 감수해야 하는 것들

"결혼을 염두에 두고 있다면 아무래도 현실적인 경제력이 우선되어야겠죠."

"존경할 수 있는 남자가 제 이상형이에요. 직업이나 집안의 모든 측면에서 말이죠."

"같이 다닐 때 당당할 수 있는 괜찮은 외모도 중요해요. 평생 같이 살 남자니까요."

갖추어야 할 일정한 기본 자질을 뜻하는 스펙은 취업시장뿐만 아니라 결혼시장에서도 그대로 적용된다. 사랑이라는 감정적 조건을 제외하고 여타의 이해관계가 긴밀하게 얽히는 것이 결혼이니만큼, 그야말로 따지고 재고 확인하고 요구해야 할 것들이 꽤나 있다는 우리의 인식을 증명하는 단어이기도 하다. 틀린 말은 아니다.

누누이 말하지만 이왕이면 다홍치마가 좋다. 게다가 많은 것들을 갖추고 시작하는 결혼은 막장 드라마에 나오는 올가미 같은 시어머니만 등장하지 않는다면, 아무것도 없이 시작하는 불안정한 결혼보다 훨씬 알콩달콩 신혼의 깨를 볶을 수 있는 환경적 토대를 만들어주는 것도 사실이다.

그런데 문제는 상대에 대한 지나친 기대감이다. 자신은 중산층 집안 출신의 직장인이면서 상대 남성은 많은 부동산과 자산을 보유한 유복한 집안의 엘리트 남성이기를 바란다. 자신은 지방 소재의 4년제 대학을 나왔지만, 남자는 유학파 출신이거나 명문대 출신이기를 희망한다. 어쨌거나 상대방은 나보다 훨씬 나아야 한다는 강박관념에 사로잡혀 있다.

하기는 뭐 주위에도 '악' 소리 나게 시집 잘 가는 여배우들이 심심치 않게 탄생하는 것을 보면 영 꿈꾸지 못할 일도 아니다. 타고난 팔자나 운명이 기가 막히게 좋아 신데렐라로 살 수 있는 호박 마차를 탈 수 있다면 냉큼 따라나서는 것도 나쁘다고 할 수 없는 노릇이다. 그러나 꼭 알아두어야 할 것이 있다. 스펙 좋은 남자랑 살 때는 감수해야 하는 것들이 있다는 것을 말이다.

내 친구 중 한 명인 Y는, 유명 법대를 졸업하고 사법고시에 합격해 현재 지방에서 판사로 근무하는 남자의 아내로 살고 있다. 그녀의 결혼 소식을 접했을 때, 처음에는 사람들이 모두 복권에 당첨된 것이나 다름없는 성공적인 결혼이라며 축하했다. 중소기업에서 회계 직원으로 근무해온 그녀에 비해 남편의 이력은 대단했기 때문이다.

참고로 그녀의 집안은 평범한 데다 총 4천만 원 정도의 결혼자금만 들었을 뿐, 드라마에 등장하는 3개의 열쇠는 없었다. 게다가 그녀는 절세가인도 아니다.

"진짜 전생에 나라를 구했나 봐. 남자는 대체 뭘 보고 결혼하는 거래?"

나는 어찌나 배가 아팠는지, 친한 친구였음에도 한동안 안부를 묻지 않을 정도로 Y의 복권 당첨 같은 결혼을 시샘했다. 그러나 시간이 지나면서 깨달은 것이 있었으니, 그녀의 '사모님' 자리는 희생과 자유를 담보로 얻은 눈물 나는 것이었다는 사실이다.

"다른 건 바라지 않아! 우리 부모님에게 좋은 며느리가 되어주었으면 좋겠어."

연고도 없는 지방에서 생활하면서 Y는 오랜 친구들과 조금씩 왕래가 끊겼다. 그도 그럴 것이 시부모를 모시며 사느라 변변한 외출 한번 제대로 하기 힘들었기 때문이다. 아이를 출산하면서는 "아빠만큼 훌륭한 판사로 키워라." 하는 시부모의 지령에 따라 어린이집에도 보내지 않고 손수 아이를 양육하고 있다. 남편, 시부모, 아이들 내조를 특명으로 부임받은 Y는 아침마다 세수할 정신도 없이 온갖 집안일과 돌봄 노동을 하느라 허리 한번 제대로 펼 시간이 없다.

"가사 도우미 쓰고 좀 편하게 살아! 판사 사모님께서 뭘 그렇게 궁상맞게 사냐?"

답답한 마음에 한마디 내뱉자, 친구는 가만히 웃기만 했다.

잘난 판사 남편의 아내로 살아가는 조건으로, 크게 잘난 것 없는 여자를 아내로 받아주는 조건으로 평생 누군가의 그림자로 살아줄 것에 대한 계약에 소리 없는 동의를 한 책임 탓이리라. 자신보다 넘치는 배우자를 만나면 덕을 보는 만큼 희생을 치러야 한다. 모든 거래에는 받는 만큼 돌려주어야 하는 원칙이 적용되기 때문이다.

법륜 스님은 저서 『스님의 주례사』에서, 부부는 사랑이 아닌 극도의 이기심으로 맺어지며 인간관계 중 이기심이 가장 많이 투영되어 맺어지는 관계가 바로 '부부'라고 말했다.

"결혼을 할 때 여러 가지 조건을 내세워 순위를 매기고 평가합니다. 상대가 한 부분이라도 자신보다 낫기를 바라죠. 남자는 여자를 평가할 때 외모나 나이에 가산점을 많이 줍니다. 여자는 남자를 평가할 때 연봉과 경제력에 가산점을 가장 많이 줘요. 어쨌든 종합 점수를 매겨서 자신보다 나아야 만족합니다."

법륜 스님의 말처럼 결혼은 서로의 덕을 보고 싶어 하는 이기적인 거래이다. 그러니 남자가 자신보다 못한 여자와 결혼을 했다면, 그 남자에게는 겉으로 드러내지 않은 다른 의도나 요구가 숨어 있다는 이야기가 된다.

"매일 밤 술 약속으로 12시가 넘어야 귀가하는 남편 때문에 우울해요. 주말에도 피곤하다고 잠으로 시간을 다 보내거나 골프 약속을 잡고 나가기 때문에 얼굴 보기도 힘들죠. 점점 외롭고 고독한 기분이 많이 드네요."

결혼 전에 대학교에서 계약직 교직원으로 근무하던 J는, 성격이 호탕하고 사업 수완까지 좋은 남자를 만나 성공적인 결혼에 골인했다고 확신했다. 그런데 결혼 후 1년이 지나자 울상을 지었다. 매일 밖으로 도는 남편 때문에 사랑받으며 살고 싶은 욕구가 충족되지 않는다는 것이다.

그런데 사실 이 극본은 예견된 것이었다. 대인 관계가 좋고, 능력 있고, 사교성까지 뛰어난 이 남자를 누가 가만히 내버려둔단 말인가! 술 마시는 사람들, 함께 골프 치자는 사람들, 사업 논의를 하자는 사람들의 전화가 평일은 물론 주말에도 끊이지 않아 남편을 타인들에게 반납해야 하는 삶을 살고 있다. 잘난 남편과 사는 대가로 그녀는 주변 사람들에게 남편을

내주는 희생을 당연하게 생각하며 살아가는 거래를 하게 된 셈이다.

결혼 6년 차인 나는 아직도 남편을 이리 재고 저리 잰다. 남편의 수입과 가정에 이바지하는 노동과, 나의 수입과 내가 가족을 위해 이바지하는 여러 가지를 수치화해 수시로 누가 손해이고 이득인지 따져본다.

"나는 돈도 벌어다 주고 애도 낳아 키우고 주말이면 밥도 하는데, 당신이 나한테 해준 건 뭐야?"

무의식중에 계산기가 이렇게 두들겨진다. 사랑해서 결혼하고 아이를 낳고 부부라는 이름으로 살아가는 사이에서도 남녀는 순간순간 이해관계를 따진다. 수시로 누가 이로운가를 자신도 모르는 사이에 확인하게 되는 것이 사람이고 남녀 관계이기 때문에, 영원히 한 사람은 득을 보고 한 사람은 손해를 보는 일방적인 거래는 없다. 결혼을 통해 얻은 게 있다면 그만큼 무언가를 잃어야 한다. 그런데 그 무언가는 바로 나 자신인 경우가 많다는 것이 바로 비극의 핵심이다.

문득 신데렐라가 왕자와 결혼한 후에는 어떤 인생을 살았을까 궁금해진다. 화려한 드레스와 신상 유리구두를 제공한 대가로, 왕자는 매일 밤 무도회에서 새로운 아가씨들을 만날 자유를 즐기지는 않았을까? 겨우 식모살이나 한 주제에 얼굴 반반한 거 하나로 왕비까지 되었으면서 바라는 게 뭐가 그렇게 많냐며 무시하고 조롱했을지 모른다. 이렇게 정말 아무것도 없을 줄 몰랐다고, 모든 게 '부비디 바비디 부' 마술로 꾸며진 것인지 몰랐다고 구박하며 신나게 다른 아가씨들과 오늘도 밤 12시를 알리는 종이 울릴 때까지 블루스를 추고 있을지도 모른다. 구두 한 짝을 들고 온 마을을 뒤져 기필코 데이트를 신청할 정도의 끼라면 충분해 보인다.

지극히 평범한 그녀가 연애를 잘하는 이유

소개팅 좀 주선해달라는 젊은 미혼 남녀들의 애절한 간청을 받기도 하는데 가끔씩 난처하다. 가장 주저하게 되는 경우는 과한 자기애를 지닌 여자들의 요청이다. 서른을 넘겼지만 철저한 자기 관리와 탁월한 패션 감각으로 절대 동안을 자랑하며, 대학 졸업 후 일벌레처럼 커리어에 몰두해 조직 내에서도 전도유망한 인재로 자리매김한 그녀들은 이성을 바라보는 눈 또한 참으로 까다롭다. 키, 학력, 직업, 재산, 심지어 사는 동네까지 수소문한 뒤에 만남 여부를 결정짓는데, 문제는 어렵게 성사된 만남의 결과가 늘 좋지 않다는 것이다.

"언니! 어떻게 나한테 애프터 신청을 안 할 수 있죠? 뭐로 보나 내가 손해 보는 입장인데, 감히 자기가 퇴짜를 놓을 수 있어요? 자기 주제에 나 같

은 여자랑 소개팅하기 어디 쉬운 줄 아나 봐."

만남이 실패하는 가장 큰 원인은 본인과 상대방 간의 인지 부조화 발생에 있다. 쉽게 말해, 여자는 스스로를 '90점짜리'라고 생각하는데 상대방은 '70점짜리'로 인식함으로써 서로 인식 차이가 발생하는 경우들이 심심치 않게 일어나는 것이다.

"그러게. 둘이 잘 어울릴 것도 같았는데. 내가 한번 은근슬쩍 물어볼게."

"아니에요, 됐어요. 사실 일반 회사원이랑 소개팅 잘 안 하는데 언니 믿고 특별히 해본 거였거든요. 그냥 제 타입이 아닌 거 같아요. 지금껏 만난 남자들 중에 가장 평범하고 수준이 가장 별로였어요."

이들은 학력, 집안, 외모, 연봉, 직업 등에 따라 사람을 점수화하고 등급화한다. 어떤 기준인지는 모르겠지만, 그녀는 자신을 항상 상위권 폴더의 데이터로 분류한다. 그리고 교제를 할 남자도 당연히 그 이상의 수준이어야 한다고 강조한다.

미안하지만 이런 부류의 여자들은 더 이상 지인들에게 소개팅을 부탁하지 말았으면 좋겠다. 실제보다 특별한 대우를 희망하고 동의하기 힘든 눈높이의 연애를 고집하다 보니, 누구를 소개받거나 만남을 시작하기에는 영 불편한 존재가 되고 말기 때문이다. 그런데도 어깨에 잔뜩 들어간 힘을 빼고 평범한 라이프스타일을 추구할 생각은 눈곱만큼도 없다. 이들에게 '평범한 여자'라는 평가는 마치 사형 선고와 같다. 평범함은 '별 볼일 없는 것'이고 '만만한 것'이고 '나쁜 것'이니까.

따라서 특별함을 내세우는 여성들은 평범함을 추구하는 여성들을 무시하거나 폄하하는 태도로 자신들의 우위와 손상된 자존심을 지키려고 한다.

"평범한 여자들은 좀 쉽게 굴잖아요. 상대방에게 쉽게 호응하고 웃음이 헤프고 호감 가는 남자를 만나면 자존심도 없이 감정을 드러내죠. 심지어 자신보다 연봉이 적은 남자와도 소개팅을 해요. 뭐랄까, 자포자기를 선언하는 행동이라고 볼 수 있죠."

특별함만 좇는 그녀들의 연애가 힘들어지는 결정적 이유가 여기에 있다. 우리의 몸짓은 감정 상태와 사고를 고스란히 반영하기 때문에 상대를 무시하거나 깔보는 마음은 비언어로 표현된다. 비언어란 표정, 말투, 목소리, 자세, 시선 등 의사소통을 할 때 말을 제외한 모든 것을 가리킨다.

메리비안 법칙에 따르면, 비언어는 정보보다 감정을 드러내며 말로 설명할 수 없는 모호한 상황에서 의중을 전달할 수 있다. 이를테면 공손하게 말을 해도 순간순간 새어 나오는 경직된 표정으로써 그 사람이 현재 나누고 있는 대화 이외에 다른 의도가 있다는 것을 눈치챌 수 있다. 연신 웃으며 맞장구를 치고 있으나 뭔가 눈빛이 부담스럽다면, 그 행동은 의도된 연출이라는 것을 알 수 있다.

평범함을 거부하며 '나는 대단한 여자' 라는 자의식에 사로잡힌 여자들 앞에서 있는 그대로 자신을 마음 편하게 드러낼 수 있는 남자는 드물다. '뭔가 하나 걸려 봐라' 하는 식의 태도로 상대방을 평가하고 비판하고 자신의 호기심을 캐묻는 여자와 사랑을 시작하고 싶은 남자들이 과연 몇이나 될까?

"그거 아세요? 김신영 씨가 스무 명이 넘는 남자들을 만나왔다는 충격적인 사실 말이에요."

언젠가 예능 프로그램 〈여자 만세〉에서 개그우먼 정선희는 김신영이 스무 명이 넘는 남자들을 만나왔다고 폭로했다. 귀엽지만 전형적인 미인으로 보기 힘든 김신영이 샘나는 남성 편력을 자랑할 수 있는 비결은 무엇일까?

그것은 바로 상대를 유쾌하고 즐겁고 편안하게 만들어주는 배려와 착한 마음 씀씀이가 아닐까 싶다.

평범함은 특별함보다 더 강력한 매력 포인트가 될 수 있다. 적어도 밀어내고 싶은 거부감과 괜히 싫은 선입견은 없다는 것을 의미하기 때문이다. '특별함'이 적을 만들고 타인을 경계하며 남과 다른 소수의 우월함을 유지하고 싶은 욕망에서 비롯된 것이라면, '평범함'은 타인에 대한 배려, 편안함, 수평적 관계, 보이지 않는 겸손을 내포하고 있는지 모른다.

내 과거 속 뜨거운 사랑의 주인공들은 모두 평범했다. 외모도 집안도 스타일도 모두 평범했다. 연애 초기에는 '너무 평범한 남자랑 사귀나?', '내가 아까운가?' 하는 생각이 들기도 했지만, 그들이 부담스럽고 불편하지 않았기에 쉽게 다가갈 수 있었고 재고 따지지 않는 열린 마음으로 사랑할 수 있었다. 지적이고 품격 있는 주제가 아니더라도 시시껄렁한 소재 하나로 까르르 웃고 떠들 수 있었고, 그 과정에서 겁 없이 서로에게 빠져들 수 있었다. 평범한 여자들이 더 성공적인 사랑을 하는 것도 바로 이 때문이다.

사람들은 평범함 속에 깃든 편안함과 평화로움을 좋아한다. 서로를 위한 공존과 성장을 위한 토대 역시 바로 이 안에서 만들어진다. 내 주변만 보아도 '평범함의 매력'을 선택한 잘난 남성들이 적지 않다. 직업, 성격, 외모 등 뭐 하나 빠지는 게 없는 남자들이 의외로 '평범녀'와 짝을 맺고 살아가는 경우가 허다하다. 처음에는 평범녀들의 숨겨진 매력이 뭘까 궁금했으나 시간이 지나면서 자연스럽게 그 비밀을 알게 되었다.

그녀들은 평범함 속에 담긴 친근함을 무기로 상대방의 마음의 벽을 허물어 서서히 가까워지는 기회를 만들었으며, 과한 자기애로 상대방을 주눅 들게 하지 않았다. 또한 자신의 강점이 외모가 아닌 예쁜 마음에 있음을 잘 알고 있기에 사소한 말씨 하나에도 정감 어린 관심을 담아냈다. 시간이 지날수록 편안하고, 함께 있으면 즐겁고, 무엇보다 세상에서 최고의 남자로 대우해준다는 평범하지만 절대적 믿음, 그것이 바로 멸종된 것처럼 보였던 괜찮은 남자들을 그녀들이 일찌감치 사로잡은 비결이리라.

"괜찮은 남자들은 죄다 어디 간 거야?"

스스로 특별한 존재라는 강한 믿음에 갇힌 잘난 여자들이 괜찮은 남자들의 멸종을 울부짖고 있을 때, 뭐 하나 특별해 보이지 않던 평범녀들은 자신들의 품에 안겨 있는 괜찮은 남자들을 바라보며 '여기 있지!' 라는 회심의 미소를 짓고 있다는 것을 알고 있는지. 평범하지만 비범한 그녀들에게 한 수 배워보는 것은 어떨까? 소박한 겸손이자 친절한 미덕으로 마음을 얻는 비결 말이다.

평범하지만 은근히 잘나가는 여자들의 공통점
- 바쁘고 피곤하고 힘들어도 이성 교제를 위해 부지런히 사교의 장으로 뛰어든다.
- 까다로운 이성 기준을 고집하지 않는다.

- 때로는 친구처럼, 때로는 여동생처럼 친근한 이미지로 다가간다.
- 자존심만 강조하기보다 마음에 드는 남성이 있으면 용감하게 들이대기도 한다.
- 화려하고 튀는 스타일은 아니지만 자기만의 분명한 색깔을 갖고 있다.
- 말투, 웃음, 눈빛으로 상대의 마음을 경영하는 노하우가 있다.
- 어떤 대화를 나누더라도 즐겁고 자신감 있게 자신의 의견을 전달한다.
- 대화를 통해 서로 잘 통한다는 확신을 심어주는 것으로 호기심을 유도할 줄 안다.
- 인간적인 매력, 배려심, 싹싹함, 애교로 여성적인 매력을 어필한다.
- 남자에게 최고의 자부심과 자존감을 느끼도록 연출하는 능력이 뛰어나다.

연애 초기, 그의 유년기를 공략하라

내 경우를 보면, 데이트 초반에는 이벤트를 즐기지 않았다. 노래방, 놀이공원, 극장 데이트 대신 1만 원이면 시원한 커피 한 잔씩 나누어 들고 몇 시간씩 시시껄렁한 이야기들을 나눌 수 있는 커피숍 데이트에 몰입했다. 커피에 환장해서가 아니었다. 단지 상대방이 어떤 남자인지도 모른 채 탬버린을 흔들고 엉덩이를 요리조리 흔들어대며 노래를 하거나, 취향에 맞지 않는 액션 스릴러 영화를 보는 데 시간을 쓰는 것이 무모하고 어리석게 느껴졌을 뿐이다.

그것은 신호등 대기를 기다리다가 마주친 남자와 통성명도 없이 자장면을 후루룩 짭짭 소리를 내며 먹는 행위만큼이나 어색하고 무식한 데이트 방법이라고 생각한 탓이다. 더 정확히 말하면, 서로를 탐색하고 알아가는 가장 중요한 데이트 초기 단계를 요란한 이벤트 데이트로 무의미하게 채우는 대신, 그를 이해하고 나를 보여줄 수 있는 '대화' 중심의 데이트로 활용하는 것이 결혼을 전제한 만남에서는 꼭 필요하다고 판단했던 것이다.

대화 중심의 데이트라고 해서 진지하고 무겁고 어려운 이야기만 나눈 것은 아니었다. 이를테면, 유년 시절 살던 동네나 중·고등학교 학창 시절 같은 별 내용이 없어 보이는 가볍고 경쾌한 것들 위주의 대화였다.

"어릴 때 어디 살았어요?"

"아! 그 동네 알아요. 초등학교 때 반장 많이 했죠?"

"어릴 때 여자애들이 좋아하는 스타일이었을 거 같아요."

그러나 사실 이런 주제가 정말 궁금했던 것은 아니다. 단도직입적으로 묻고 싶은 주제들은 따로 있었다. '어떤 미래와 비전을 꿈꾸고 있나요?', '친한 친구들은 몇 명이나 있어요? 친구 관계는 어떤가요?', '회사 내 평판은 어떠세요?', '과거 여자 친구와는 얼마나 만났나요? 왜 헤어진 거죠?', '경제적 관념은 어떠세요? 재무상태는 어떤가요?' 등등. 취조를 하듯 필요한 정보들만 취합해서 내게 맞는 남자인지, 같이 살아도 괜찮은 사람인지, 꿈꿔오던 남편감으로 최소한의 자격요건들을 갖추었는지를 빨리 그리고 효과적으로 판독해내고 싶었다. 어차피 소개팅에서 만난 모든 남자와 연애를 할 수는 없으니까.

그런데도 별 의미 없어 보이고 비효율적인 유년 시절의 추억과 관련된 질문들을 물었던 것은 과거를 통해 현재를 가늠하고 미래를 예측하기 위함이었다. 이미 한참 지나가버린 어린 시절을 회상하는 소재는 상대방이 경계를 풀고 편안함을 느끼게 한다. 시시하고 케케묵은 소년 시절의 영웅담 보따리를 풀어내며 자신도 모르는 사이에 자아상, 자존감, 성장 배경, 가치관 등을 고백한다.

이때 정신 줄을 놓고 '하하호호' 하다가는 원하는 정보를 놓칠 수 있다. 상대와의 대화를 통해 만남을 지속할 것인지 말 것인지를 결정하기 위해 우리가 기억해야 할 것은 세 가지이다.

　첫째, 대답의 일관성을 확인할 것!
　둘째, 관련 질문으로 원하는 정보를 뽑아낼 것!
　셋째, 적극적인 추임새를 넣을 것!

　그가 당신이 건넨 질문에 신나게 뭔가를 이야기하고 있다면 적극적인 경청을 통해 그 말이 진실인지, 어떤 숨은 정보와 의도가 있는지 파악해야 한다. 데이트 초기에 그와 나누는 대화는 오랜 벗들과 나누는 소박한 '브런치 수다'와는 본질적으로 다르며, 함께할 것인지 말 것인지를 결정하는 일종의 면접이기도 하다.
　"어렸을 때 되게 인기 많았을 것 같아 보여요. 반장도 많이 하고 말예요."
　"하하! 그렇게 보이세요? 초등학교 때 전교 회장을 하긴 했는데, 어머니가 참 고생 많이 하셨죠. 선생님들 챙기랴, 학교 행사 챙기랴, 어머니 모임 관리하랴······. 전교 회장이 뭐 대단하다고, 그 시절엔 참 회장 엄마들이 바빴어요."
　그가 자신의 유년 시절을 소회하며 이렇게 이야기할 때, 단지 고개만 끄덕이며 눈만 깜빡거린다면 '그가 나와 맞는 사람일까?'에 대한 답을 찾을 수 없다. 궁금한 내용이나 더 듣고 싶은 내용으로 대화를 유도해야 한다.
　"정말요? 와! 전교 회장 아무나 하는 거 아닌데, 대단하세요! 어머니가 자녀 교육에 열성적인 분이시라 적극 지원해주셨나 봐요. 하지만 요즘 자녀 교육은 아빠 역할도 점점 더 중요해지는 것 같아요. 그렇지 않나요?"

초등학교 시절에 등장하는 그의 '어머니'라는 단어에 센서가 작동했다면, 확인하고 싶은 문제를 자연스럽게 관련 질문으로 유도해야 한다. 아마도 당신은 그의 어머니가 치맛바람을 일으킬 정도로 기가 센 분은 아닌지, 아들에 대한 집착이 강한 분은 아닌지, 더불어 그가 어머니의 영향으로 아내의 역할을 단지 자녀 양육자로 바라보고 있는 것은 아닌지 궁금할 것이다. 그렇다면 그 순간 구체적인 질문으로 바로 확인해야 한다.

　이때 질문은 중립적인 것보다 듣고자 하는 대답이 암시된 주관적인 것이 훨씬 좋다. 예를 들어, '자녀 교육은 중요한 문제죠?'가 아니라 '자녀 교육에서 아빠의 역할이 정말 중요하죠. 그렇지 않아요?'라고 묻는 게 좋다. 그 파생된 질문에 그가 어떻게 답변하느냐에 따라 아직 보지 못한 그의 생각과 가치관의 이모저모가 숨겨져 있을 테니까.

　만일 유년기를 소재로 한 대화가 별로 탐탁지 않다면, 최근에 일어난 재미있는 에피소드로 대화를 이끌어도 좋다. 다만, 과거의 소재를 활용하는 이유는 그의 마음을 좀 더 말랑말랑하게 만드는 데 유효하기 때문이다. 덜 부담스럽고 자극적이지 않은 어린 시절 이야기를 통해 별다른 방어 기제 없이 자신을 마음껏 드러낼 수 있으므로.

　남자는 초등학교 시절을 이야기할 때 어린 소년이 되어 자신의 삶을 회고할 것이다. 과묵해 보이던 남자도 딱 열두 살의 순진한 표정을 하고 앉아 수다쟁이가 된 것처럼 자기를 털어놓을 것이다. 그렇게 그가 자신의 과거 속에 빠져 있을 때 어떤 여학생을 좋아했고 왜 매력을 느꼈는지, 어떤 운동을 즐겨 했는지, 가장 좋아한 과목과 가장 싫어한 과목은 무엇이었는지 차근차근 알아간다. 그러면 커피 한 잔을 마시는 짧은 시간 동안 그와 함께 인생 지도를 그린 기분이 들 것이다.

　그리고 또 한 가지! 사람들은 자신의 과거를 고백하는 동안 상대방에게 친밀감을 느끼고 신뢰하는 성향이 있다. 호감이 가고 조금 더 그의 속으로 들어가고 싶다면 바로 계산기를 두드릴 수 있는 현재 대신 조금은 순박하고 촌스러운 과거를 공략하자.

『연애와 결혼의 원칙』의 저자 마거릿 켄트는 이렇게 조언을 했다.

"사랑하기 전에 그 남자부터 알아라. 오래가는 사랑은 서로에 대한 앎을 바탕으로 한다. 추측이나 소망은 사랑의 기본이 아니다. 그를 알고 사랑할 때 당신의 사랑은 현실이 될 것이다."

어쩌면 이 말에 그의 어린 시절을 대화에 담아야 하는 진짜 이유가 있는지도 모르겠다.

 **『연애와 결혼의 원칙』의 저자 마거릿 켄트에게 배우는 연애 초기 대화의 기본 원칙**

마거릿 켄트는 소개팅할 때 나누는 대화에 면접 기술을 적용해야 한다고 했으며, 연애 초기 대화의 다섯 가지 기본 원칙을 조언했다.

◐◑ 대화의 방향을 핵심적인 주제로 끌고 가라

당신이 관심을 가지는 주제로 대화를 이끌어가야 한다. 그의 결혼관, 종교관, 육아 태도, 인간관계 등에 대한 관점이 궁금하다면 오늘 아침에 읽은 신문 내용, TV 뉴스, 친구에게서 들은 내용들을 인용하면서 알고 싶은 내용으로 대화의 방향을 이끌어라.

그의 경제력과 육아에 대한 태도 등이 궁금하다면 이런 식으로 대화의 물꼬를 터보자.

"참! 어제 뉴스 보셨어요? 애 한 명 키우는 데 드는 비용이 2억 원이 넘는대요. 평생 맞벌이를 하지 않으면 이제 애도 못 키우는 시대라는 생각에 슬프더라고요."

○● 남자가 말하게 하라

관계에서 '갑'이 되려면 말을 아끼면 된다. 많이 이야기하고 많이 보여준 편이 상대적으로 약자가 되기 쉽다. 당신을 내보이기 전에 상대편에 대해 파악할 수 있도록 그가 하고 싶은 말을 할 수 있게 분위기를 이끌자. 중간중간 "그래서 어떻게 됐어요?", "정말 대단한걸요!", "정말 재미있네요. 흥미로워요." 등의 추임새를 넣어주면 재미있고 귀중한 정보가 그의 입에서 자동적으로 흘러나올 수 있다.

○● 그의 말에 관심을 보이고 내용을 기억하라

추임새와 같은 말뿐만 아니라 몸짓으로 '지금 내가 당신에게 관심이 있어요.'라는 메시지를 전달하자. 시선을 맞추고 주의 깊게 들으면서 종종 두 손을 깍지 끼고 턱 밑으로 가져다 대며 미소를 짓자. 열정적인 청중이 자신의 앞에 있다는 것만으로 그는 어린아이가 된 것처럼 신나게 종알종알 떠들 것이다. 이때 그가 한 모든 이야기들을 모아 배우자로 적합한지 결정하는 열쇠로 활용하자.

○● 그의 설명을 검열하지 마라

당신과 그는 기자와 취재원으로 만난 것이 아니다. 그가 하는 말 한마디, 한마디의 사실 여부를 확인하며 듣는다는 인상을 주거나, 군대 이야기처럼 여자들에게 별로 흥미 없고 짜증 나는 이야기를 한다고 해도 의도적으로 거부한다는 인상을 주지 말자.

○● 대화하는 동안 그를 비판하거나 비웃지 마라

그가 자신의 생각이나 느낌, 경험을 이야기할 때 비판을 하면, 남자는 입을 다물어버리거나 당신이 좋아하는 쪽으로 내용을 변질시킬 수 있다. 진심이 아니고 사실이 아닌데도 말이다. 첫인상이 호감이 가지 않는다거나 확 끌어당기는 매력을 발견하지 못했다 하더라도 데이트 초기는 서로 알아가는 과정이라고 생각하고, 그의 진짜 모습을 알아가는 데 집중하자. 그를 충분히 안 것 같은데도 여전히 마음에 들지 않는다면 그때 당신의 생각을 조금은 직설적으로 표현해도 괜찮다.

결혼할 남자에게
꼭 확인해봐야 할 것들

피타고라스의 삼각함수 이론보다 복잡하고 뉴턴의 만유인력보다 발견하기 힘든 진리들이 결혼에 숨겨져 있다. 연애할 때는 보이지 않던 것이 보이고 전혀 중요해 보이지 않던 것이 중요해지는 그런 아이러니한 계약이 바로 결혼이다.

"애가 초등학교에 진학하면 싱가포르에 사는 동생네로 몇 년 보내야겠어. 우리나라보다 훨씬 자유롭고 체계적인 교육 환경에서 공부하는 방식을 배우면, 중·고등학교 진학 후에도 주도적으로 학습을 진행할 수 있을 거야."

"넌 외국의 교육 환경이 뭐 다 좋은 줄 아냐? 재능은 타고나는 거고, 다 자기 하기 나름이야. 우리나라에서 얼마든지 자기에게 맞는 교육을 진행할 수 있어. 외국 타령 좀 그만해."

사소한 문제도 그냥 지나치는 법이 없었다. 남편과 나의 생각은 남극과 북극처럼 동떨어진 것으로 결론 나기 일쑤였다. 그때마다 나는 '어쩌면 이렇게 하나부터 열까지 다를까? 이렇게 다른데 왜 연애할 때는 우리가 비슷해서 잘 통한다고 느꼈던 걸까?' 하고 비통해했다.

하지만 엄밀히 따지고 보면 그와 합의점을 찾기 힘든 대화를 나누는 것은 당연했다. 우리는 어느 것 하나도 교집합이 없었다. 나는 어학을 전공했고, 그는 한의학을 전공했다. 나는 정적인 활동을 좋아하지만, 그는 익스트림 스포츠를 광적으로 좋아한다. 나는 육식을 즐기지만, 그는 철저한 채식주의자이다. 나는 외모 관리에 민감하지만, 그는 그런 것은 내면이 부족한 사람이나 하는 것이라고 생각한다. 나와는 정반대의 사람이다.

그런데도 우리는 알콩달콩 살아간다. 건강한 정신세계와 법 없이도 살아갈 투명한 윤리의식과 자신에 대한 흔들리지 않는 중심이 있는 그를 나는 존경한다. 그리고 그것은 예민하고 민감한 내가 더욱 안정적으로 살아가는 데 디딤돌 같은 역할을 해 준다. 미워도 다시 한 번을 상기할 수 있는 매력이 그에게 있다.

하지만 만일 연애할 때로 돌아가 다시 배우자를 선택할 수 있는 자유가 주어진다면 '지금의 남편과 또 결혼할까?' 라는 질문에는 좀 더 생각을 해봐야 할지도 모르겠다. 중요한 것은 그때로 돌아간다면 어떤 남자와 교제를 하더라도 꼭 확인하고 싶은 것들이 생겼다는 점이다.

그의 책장을 확인할 것

결혼은 두 개의 도서관의 결합이었다. 그가 가진 앎과 내가 가진 앎이 부부라는 이름으로 마주한 채 충돌·융합하며 서로 인식의 지평을 넓히는 작업이더라. 모든 사물과 현상을 동양적 관점으로 바라보던 남자와 급진적 페미니즘 시각으로 세상을 바라본 여자의 결혼. 그것은 지금껏 경험하지도 상상하지도 못한 인생 속으로 들어가 시시비비하다 전혀 새로운 합의점을 모색하고, 또다시 대립각을 세우는 과정을 반복하는 전쟁 같은 삶을 의미했다. 상대의 눈을 빌려 세상을 바라보면서 미처 보지 못한 세상을 보기도 하고, 그동안 보아왔던 세상이 혼란스럽게 보이거나 전혀 다른 세상에 속하는 경험을 하기도 하는 결합이라는 것을 왜 그때는 미처 몰랐을까?

배우자를 결정할 때는 그가 어떤 지식을 가지고 있는지, 관심 분야는 무엇인지, 주로 어떤 사상과 가치를 추구하는지를 꼭 확인해보기를 권한다. 이왕이면 어느 정도 서로 겹치는 책들이 있다면 참 좋겠지만, 자신의 책장과는 전혀 다른 색깔의 책들이 가득하다고 해서 겁먹을 필요는 없다. 어떤 분야이든 깊게 들어가면 다른 영역과 결합할 수 있는 공통의 것이 나오기 때문이다. 현재 나의 관심 분야가 그의 새로운 흥미나 지식과 결합해 더 크고 넓은 지식으로 탄생될 수도 있다.

문제는 아무리 찾아보아도 제대로 된 책 한 권 없고 색깔이라고는 흔적도 없는 책장을 가진 남자이다. 이런 남자랑 살다 보면 내 책장의 서적들도 하나둘 자취를 감추게 된다. 왜 배워야 하고 고민해야 하고 세상에 호기심을 느끼며 살아야 하는지 만사 귀찮아지는 날이 올 수 있다. 아무리

뜨겁더라도 이런 부류의 남자는 좀 고민해볼 것!

가족에 대한 인식

결혼을 하면 가정은 부부 중심으로 운영되는 것이 정답이다. 하지만 원가족을 어떻게 인식하느냐에 따라 부부 중심의 가족도 질적으로 큰 차이가 발생할 수 있다. 예를 들어, 가정을 '자신의 부모를 평생 책임져야 하는 자식과 같은 존재'로 인식하는 사람과 '결혼을 하면 일차적으로 분리되는 형태'라고 인식하는 사람 사이에는 절대 좁힐 수 없는 간극이 존재한다.

효심이 극진한 것을 두고 '나쁜 짓'이라고 할 수도 없고, 부모를 포기하라고 설득할 수도 없고, 나를 더 사랑하라고 떼를 쓰는 것도 애석한 일이다. 그러므로 애초부터 원가족에 대한 인식 수준이 비슷한 사람을 만나는 것이 현명하다.

며칠 전 방송 출연 때문에 알게 된 한 성형외과 의사는 삼십 대 중반의 젊은 나이인데도 배우자로 가장 중요하게 생각하는 조건을 "우리 집에 잘할 수 있는 여자"라고 단언했다. 시부모를 잘 모실 수 있고 가정을 화목하게 만들 수 있는 여자와 결혼하는 것이 자신의 결혼 목표라는 말을 들으니 욕심나던 잘생긴 외모도, 탄탄한 직업도, 자꾸만 듣고 싶은 스타일의 목소리도 한순간 덧없게 보이더라. 잠시 호감이 갔던 미혼 남자가 이름도 궁금하지 않은 타인으로 보이기 시작한 것은 원가족에 대한 거대한 인식 차이를 확인한 그 순간부터였다.

그런 남자보다는 시어머니에게 안부 전화 한 번 제대로 하지 않아도 아쉬운 소리 하지 않는 지금의 남편이 백번 낫다는 확신을 선물해주어 고마웠던 그 남자. 그런데 과연 그는 결혼할 수 있을까?

음식에 대한 기호와 취향

남편과의 결혼 생활에서 가장 아쉬운 것은 바로 식도락이다. 지글지글 잘 익은 곱창 한 판을 두고 오가는 소주 한잔을 인생 최고의 쾌락으로 여겼던 나는, 채식주의자 남편과 살면서 식도락에서 얻었던 많은 즐거움을 잃었다. 건강 제일주의를 외치는 남편과 외식이라도 하는 날에는 양념과 조리 자극이 덜한 해물이나 야채 위주의 음식을 선택해야 했다. 모처럼 여유 있는 주말에 집에서 저녁을 차리더라도 내가 좋아하는 것과 그가 좋아하는 것을 동시에 요리해야 하는 번거로움에 시달려야 했다.

언젠가 심각하게 결혼생활에 회의를 느끼고 이혼을 고려한 적이 있는데, 그 이유는 바로 자장면과 짬뽕이었다.

"밀가루 음식, 특히 중국 음식 먹지 말라고. 조미료가 얼마나 많은 줄 알아!"

"몸에 해로워도 정신적으로 즐거움을 주는 음식들이 있어. 나한텐 짬뽕이 그래."

"애 건강도 생각해야지. 어릴 때부터 자꾸 자극적인 음식들을 먹으면 어른이 되어서도 그런 것들만 찾게 된다고!"

"아! 시끄러워. 그럼 당신은 두부 정식 먹으러 가. 나는 짬뽕에 탕수육 시켜서 토할 때까지 먹을 거니까."

이날은 왜 그렇게 서로의 음식 기호와 취향이 다른 것이 서러웠는지 모른다. 삶의 작은 즐거움조차 제대로 공유하지 못한다는 아쉬움, 나의 기쁨과 즐거움이 제대로 활성화되지 못한 채 살고 있다는 분노, 무엇보다 맛있는 것을 절제하며 살아야 한다는 억울함, 뭐 그런 감정들이 복합적으로 폭발한 것 같다.

연애 시절, 그가 곱창도 먹고 닭발도 먹어서 그의 실체를 보지 못했다는 아쉬움이 아직도 가득하다. 만일 그때 그의 식도락 기호를 제대로 알았더라면 어쩌면 나는 다른 남자의 아내가 되어 있을지도 모른다. 그리고 늦은 저녁, 지글지글 쫄깃쫄깃 곱창의 매력에 빠져 두 배로 즐겁고 재미있게 살았을지도 모를 일이다.

Step
3

전략

나에게 반만 반한 남자 제대로 찔러보기

문득 휴대폰을 들어 연락처 검색창에 그의 이름 석 자를 눌렀다. 아직 번호가 저장되어 있다. 통화 버튼에 손가락을 가져다 대었다가 연결음이 들리자 종료 버튼을 미친 듯이 눌렀다.

"휴! 진짜 큰일 날 뻔했네. 이제 와 전화라니 미친 줄 알겠어!"

한참 지난 일이건만 휴대폰 버튼을 꾹꾹 눌러댄 것은 갑자기 따지듯 묻고 싶은 것이 있어서였다.

'당신, 왜 나한테 반만 반했던 건가요? 내가 뭐가 어때서 마음을 주다 만 거냐고요!'

6개월쯤 만났던 것 같은데 둘 사이에 마땅한 호칭이 없었다. 아무런 연

락 없이 회사 앞으로 찾아와 시원한 아이스 아메리카노를 손에 쥐여주던 자상함은 있지만, 주말이면 별다른 데이트 약속을 잡지 않아 애간장을 태우게 만들고 사랑의 뜨거움이란 찾아보기 힘들었던 사람. 애정 어린 손길로 머리를 쓰다듬어주기도 했지만, '보고 싶다' 거나 '오늘은 오래 같이 있자' 는 가슴 설레는 말은 한 번도 하지 않았지. 지글지글 곱창 한 판을 사이에 두고 끈적거리는 수다를 나눈 적은 있지만, 둘의 미래에 대한 이야기는 좀처럼 나누지 않았던 '그놈'. 무진장 헷갈리게 만들고 애간장을 타게 하고 주말이면 연락 없는 휴대폰을 바라보며 구차한 5분 대기조의 삶을 살게 했던 그는, 아니 '그놈' 은 대체 어떤 생각으로 날 만났던 것일까?

'혹시 사이코패스이거나 나쁜 남자 스타일은 아닐까? 아니야, 그러기엔 너무 멀쩡해! 혹시 물려받을 유산이 엄청나게 많은 숨겨진 로열 패밀리의 자손이라 연애에 신중한 건 아닐까? 그래, 그럴지도 몰라.'

당시 그놈을 만나며 한 일이라고는 고작 정의할 수 없는 관계에 대한 변명거리를 찾아대며, 이미 손상될 대로 손상된 자존심을 보호할 실마리를 찾아내는 일뿐이었다. 그러나 세월이 한참 지난 지금, 진실을 알아버렸다. 그는 단지 내게 반밖에 반하지 않았었다는 것을.

그와 만나는 관계는 분명한데 욕심처럼 감정이 커지지 않는다면, 시간이 갈수록 묘한 긴장감과 어색함이 흐른다면, 이해받는 일보다 이해해야 하는 일들이 늘어간다면 그의 마음 상태를 쿨하게 인정해야 한다. 그는 한쪽 발을 밖으로 뺀 채 더 매력적인 상대를 만나면 언제든 도망갈 수 있도록, 흐지부지 이별이 되더라도 '나쁜 새끼' 라는 욕 따위는 먹는 일이 없도록 이성적인 연애를 하고 있는 것이다. 그는 지금 뜨뜻미지근한 마음으로 당신을 바라보고 있다.

이런 상태에서 우리가 할 수 있는 일은 두 가지이다. '아이고! 사랑을 드라마에서 배우셨나 봐요. 그런 반쪽 사랑은 너나 하세요!' 라고 외치며 이별을 결심하든가, 아직 등장조차 하지 않은 반쪽짜리 사랑의 문제점을 진단하고 나머지 반쪽의 사랑을 쟁취하기 위한 브레인스토밍을 펼치든가 하는 것이다. 선택은 자유지만 개인적으로 조금 더 추천하고 싶은 것은 후자이다.

사랑이 무르익지 않거나 반밖에 애정을 확인받지 못하고 있다면 둘 사이의 문제점을 발견할 필요가 있다. 분명 까닭이 있다. 상대방의 마음에 확신이 없어서일 수도 있고, 지나간 사랑에 대한 나쁜 기억 탓일 수도 있고, 결혼을 생각하기에는 불안정한 요소가 많다고 판단해서일 수도 있고, 같이 있는 동안 별다른 유쾌함을 느끼지 못해서일 수도 있고, 첫인상에서 받은 느낌과 현재 감정 사이에 간극이 있어서일 수도 있다. 애정이 한곳에 집중되지 못한 채 애매한 상태로 체류 중이라면 감정을 차단하고 있는 통로를 뚫어주는 공사를 해야 한다.

먼저 외향적인 변화부터 시도해보자. 지금까지 고수했던 스타일을 과감히 접고, 그가 좋아하는 이상형의 연예인 스타일을 참고해 분위기 변신을 해보는 것이다. 내 경우에는 진도가 좀처럼 나가지 않던 남자와의 데이트에 참담한 좌절을 느끼고 있을 당시 과감한 변신을 시도한 적이 있다. 짧은 단발머리에 딱 떨어지는 투피스 슈트 대신, 살짝 웨이브를 준 긴 단발 헤어스타일에 원피스 풍의 여성스럽고 우아한 스타일로 이미지를 변신한 것이다.

"요즘 점점 예뻐지네, 우리 애기! 오늘 우리 좀 늦게 들어갈까?"

'웩, 뭔 놈의 우리 애기? 만나면 피곤하다는 핑계로 짧은 데이트만 하고 도망가더니!'

속으로는 웩웩거리며 연신 구토를 해댔지만 기분은 좋았다. 좀처럼 마음을 파고들 틈을 주지 않던 그가 느끼한 발언을 해대며 감정의 변화를 암시한 순간이었으니까. 나중에 깨닫게 된 사실이지만, 그는 긴 생머리에 베

이글녀 스타일이 이상형이었다고 한다. 그와 별 차이도 나지 않는 납작한 가슴과 엉덩이에 깡마른 데다가 세고 강해 보이는 커리어우먼 룩만 입고 다녔으니, 여성스러우면서 섹시한 이미지를 선호했던 그에게는 20% 아쉬운, 반만 반할 수밖에 없는 여자였던 셈이다.

그의 숨겨진 니즈를 긁어주는 방법도 나머지 반쪽의 사랑을 등장시킬 비책이다. 서른 무렵의 남자들은 각자 자신의 인생에 대한 갈증과 고민으로 어른으로 살아가는 성장통에 시달린다. 남들이 보기에는 번듯한 직장에 잘 다니는 '멀쩡한 남자'로 보여도 뻔한 월급, 밀린 승진, 쳇바퀴 같은 일상에 대한 지루함에 더 나은 미래에 대한 갈급함을 느낄 수도 있다. 다니던 직장을 때려치우고 창업을 하기는 했지만, 욕심만큼 늘지 않는 매출에 조바심을 느끼며 뭔가 다른 활로에 대한 고심을 하고 있을 수도 있다. 혹은 상사 몰래 직장과 대학원 수업을 병행하느라 진땀을 빼고 있을 수도 있다.

별 볼일 없는 사람에서 특별한 사람으로 다가갈 수 있는 가장 좋은 방법은 상대가 자신의 존재감을 확인받을 수 있는 기회를 만들어주는 것이다. 지금 그들이 가장 관심을 가지고 있는 삶의 화두에 실질적인 도움을 준다면 좀 더 가깝게 지내고 싶은 우선순위의 사람으로 등극할 수 있다.

반쪽짜리 사랑도 사랑이다. 아직 다 여물지 않았을 뿐이다. 때가 되면 떨어지는 사과처럼 어느 날, 반쪽짜리인 줄만 알았던 마음이 온전한 하나가 되어 우리 가슴속에 툭 하고 떨어질지 모른다. 중요한 것은 그 마음을 바라보는 우리의 시선이 아닐까? 어쩌면 내게 반밖에 반하지 않은 그의 감정은 아직 반쪽밖에 용기를 내지 못한 우리의 자화상일지도 모르겠다.

'밀당', 유형별 승리 노하우

"사랑에도 공식이 있었으면 좋겠어. 어떤 상황과 상대에게도 적용되는 그런 공식 말이야."

서른 남짓한 나이를 먹는 동안 남들 하는 만큼 연애와 사랑 그리고 이별을 경험했는데도 여전히 남자의 마음을 얻는 것은 어렵다고 푸념하는 당신. '도대체 그는 어느 별에서 왔기에, 어떤 종족이기에 이토록 나를 힘들고 헷갈리게 만드는 것일까?', '헤어진 그는 그렇지 않았는데, 왜 이 남자는 자주 나를 시험에 들게 하는 걸까?', '왜 더 이상 매력적으로 느껴지지 않는 걸까?', '내가 질리는 스타일인 걸까?', '벌써 내가 지겨워진 걸까?' 등등 수많은 질문들이 머릿속에서 떠나지 않는다면 당신은 아직 모르고 있는 것이 있다. 남자도 유형별로 공략법이 다르다는 사실!

흔히 사랑하는 관계에서는 더 많이 사랑하는 사람이 약자라고 한다. 더 마음을 쏟는 사람은 어쩔 수 없이 상대적으로 덜 사랑하며 덜 마음을 주는 사람의 눈치를 살피게 되고 애정을 갈구한다. 더 많이 사랑한 죄로 객관적 스펙 경쟁과 상관없이 한순간 '을'로 전락한다. 반대로 덜 사랑한 그는 상대방의 애틋한 감정을 약점 삼아 콧대 높은 '갑'으로 등극한다. 본래 사랑이란 것이 감정 놀음이다 보니 더 많은 관심과 애정을 원하는 사람이 어쩔 수 없이 감정적 약자가 될 수밖에 없는 것은 당연하다. 더 잔인한 사실은, 사랑이 시작되면 굳이 드러내놓고 이야기하지 않아도 누가 이 권력 관계에서 주도권을 쥐고 있는지 서로 귀신같이 직감한다는 것이다.

한 결혼정보회사가 미혼 여성을 대상으로, "당신은 언제 자신이 '을'이라고 느끼나?"라는 흥미로운 설문 조사를 했다. 그 결과, 역시 남녀 사이의 미묘한 권력 구조가 얼마나 민감하고 예민하게 작용하는지를 잘 보여주었다. 설문에 응한 여성들은 자신이 '을'의 입장에 놓여 있다고 느낄 때로 '내가 더 자주 연락할 때'(32%)를 1위로 꼽았고, 그 뒤를 이어 '싸우고 먼저 화해 신청할 때'(29%), '상대 스펙에 밀릴 때'(25%), '결혼 이야기를 꺼내고 싶을 때'(8%), '섹스 후'(6%)라고 답했다.

그러나 사랑은 냉정하고 잔인한 것이라고 한탄하며 일찌감치 포기할 필요는 없다. 사랑하는 대상에 따라 사랑의 방식과 속도와 크기는 모두 제각각이니까. 당신이 사랑하는 그가 어떤 타입의 남자인지를 정확히 진단해야 얼마나 뜨겁고 얼마나 깊게 사랑할지에 대한 예측과 전략도 나온다.

이 장에서는 남자를 크게 '야망 마초남', '잘생긴 평범남', '자유 영혼남'으로 구분하고, 각각의 특징과 마음을 얻는 유형별 전략에 대해 이야기해보자.

야망 마초남

'야망 마초남'은 말 그대로 원대한 야망과 거친 야성미를 지닌 남성을 뜻한다. 말로는 똑똑하고 유능한 여성들의 시대라고 하지만 속으로는 남자의 일과 여자의 일을 엄격하게 구분하는 남자, 남성의 기득권과 우위를 절대 놓치고 싶지 않은 남자, 자신의 성공을 위해 여자는 아낌없이 주는 나무처럼 존재하기를 바라는 남자, 그러나 유능함과 카리스마 그리고 남자다움으로 마음을 설레게 하는 남자가 바로 이 유형이다.

이들의 특징은 '일의 성공'을 삶의 가장 큰 목표로 삼는다는 점이다. 잘난 남자로서 사회적·경제적 지위를 누리며, 여자에게 존경받아 마땅한 가장으로서의 권위를 유지하는 것을 결혼의 목표로 삼는다.

자신의 사회적·경제적 기득권을 유지하기 위해 비슷한 수준의 교육이나 직업 수준을 갖춘 여성과 교제하는 것을 선호하지만, 여성의 일이나 성취 욕구로 인해 가정 내 주도권이 흔들리는 것을 원치 않는다. 자신의 지위와 권위를 위협할 수 있는 유형의 여자는 이들에게는 딱 질색이다. 그러다 보니 아예 띠동갑 나이 차가 나는 한참 '어린 여자'나 사회적 지위의 균형이 맞지 않는 '평범한 여자'가 이들의 주된 타깃이 될 수 있다.

정신건강의학과 김현철 전문의는, 나이 차이가 많은 어린 여성과의 연애를 선호하는 남자들의 심리를 비교 우위의 역할을 충실히 해내고 있다는 것을 확인받고 싶어 하는 마음으로 해석한 바 있다.

"두세 살 터울의 일반적인 커플은 기본적으로 대학에서도 경쟁했고 회사에서도 경쟁하면서 지내온 세대라고 할 수 있기 때문에, 더 이상 남자라는 이유만으로 비교 우위에 있는 것이 아니어서 경쟁심을 느끼는 걸 피할 수 없어요. 남성은 자신의 능력을 보여주고 싶은데 두세 살 차이의 여성에게는 이것이 쉽지 않죠."

그러니까 정리하면, '야망 마초남'에게 매력적인 여성이란 어느 정도 똑똑하고 유능한 것은 좋지만 직업적 성취욕이 강하지 않은 '적당히 만만한 여자'이다.

"결혼생활에서 각자 화려한 삶을 사는 것, 그러니까 두 사람이 두 개의 축을 가지고 인생을 사는 것의 폐해를 피하고 싶어요. 나 하나로 잘나고 화려한 일을 하는 건 충분하니까, 여자는 일보다는 관계 중심적인 성향과 태도를 지녔으면 좋겠어요."

한 모임에서 만난 전형적인 야망 마초남이 남긴 말이다.

즉, 이런 부류의 남자와 결혼을 생각하고 있다면, 그의 파트너가 아니라 서포터의 역할을 수행하는 아내로 살아가야 한다는 것을 각오해야 한다. 사실 경제적 능력이 뛰어나고, 사업 수완이 좋고, 비전 있고, 게다가 야심까지 큰 남자가 한량처럼 한 여자만 바라보며 달콤한 세레나데를 불러줄 정신이 있겠는가. 주변에는 늘 술자리를 약속하는 사람들로 넘쳐날 것이고, 인적 네트워크를 위해 밤낮으로 사람들과 어울릴 테고, 그런 '남자다움'에 반하는 여자들의 유혹에도 자주 노출될 테니 휴대폰이 꺼져 있는 날도 다반사일지 모른다.

잘나고 강한 남자의 품에서 연약한 여자로 보호받는 특권을 즐기며 살고 싶은 당신이라면 만반의 준비를 하고 만나기를!

'야망 마초남' 공략법

"당신과 있으면 나도 덩달아 대단한 사람이 된 것 같아요."

이들을 공략할 핵심은 잘난 남자라는 자존심을 지켜주어야 한다는 점이다.

같이 지적이고 유능하고 품격 있는 대등한 존재로 인정받으려 하지 말고, '내

> 가 잘나 봤자 당신보다 한참 아래'라는 식의 태도를 취하는 것이 야망 마초남의 마음을 열게 하는 지름길이다.
> 업무 스트레스로 지쳐 있을 때 심적인 안정과 위로를 받을 수 있는 여자, 이해심이 넘치는 여자, 자기 일에 파묻혀 지내기보다 그와의 관계를 최우선으로 생각하는 여자, 그리고 그런 그를 필요로 하는 여자라는 콘셉트가 필요하다.
> 경쟁심, 자격지심을 자극하거나 부족한 남자라는 감정이 들게 하는 것은 관계를 일찌감치 종료하는 지름길이라는 것을 명심할 것

잘생긴 평범남

'잘생긴 평범남'의 특징은 말 그대로 다른 스펙이 좀 평범하긴 하지만 강력한 한 가지 무기가 있으니, 바로 매력적인 외모이다. 그리고 그는 자신이 잘생겼다는 것을 너무도 잘 알고 있다. 그러다 보니 자신의 콤플렉스인 경제적 우위가 약하다는 점을 보완해줄, 이를테면 연상녀 타입의 여자를 선호하기도 한다. 연상녀가 지닌 경제적·정서적 안정성을 확보해 자신이 지닌 열등감으로부터 탈출하려는 모습을 보이는 것이다.

이명길 연애 강사는 이 현상을 이렇게 풀이했다.

"남자들은 본능적으로 좋아하는 여자에게 남자답게 보이고 싶은 마음이 있어요. 남자다움이란 관계를 리드하는 능력을 말하는데, 이것은 사회적·경제적·심리적인 관계에서 리드하는 역할을 말해요. 그중 남자들이 가장 기본적이고 중요하게 생각하는 것이 경제적 리드라고 볼 수 있는데, 이 역할을 제대로 할 수 없는 남자들은 막연한 미래에 대한 불안, 여성의 사회적·경제적 지위 향상 등 여러 가지 요인과 맞물리면서 연상의 여성과 파트너십을 유지하는 합리적인 선택을 하는 것이 아닐까요?"

반면, 영리한 '잘생긴 평범남' 일수록 지금을 불완전한 미래라고 인식하는 성향이 강하다. 비록 아직까지는 가진 것이 많지 않지만, 매력적인 외모로 직업적 성장이 더 이루어지는 미래의 언젠가는 유리한 입지를 차지한 남성으로 거듭날 수 있음을 확신한다.

따라서 그날이 올 때까지 연애는 단지 심심풀이 땅콩이거나 잠시 들렀다 쉬어가는 간이역 정도로 인식할 가능성이 높다. 지금 당장은 B급이지만 조금만 노력하고 투자하면 머지않은 미래에 A급 남자로 재탄생할 수 있다는 확고한 신념으로 지금의 연애를 쉽고 가볍게 대할 수 있는 것이다.

결혼은 잘난 A급이 되었을 때 성공적인 재테크 방식으로 하고, 연애는 '만만한 당신'과 재미있게 즐기자는 식으로 대할 수 있으니 유의하기를!

'잘생긴 평범남' 공략법

'잘생긴 평범남'도 남자이다. '잘난 남자'라는 확인을 해주는 여자에게 끌리게 마련이다. 특히 자신이 가장 자부심을 느끼고 있는 잘생긴 외모에 대한 확신이 들게 하는 여자에게 친근감을 느끼기 쉽다. 그러므로 함께 있을 때 세상에서 가장 잘난 남자가 된 듯한 착각이 드는 말과 행동을 자주 해주는 게 핵심이다.

"자긴 두상도 원빈 닮아서 요즘 유행하는 리젠트 컷으로 헤어스타일을 바꾸면 훨씬 멋질 거 같아. 셔츠는 내가 컬러 좀 봐줄게."

그의 숨겨진 콤플렉스와 잠자고 있는 야망을 자극하는 기회를 제공하는 것도 좋은 방법이다. 이를테면 요즘 회사생활이 어떤지, 원래 꿈은 무엇이었는지, 학창 시절에 준비했던 시험이나 자격증은 없었는지에 대해 편안한 분위기에서 대화를 나누고 다시 한 번 꿈을 위한 도전을 해보면 어떨지 묻는다. 그리고 '지금도 멋있지만 더 근사

해질 수 있는 내 남자'라는 지지와 격려를 쏟아붓는다면 그는 절대 당신에게서 헤어
나올 수 없다. 실제로 나도 변리사 시험 준비를 하던 '잘생긴 평범남'과 잠시 교제한
적이 있는데, 포기했던 꿈을 다시 꾸게 하고 늦지 않았다는 격려 퍼레이드로 그의 마
음을 사로잡은 경험이 있다.

단, 이런 조언을 할 때는 갇혀 있던 콤플렉스가 튀어나오지 않도록 지금도 충분히 멋
지다는 전제가 필요하다는 것을 꼭 기억하기를! 당신과 함께 있는 순간만큼은 핑크
빛 미래를 꿈꿀 수 있고, 꿈꾸지 않는다 하여도 그 순간만으로 최고의 왕자님이 된
듯한 기분 좋은 착각에 빠질 수 있다면 어떤 남자도 벗어나고 싶지 않을 테니까.

1. 가진 게 많은 여자란 것을 은근하게 홍보하라.
2. 수면 아래 콤플렉스를 자상하게 자극하라.
3. 반복된 습관 선물로 길들여라.
4. 잘생긴 외모 하나만으로 충분히 멋진 남자라는 자부심을 안겨주어라.

자유 영혼남

여자 입장에서 정말 애를 타게 만드는 유형이 바로 자유 영혼남이다. 이들은 뼛속까지 자유를 갈망하며 독립적인 삶에 대한 갈구가 강하기 때문에 사랑이라는 이름 아래 소유하고 집착하고자 하는 욕망을 받아들이지 못한다. 사랑은 본질적으로 행복하자고 하는 것이므로 더 이상 관계가 예전 같지 않아 오히려 불행해지는 이유가 된다면, 쿨 하게 헤어지는 편을 선택하는 남자들이 바로 자유 영혼남이다.

섹스가 연애의 목적인 '나쁜 남자'도 아니요, 여자 관계가 복잡한 '카사노바'도 아니다. 폭력을 행사하는 '막돼먹은 놈'도 아니요, 매일 간 보기만 해대는 '문자남'도 아니다. 다만, 그들의 죄라면 하염없이 전화기를 부여잡고 애태우게 만들고, 그 서운함과 설움이 어떤 것인지 무시한 채 아무렇지 않게 연락을 취하고, 헤어져야 할까 만나야 할까를 늘 고민하게 만든다는 것이다. 자기중심적이고 자기만족적인 기질로 상대방을 힘들고 지치게 만드는 마력을 지닌 대상이 바로 이들 유형인지도 모른다.

"툭하면 자기만의 동굴로 들어가 며칠, 아니 몇 달씩 혼자만의 시간을 즐기기도 하고, 연애한 지가 꽤 지났지만 결혼이나 미래에 대한 이야기는 한마디도 꺼내지 않아 마음을 졸이게 만들어요. 그런 그가 원망스럽기도 하지만 결국 약자는 저라는 걸 느끼죠."

자유 영혼남을 사랑한 대가로 주도권을 그에게 내준 여자의 고백이다.

캘리포니아 대학교 버클리 캠퍼스의 심리학자 세라 홀리는 남녀 사이의 주도권에 대한 연구를 진행한 바 있다. 그가 이성 부부와 동성 부부 63쌍을 대상으로 조사한 결과에 따르면, 모든 커플에게 '요구 - 후퇴 유형'이 나타났다고 한다. '요구 - 후퇴 유형'이란 보통 한쪽 배우자가 문제를 제기하고 변화를 요구하는 데 반해, 상대 배우자는 별다른 대응 없이 상황을 회피하는 움직임을 보인다는 것으로 부부나 연인 간에 흔히 나타나는 갈등 구조이다.

세라 홀리에 따르면, 남녀 관계에서 주도권은 주로 학력, 소득, 사회적 지위에 따라 결정되지만, 누가 더 관계에 행복의 의미를 부여하고 의존하느냐에 따라서도 결정된다고 한다. 예를 들어, 관계에 강한 애착을 느끼는 여자와 모호한 태도를 보이는 남자가 있다면 남자가 주도권을 갖게 된다. 남자가 없는 삶을 상상할 수 없을 정도로 관계에 애착이 심한 여자는, 결국 갈등이 발생하면 양보하고 타협할 가능성이 높다. 그러나 모호한 태도를 보이는 남자는 싸움을 해서 어떤 결과가 나오든, 심지어 헤어지더라도 중요하게 생각하지 않기 때문에 주도권을 유지하면서도 자신이 원하는 것을 얻을 가능성이 높아진다.

자유 영혼남을 사랑하는 여자들은 이미 사랑의 시작과 동시에 관계에 의미를 부여하고 집착하지만, 자유를 찾아 방랑하는 남자는 그럴수록 멀어져간다. 그들이 가장 두려워하거나 숨 막히게 생각하는 것은 사랑이라는 이름으로 하나가 될 것을 강요하며 사고와 행동, 미래까지도 통제하려는 움직임이다. 그런 움직임이 포착될 때 자유 영혼남은 아주 멀리, 그리고 오랫동안 자유롭게 떠돌아다니고 싶어 한다.

'자유 영혼남' 공략법

자유로운 영혼의 소유자들과 긴 연애를 계획하고, 결국 당신 곁으로 정착시킬 야무진 포부를 가지고 있다면 한 가지만 꼭 명심하자.

'절대 징징거리지 말기!'

손에 잡힐 듯 잡히지 않는 모습을 보였다거나 한 걸음 다가갔는데 두 걸음 멀어지는 기분을 느꼈다고 해서 공격적인 말투나 취조하는 듯한 대화를 시도하는 것은 절대 위험하다.

"대체 뭐 하는 거야?"

"어제 어디 갔었어?"

"잠깐 화장실 갈 시간에 전화도 못 걸어?"

특히 연애 초기, 설렘과 기대감은 있으나 아직 일정한 거리를 두고 탐색과 관찰이 지속되고 있는 시기에는 그의 라이프스타일을 절대적으로 인정하고 존중하는 전략을

펼쳐야 한다. 전날 밤에 굿나잇 전화를 걸지 않았다고 해서, 퇴근 후 행방이 묘연하다고 해서, 답 문자를 빨리 보내지 않는다고 해서 굉장히 문제가 있거나 관계에 큰 위기가 닥친 것처럼 호들갑을 떨어서는 안 된다. 당신도 자유 영혼의 소유자가 되어 '그럴 수 있다'는 반응으로 그를 따뜻하게 대하는 것이 최선이다.

사실, 남자도 알고 있다. 충분히 따뜻하고 자상한 남자가 되어주지 못했다는 것을. 그런데도 한결같이 일정한 거리를 유지하며 사랑해주는 여자를 만날 때 그는 통하는 여자를 만났다고 직감할 것이다. 그리고 상상할 수 없을 만큼 당신의 입맛에 맞는 남자로 변할지도 모른다.

소개팅 남의 알쏭달쏭한 문자, 이렇게 대처하라

　세상에는 알 듯 모를 듯 궁금하고 헷갈리는 것들이 많다. 수학 공식처럼 정해진 원칙이 있다면 바로 대입해서 풀어보면 되겠지만 관점이나 물어보는 사람에 따라 답이 다른, 그야말로 속이 간질간질한 일들이 우리 일상에는 가득하다. 그중 하나가 소개팅 후 상대방에 대한 속마음이 아닐까 싶다. 분명히 분위기는 좋았는데 별다른 연락은 없고, 문자가 오기는 했는데 목적이 무엇인지 알쏭달쏭한 말들만 있으니 대체 어쩌라는 것인지 가슴이 답답해진다.

　몇 번을 읽어보아도 도무지 알 수 없다. 애매하게 형식적인 인사말만 건넸다가 영영 답장이 오지 않는 위험요소가 있으니 그 남자를 향한 휴대폰 위 버튼들은 그렇게 어렵기만 하다.

　이번에는 아무도 알려주지 않았지만 미치게 궁금했던, 소개팅 남이 보

내온 문자에 담긴 마음과 대처법에 대해 함께 고민해보자.

소개팅 직후 소감 문자
- "즐거운 시간이었습니다. 다음번 식사 같이해요."
- "오늘 즐거웠어요. 조심히 들어가세요."
- 문자 없음

일반적으로 소개팅에서 마음에 드는 이성을 만나면 관례적으로 한 시간 이내에서 다음 날 아침까지 만남에 대한 소감 또는 애프터를 요청하는 문자를 보낸다. 물론 마음에 쏙 들지는 않지만 예의상 문자를 보내기도 한다. 소개팅 직후 소감 문자들은 대체로 위에 기재된 세 가지 유형으로 구분할 수 있는데, 가장 적극적인 표현은 오늘 즐거웠으니 다음번에 또 보자는 식의 미래를 기약하는 형식이다.

하지만 아쉽게도 '오늘 즐거웠다'는 내용만 담긴 문자를 받았다면 형식적인 인사일 가능성이 높으니까 다음 날 아침이나 점심까지 상대방의 반응을 지켜볼 필요가 있다. 남자들이 의외로 소개팅 후 평가에 소심해 형식적인 문자를 보낸 후 상대의 반응에 따라 자신의 감정을 드러낼지 말지를 결정하기도 하기 때문이다.

반면, 묵묵부답으로 아무런 문자 한 통 보내지 않았다면 가능성은 두 가지다. 상대 여성에게 전혀 관심이 없거나, 밀당을 제대로 아는 연애 고수이거나. 상식이 있는 남자라면 여자들이 소개팅 후 안부 문자를 기다린다는 것을 알고 있기 때문에 예의상 문자 한 통쯤은 보낸다. 그러니까 의도적으로 문자를 보내지 않는다는 것은 '연락하지 말자'는 무언의 메시지이거나, '우선 애간장 좀 태워봐라'라는 식의 의사를 건네고 있다고 보아도 무방하다.

  그렇다면 이런 문자를 받았을 때는 어떻게 대응하면 좋을까? 먼저 애프터 신청의 뜻이 담긴 문자를 받았을 때는 너무 적극적으로 '예스'를 외치지 말고 넌지시 긍정하는 것이 좋다. 만일 구체적인 날짜에 대한 언급 없이 애매하게 "다음에 식사 한번 해요."라는 문자를 받았다면, 먼저 "지글지글 삼겹살 어떠세요?"라는 제안의 뜻이 담긴 문자로 조금 더 발전된 대화를 나눌 수 있도록 하는 것이 핵심이다.

  한편 단지 "오늘 즐거웠어요."라는 소감만 담긴 문자의 경우, 긍정적인 이미지의 이모티콘을 여러 개 넣어 간접적인 답을 하는 것도 좋은 방법이다. 남자가 여자에게 호감을 느끼고 있다면, 대체 이 이모티콘들이 무슨 의미인지 알아내기 위해서라도 다시 한 번 문자를 보낼 테니까.

하지만 소개팅 당일보다 더 중요한 것은 소개팅 후 며칠이다. 이 시간 동안 서로 어떤 대화를 주고받았는지에 따라 남자와 여자는 다음번 데이트의 목적을 달리 설계할 수 있다. 첫 만남 당일에 언제 다시 보자는 이야기까지 진도가 나갔다면 마음 편하게 문자를 주고받으면 되겠지만, 아직 다음번 만남에 대한 이야기를 서로 언급하지 않은 상태라면 서로에 대한 탐색전이 작동되고 있다는 증거이므로 조금 더 전략적으로 대화를 주고받을 필요가 있다.

예를 들어, 점심 무렵에 "점심 맛있게 드세요."라는 문자를 받았다면, 남자는 아직 소심하게 여자 주변을 두리번거리고 있다는 증거이다. 호감은 있는데 아직 마음을 확실하게 결정하지 못했을 가능성이 높다. 기다리던 문자라면 답장을 보낼 때 먼저 적극적으로 호감을 표현해도 좋다. 자신에게 호감이 있는지를 확인하고 싶은 남자가 나름대로 진지한 고민을 하고 있다는 흔적일 수 있으니까. 물론 대놓고 "우리 언제 다시 만날까요?"라는 식의 답 문자는 곤란하다. 남자가 공허한 문장 하나만 덜렁 남겼듯이 여자도 살짝살짝만 호감을 보여주는 것이 요령이다.

목적 없는 허무한 문자 유형
- "점심 맛있게 드셨어요?"
- "잘 잤어요?"
- "오늘 같은 날엔 아이스 아메리카노 한잔 하면 참 좋겠네요."
- "날씨가 추워요. 옷 따뜻하게 입고 나가세요."

기특하기는 한데, 공허한 문자만 계속 주고받을 때는 특단의 조치가 필요하다. 대화의 매듭을 지을 수 있는 똑똑한 대처법에 대해 함께 연습해보

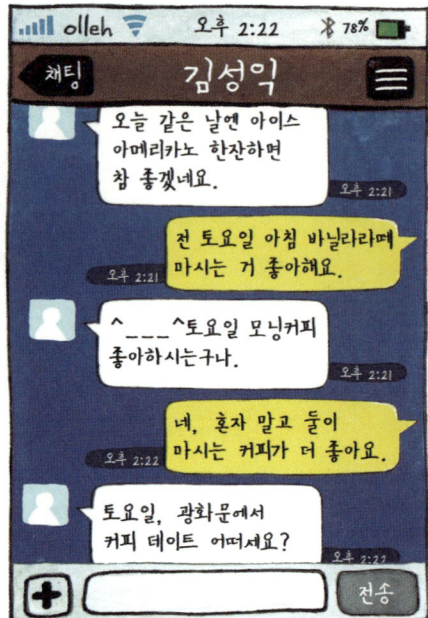

자. 단, 여자가 남자에게 관심이 있다는 전제하에서다.

위의 대화는 모두 적극적으로 다음번 만남을 은근하게 제시하고 있지만, 만나고 싶은 대상을 바로 '당신'이라고 꼭 집어 말하지 않았기 때문에 서로 큰 부담 없이 이야기를 나눌 수 있다. '나'들으라고 하는 말인지, 혼잣말처럼 하는 소리인지 헷갈리게 보내는 것이 요령이다.

갑작스러운 데이트 문자

반대로 상대방의 적극적인 애정 공세로 갑작스러운 데이트 요청 문자나 부담스러운 문자에 답을 해야 하는 경우도 있다. 아예 거절을 하자니 아쉽고, 그렇다고 바로 '예스'를 외치기에는 여러 가지 부담스러운 상황이라면 상대

를 자신의 리듬으로 끌어오는 지혜가 필요하다. 우리는 5분 대기조가 아니니까! 언제든 필요할 때 만나자고 하면 달려가는 만만한 여자가 아니니까! 자존심을 지키면서 유리한 방향으로 만남을 유도하는 대화술을 연습해보자.

  첫 만남부터 로미오와 줄리엣처럼 거부할 수 없는 끌림으로 불꽃 튀는 사랑의 감정을 얻기란 쉽지 않다. 점점 더 치열해지는 경쟁사회에서 자신의 커리어를 다지며 한 걸음 한 걸음 어렵게 나아가고 있는 지금, 사랑의 감정에 모든 에너지를 쏟기도 어렵다.

  생각보다 만만치 않은 세상살이에 적응하며 살아가는 우리들은 상처받는 것이 점점 더 두렵고 겁이 나지만, 힘들고 고단한 만큼 사랑을 더 갈구하기도 한다. 따라서 상대방의 문자 한 통에도 쉽사리 마음을 열지 못하고 혹시 자신만 상처받는 것이 아닌지, 괜히 무안당하는 게 아닌지 가슴 졸이며 반쯤은 속마음을 감춘 채 수줍은 문자로 마음을 전한다. 상대방에게 부정적인 반응이 올 것 같으면 언제라도 발을 뺄 수 있고 덜 다칠 수 있게 방어막을 치고 살아가는 것이다.

  그러므로 기대만큼 적극적인 연락이 없다고 해서 '남자답지 못한 시시한 인간'이라고 단정하지 말자. 남자에게는 그만의 사연이 있을지 모른다. 상대방에 대해 더 알고 싶고 다가가고 싶다면 내가 조금 더 움직이면 된다. 한 발짝 다가갔다가 반 발짝 물러나고 다시 반 발짝 나아가는 과정을 통해 만들어지는 것이 바로 사랑이고 인연이니 말이다. 어쩌면 남자의 애매한 문자에 필요한 것은 한 번도 상처받지 않은 것처럼 사랑할 우리의 용기일지도 모르겠다.

　　사랑하라, 한 번도 상처받지 않은 것처럼.
　　춤추라, 아무도 바라보고 있지 않는 것처럼.
　　노래하라, 아무도 듣고 있지 않는 것처럼.
　　일하라, 돈이 필요하지 않은 것처럼.
　　살라, 오늘이 마지막 날인 것처럼.
　　　　── 알프레드 디 수자, 〈사랑하라, 한 번도 상처받지 않은 것처럼〉 중에서

에로틱한 대화, 섹스 타이밍은 언제?

"내일 할래?"
"아니, 아직 나는 좀 그래. 뭐랄까……"
"날 믿고 한번 해봐. 너도 좋을 거야."
"미안해. 아직 마음의 준비가 안 됐어."
"뭐야? 대체 뭐가 문제인데!"

서로에 대한 탐색 과정을 막 마치고 '내 남자가 되어도 좋을 것 같다'는 결론을 내리자마자 봉착한 문제가 있었으니, 그것은 바로 섹스의 타이밍이다. 나중을 기약하는 나와 지금 당장 그것을 해보자고 졸라대는 남자. 나는 과연 무엇이 답인지를 고민해야 했고, 연애 관계에서 섹스는 공생의 함정으로 작용할 수 있으며 낭만적이기보다 폭력적일 수 있다는 것을 깨달았다. 사실 '어차피 할 섹스'였다.

현대 사회의 섹스란 사랑을 확인한 연인들 사이의 낭만적 특권이 아닌,

일종의 성격 테스트처럼 나와 잘 맞는 사람을 선택하기 위한 사전 검증 작업과 같은 연애 기술이 되어버렸다. 그러니 오늘이든 내일이든 한 달 뒤가 되었든 '언제 하느냐'는 크게 중요한 문제가 아닐지도 모른다. 얼마나 잘하느냐, 얼마나 좋으냐의 문제에 가려져서.

'언젠가는 하게 될 섹스'에 대해 이렇게 실랑이를 벌였던 까닭은 비싸게 굴려는 계산이거나 처녀성을 보호하고 싶다는 열망 때문이 아닌, 더 오래 뜨겁게 사랑하기 위함이었다. 자칫 연애의 목적이 섹스가 되지는 않을까? 섹스 후 예상치 못한 관계의 지각 변동이 일어나지는 않을까? 이제부터 만날 모텔에서 섹스하고 컵라면 먹는 데이트로 전락하는 것은 아닐까? 섹스를 '하는 것'이 아니라 '해주는' 반복적인 행위로 전락하면 어쩌나? 이런 고민들은 단지 생물학적인 문제인 육체적 결합을 정치적이고 철학적인 복잡한 이슈로 탈바꿈시켜놓았다.

쓸데없는 기우만은 아니었다. 섹스 때문에 경험한 이별들이 제법 있었으므로. 섹스를 포함한 연애에는 동의를 하면서도 여전히 '이상적인 섹스 타이밍'이란 정의하기 힘들었다.

데이트 코칭 전문가인 마거릿 켄트는, "너무 빨리 섹스를 해도, 너무 미루어도 그를 놓칠 가능성이 있다"며 "적절한 타이밍은 바로 그가 당신에게 마음을 쏟아붓고, 당신 또한 그를 사랑한다는 확신이 설 때"라고 조언했다. 그러니까 여자 스스로 충분히 사랑받고 있고 더 많이 사랑하고 싶다는 마음으로 몸이 열릴 때가 바로 지금까지의 대화보다 훨씬 깊고 에로틱한 몸의 대화를 나누어도 좋은 타이밍인 셈이다.

어린아이처럼 아무런 거리낌 없이 뒹굴고 탐하며 서로가 한 몸이 된 듯한 황홀한 육체적 쾌락이 너무나도 그리워질 때, 내일 당장 이별을 한다 하더라도 지금이 의미 있는 순간으로 간직될 수 있을 때, 연애 초기를 넘

어 건강한 중기로 도약하고 있음을 감지할 때, 딱 그 무렵이 여자에게는 첫 섹스를 나누기에 안성맞춤인 시기이다.

"지금 이대로도 충분하거든요. 진한 키스와 농익은 애무와 에로틱한 대화, 이것만으로 성적인 에너지를 충분히 분출하고 있다는 기분이 들어요. 문제는 그 사람이에요. 나를 얼마나 사랑하는지 잘 알고 있고, 더 깊게 사랑하고 싶어 하는 그의 열정을 이제는 더 이상 미루기 힘들다는 생각이 들기도 해요. 나를 사랑한다는 이유로 그가 고문당한다는 자책도 들지만, 또 한편으로는 그토록 나를 사랑한다면서 더 기다려주지 못하고 자꾸 떼를 쓰는 그가 야비하고 야속하게 느껴지기도 해요. 그가 정상인가요?"

언제 섹스를 하는 것이 여자에게 알맞은가에 대한 이야기를 나누고 있지만, 대부분 남자들의 마음에서 섹스는 가장 주된 생각이라는 것을 인정하는 것이다.

성의학자들은, 남자들의 경우에 위기상황에서 발생하는 생존 본능만이 성적 욕구를 압도할 수 있다고 한다. 생존 문제가 절실하지 않는 한 남자들의 머릿속은 성적 욕망으로 채워진다. 좀 더 구체적으로 말하면, 지금 그는 당신의 벗은 몸을 살뜰히 정복하고 싶다는 에로틱한 열망으로 가득 차 있다. 그리고 그것은 자연스럽고 당연한 바람인 셈이다. 세 번째 데이트를 마칠 때쯤 모텔 네온사인을 힐끔거리는 그가 야만적이고 저급한 인간인 것만은 아니라는 뜻이다. 그러나 만일 첫 만남부터 한결같이 섹스를 노래한다면 그것은 두 가지로 풀이된다. 애초에 연애의 목적이 섹스였든지, 또는 빨리 더 깊은 관계로 발전시켜 상대를 자기 여자로 만들고 싶은 정복욕 때문이다.

끼 있는 '나쁜 남자'라고 매도하기에는 남자에게 섹스는 상징하는 바가 크다. 섹스는 남자에게 최고의 쾌락인 동시에 자기 정체성을 찾을 수 있는 지능 놀이이기 때문이다. 격정의 쾌락을 나누는 동안, 남자는 사랑하는 그녀가 자신을 원하고 있으며 자신은 그것을 만족시켜주고 있다고 느낀다. 그리고 그 감정을 통해 자신이 괜찮은 남자라는 존재감을 확인할 수 있다. 그런 이유로 연애가 무르익을수록 남자는 섹스를 통해 자신의 정체성을 확인하고 싶은 욕망이 분출된다.

그러므로 당신이 결정해야 할 것은 그의 욕망을 더 이상 제지하고 싶지 않은 마음과 아직은 좀 더 미루어보고 싶은 마음 사이에서 어느 쪽으로 더 감정이 기우는지를 알아차리는 일이다.

"어찌 됐든 지금은 적당한 때가 아니라는 생각이 들어요. 관계에 대한 불안감일 수도 있고, 그를 향한 내 마음의 확신이 약해서일 수도 있어요."

만일, 스스로 불편할 정도로 이르다고 느끼거나 절대 양보하고 싶지 않은 마음이라면 타협할 필요는 없다. 특히 만난 지 한 달도 되지 않는 상태에서 착한 척하며 쉽게 허락하지 말 것! 큰 결심을 하고 자신을 다 내주는 것이 오히려 그와 이별을 고하는 지름길이 될 수 있음을 간과해서는 안 된다.

남자는 여자의 머리로는 이해하기 힘든 이율배반적이고 모호한 습성이 있는데, 그것은 바로 몸은 어른이지만 마음은 어린아이와 같은 상태로 나누어져 있다는 점이다. 쉽게 말하면, 행동은 성인처럼 하지만 머릿속에는 어릴 때 형성된 일종의 윤리의식이 컴퓨터 프로그램처럼 작동되어 '옳다', '그르다'로 판단하는 특징이 있다.

특히 성에 대한 구분이 그렇다. 남자들은, 너무 쉽게 몸을 허락하는 여자는 반갑기는 하지만 결혼 상대자로는 NG인 '가볍고 헤픈 여자'라는 식으

로 결론을 내린다는 것이다. 그러니까 그의 요구로 이루어진 섹스였다 하더라도 너무 이르다거나 쉽게 갔다는 느낌이 든다면, 그는 남몰래 자기만의 '윤리의식 프로그램'을 돌리고 있을지 모른다. '좀 놀다 말 여자, 배우자로는 불합격!'

따라서 현재 만나는 남자를 배우자로 고려하고 있다면, 그의 성 관념을 확인하는 과정은 적절한 섹스 타이밍을 계산하는 중요한 기준이 될 수 있다.

섹스를 나눌 타이밍이 다가온다고 직감하면 먼저 성에 대한 그의 의식을 확인할 수 있는 대화들을 유도하자. 어쩌다 감정에 취해 첫 섹스를 나눈 후에는 연애 관계에 자연스럽게 섹스 라이프가 자리를 잡는 경우들이 대부분이지만, 감정적 통제가 가능하다면 첫 섹스만큼은 준비된 상태에서 진행하는 편이 좋다. 왜냐하면 여자에게 섹스란 감정의 대화인 동시에 결혼을 염두에 둔 남자에 대한 배려이자 선물이므로, 싱글 라이프, 자유로운 연애를 부르짖는 여자라 하더라도 사랑하는 그와 결코 '섹스를 위한 섹스'를 나누기를 원하지는 않을 테니까 말이다.

하지만 아직 그의 결혼관, 섹스 스타일, 과거 연애 패턴 등에 대해 제대로 알지도 못하는데 발을 빼기도 애매하게 섹스 타이밍이 일찍 찾아왔다면, 당신의 입장을 애교 있게 잘 전달하는 게 중요하다. 상호 합의하에 섹스를 나누는 게 당연한 일이건만, 어쨌든 남자는 여자의 거절을 자신의 마음이 거부당하는 행위로 이해할 수도 있고, 참기 힘든 짜증이 밀려오는 불쾌한 순간으로 여길 수도 있으니 미안하다는 표정부터 잔뜩 짓고 이야기하자. "뭐야? 이 늑대 같은 인간아!"라는 식의 부정적인 거절이나 비아냥거림 대신 차분하고 부드럽게 당신의 생각을 설득하는 편이 훨씬 현명하다.

물론 삽입 직전에 거친 콧소리로, "오빠! 미안. 아직 좀 그래요. 다음에 해요, 우리."처럼 열불 나고 속 터지게 하는 행위도 금지이다. 극도의 흥분 상태에서 발뺌을 하면 남자는 황당할 뿐만 아니라 여자에게 무시당했다는 생각에 분노한다. 애초 받아들일 생각이 없다면 섹스로 이어지기 전 단계의 스킨십에서 현명하게 대처할 것!

현명한 설득은 상대의 특별함을 강조하는 방식이다.

"넌 나한테 특별해. 지금껏 만나온 남자들과는 달라. 그래서 아껴두고 싶고 특별하게 제대로 하고 싶어. 오늘은 아니야. 그동안 만나온 남자들이 징징거리며 하자고 할 때도 많았지만, 시시하고 특별하지 않았기 때문에 허락하지 않았거든. 그놈들과 이렇게 섹스를 했다면 넌 특별한 내 남자가 아니었을지도 몰라. 앞으로 너하고만 할 거야, 약속!"

너무 오랫동안 기다리게 하는 것은 아닌지, 남자의 인내심이 한계에 이른 것은 아닌지, 당신이 섹스를 좀처럼 수락하지 않아 이별이 찾아올까 봐 두려워한다면 너무 마음 쓰지 않아도 괜찮다. 남자는 아무리 성적 욕망이 크다 하더라도 좋아하는 여자가 자신에게 호감을 느낀다고 확신하면, 일정 기간 섹스를 미룬다고 해서 쉽사리 그 관계를 끝내지 않는다. 오히려 그의 정복욕을 자극해 지금까지와의 여자들과는 시작부터 다른 특별한 존재로 인지하기 쉽다. 이와 함께 오래 기다린 만큼 첫 섹스에 더 큰 가치를 부여할 수 있다.

그러므로 섹스에 겁먹지 마라! '지금 해야 할까 말아야 할까'로 고민한다는 것 자체가 적절한 타이밍이 아니라는 뜻이다. 섹스를 하기에 적당한 타이밍은 당신의 직감으로 알게 될 것이다. 당신을 믿고 그를 믿고, 당신과 그의 관계를 믿는 그날이 오면 말이다.

 **섹스에서 여자들이 저지르는 실수들**

🍊 섹스 없이 관계를 오래 끌고 간다

요조숙녀 콘셉트로 결혼 전까지는 절대 섹스를 허락할 수 없다는 태도처럼 남자를 피 말리고 질리게 하는 것도 없다. 조선 시대도 아닌 21세기에 육체적 순결을 강조하는 여자에 대해 어떤 남자도 동의하기 힘들다. '죽어도 안 한다'가 아니라 '언제 할 것인가'가 중요한 시대라는 것을 깨닫자.

🍊 남자의 요구가 있을 때마다 섹스를 받아들인다

정말 치명적인 실수를 저지르는 것이다. 자신의 의사와 상관없이 섹스를 무조건적으로 받아들이는 것이 남자를 위한 배려와 친절이라고 착각하겠지만, 이것처럼 쉬워 보이는 것도 없다. 섹스를 할 때만큼은 남자가 자신을 뜨겁게 사랑하는 것 같고 둘의 영속성을 느끼는 것 같지만, 모두 가짜이다. 섹스는 둘 사이에 합의된 대화여야 한다는 것을 꼭 기억하기를!

🍊 섹스를 무기로 삼는다

섹스를 무기로 남자를 뒤흔드는 습관은 위험하다. 그것은 성을 사고파는 행위처럼 섹스를 흥정거리로 삼아 남자를 길들이는 것과 마찬가지이다. 원하는 것을 사줄 때는 섹스를 하고 자신의 요구가 받아들여지지 않을 때는 일종의 벌로 섹스를 해주지 않는 것, 이것은 현명한 선택이 아니다. 섹스는 절대 거래하지 말 것!

🍊 침대에서 요부처럼 군다

에로 영화를 많이 본 여자들의 실수는 바로 첫 섹스부터 이상한 신음 소리를 내고 기괴한 체위를 구사해야 성공적인 섹스를 했다고 믿는 것이다. 모든 게 그렇듯이 진솔한 것만큼 좋은 것은 없다. 서툴면 서툰 대로, 어색하면 어색한 대로 하면 된다. 인위적인 기교와 꾸밈 때문에 오히려 섹스가 부자연스럽고 불편한 몸의 대화가 될 수 있음을 기억하자.

안정적인 장기 연애로 접어들고 싶을 때 꼭 시도해야 할 것들

한창 사랑에 빠져 있을 때는 정신없이 바빴다. 옷장 안을 다 뒤져 가장 변변한 옷을 몇 가지 골라 야밤의 패션쇼를 해댔고, 할 일 없이 거울 앞에서 머리를 묶었다 풀었다를 반복해댔고, 휴대폰 배터리가 뜨끈뜨끈해질 때까지 쓸데없는 수다를 떨어댔고, 주5일 야근으로도 부족해서 주말 데이트에 남아 있는 체력을 탕진했다. 그때는 그토록 바쁜 시간이 마냥 좋았다. 편안하고 소박하고 평범한 일상과는 거리가 멀었지만, 사랑의 열기로 가득했던 그 무렵은 속수무책으로 뜨겁기만 했다.

그러나 뜨거운 것은 금방 식는 법. 이 불안정한 흥분 상태를 제거해야 제법 묵직하고 안정적인 연애로 전환되는데, 연애의 안정기로 진입하는 가장 좋은 방법은 일상을 공유하는 것이다.

이를테면, 모텔에서의 섹스 데이트보다 그의 자취방에서 하룻밤 긴 잠을 자고, 다음 날 아침이면 동네 빵집에서 사온 식빵 토스트에 냉장고 한쪽에 처박아둔 딸기쨈을 발라 식사를 함께하는, 소박하고 평범한 데이트로 갈아타는 것을 포함한다.

안정적인 연애로 진입하기 위해 필요한 것 중 하나는 바로 '긴 잠'이다. '긴 잠'은 '짧은 잠'과는 다르다. 그것은 이벤트 같은 섹스의 짜릿함이 끝난 후 그의 헝클어진 머리와 엉망이 된 얼굴 그리고 단내가 폴폴 나는 입냄새까지 받아들이는, 지극히 현실적인 모습을 공유한다는 것을 의미한다. 그의 큰 파자마로 갈아입고 TV를 보며 맥주와 노가리의 수다를 즐기다 밤새 뜨거운 사랑을 나누고, 아침이 되면 마치 신혼부부가 된 것처럼 앞치마를 두르고 달그락달그락 소란을 떨며 완성한 요리를 함께 나눈다. 이런 감정 교류를 포함한 '긴 잠'을 통해 '남자 친구'로 불리던 그는 어느 순간 '자기야'로 거듭난다.

모텔 카운터에서 걸려온 퇴실 독촉 전화를 받고 주섬주섬 옷을 입으면서 급하게 막을 내려야 하는 인스턴트 데이트 대신 그만의 체취, 취향, 정서, 문화, 스타일이 녹아든 공간에서 조금 더 인간적인 데이트를 경험할 때 비로소 역동적인 이해와 탄력적인 관계가 피어날 수 있다.

안정적인 관계 형성에 영향을 미치는 또 다른 요소는 큰 다툼이다.

"너 대체 어제 몇 시에 들어갔어?"

"응? 아마도 12시. 아니, 1시인가?"

"너 정말 이딴 식으로 할래? 늦게 들어갈 때마다 이렇게 전화기 꺼놓고 사람 환장하게 할 거냐고! 넌 내가 우습냐?"

"아니야, 아니야. 미안해요, 호호!"

"그렇게 계속 네 맘대로 생활하려거든 연락하지 마. 앞으로 계속!"

지금의 남편과 연애를 시작한 지 3개월 남짓 지났을 무렵, 그와 나는 크게 다투었다. 정확히 말하면 일방적으로 공격당하는 억울한 싸움이었다. 그는 매일 밤 일을 빙자해 술자리에 어울리며 늦게 귀가하는 나에게 불만이 폭발해, "더 이상 이렇게는 못 만나!"를 선포했다.

화낼 줄도 모르는 남자인 줄 알았고 매일 귀가 시간을 보고할 만큼 절대적으로 가까운 사이라고도 생각지 않았지만, 이렇게 어느 날 갑자기 이별을 통보받을 정도로 힘없는 관계라고는 생각하지 않았다. 그런데 한순간 내쳐질 수 있음을 실감하고 보니 간담이 서늘해지고 눈알이 튀어나올 것만 같았다. 남 주기에는 너무나 아까운 그의 마음을 돌리기 위해 눈물 콧물 쏙 빼며 잘못했다고 싹싹 빌었다. 그동안 미안했던 점을 반성하고 앞으로 어떤 연인이 되겠다고 다짐하는 내 모습을 보고서야 그는 마음의 빗장을 풀었다.

아이러니하게도 그와 나는 이별을 들먹거릴 만큼 큰 다툼을 치르고 나서야 단단해졌다. 다툼을 통해 감춰놓았던 바닥의 모습과 속마음을 노출하면서 우리는 알게 모르게 유지했던 거리를 좁힐 수 있었고, 서로에게 조금 더 평화롭게 귀속되어가는 것을 확인할 수 있었다.

제대로 싸우고 제대로 화해하는 일은 안정적인 관계로 거듭나는 데 매력적인 자극제가 될 수 있다. 싸움이라는 극적인 사건을 통해 그동안 미처 보여주지 않았던 모습을 드러내며 자신의 속마음과 상대방에 대한 불만, 갈등, 불안을 간접적으로 고백할 수 있고, 그 낯선 감정적 폭발에 대응하며 진땀을 쏟는 위기를 경험함으로써 엉성한 관계를 더욱 쫀쫀하고 탄력적으로 발전시킬 수 있다.

"그랬구나. 그런 일이 네게 있었구나. 그런 줄도 몰랐네."

"너한테 말하고 나니 부끄럽긴 하지만 속이 시원해지는 것 같아. 고마워."

둘의 관계를 더욱 견고하게 만들어줄 수 있는 또 다른 요소는 서로의 비밀을 공유하는 은밀한 동맹이다. 다른 사람들은 모르는 그의 비밀을 알고 있다는 사실만으로 그는 내게 특별한 사람이 되고, 나는 그에게 선택받은 유일한 사람이라는 믿음을 가질 수 있다. 이름도 모르는 처음 만난 사람과 나눌 수 있는 잡다한 연예인 스캔들, 맛집, 트렌드, 쇼핑 정보 같은 무의미한 이야기가 아니라 그의 가슴 한곳에 자리 잡고 있는 나쁜 기억, 트라우마, 콤플렉스, 불면증의 원인 등과 같은 아프고 힘든 정서를 공유할 때 비로소 어제와 오늘을 비교할 수 없을 만큼 관계가 돈독해진다.

"나, 너 어렸을 때 이야기 듣고 싶어. 어떤 아이였어?"

"요즘 널 보면서 참 크고 작은 고민이 많았겠구나 싶었어. 얼마나 외로웠을까 하는 생각에 울컥하기도 하고……. 앞으로 나랑 이야기하자."

유년기에 부모에게서 받은 상처, 청소년기의 방황, 집안의 몰락, 숨기고 싶은 가정사, 여전히 흔들리는 정체성, 허리 아래로 흘러내린 똥배 콤플렉스 등 나약한 자신을 드러낼 때 몸집을 부풀려 과장하고 방어하고 경계했던 가면을 벗어던질 수 있다.

삼십 대 중반의 유부녀가 된 지금, 이제 더 이상 자유로운 연애는 힘들다. 하지만 크게 아쉽지는 않다. 별다른 것을 하지 않고 함께 시간을 보내는 것만으로도 근사한 데이트를 즐길 수 있는 지금으로 접어들기까지 얼마나 많은 과정을 거쳐야 했는지 아직도 생생하게 기억나는 까닭이다. 그의 자취방을 몇 번이나 드나들었는지, 싸구려 캔 커피 하나로 분위기를 내는 한강 데이트를 몇 번이나 했는지, 이직 후에 또 회사를 때려치우겠다는 그를 솟구치는 짜증을 억누르며 얼마나 달랬는지, 그동안의 노력과 투자와 인내가 새삼 감탄스럽다.

'덜 뜨겁지만 더 따뜻한' 안정적인 관계의 지금이 좋다. 잘 정제된 모습만 보이기 위해 아등바등했던, 그래서 어려움이 많았던 지난날은 시나브로 서로 벗겨지고 구겨진 모습들을 경험하면서 조금 더 애틋하고 조금 더 특별해졌다.

"더 뜨겁고 덜 따뜻할 것인가? 덜 뜨겁고 더 따뜻할 것인가?"

누군가 이렇게 묻는다면 망설임 없이 '덜 뜨겁고 더 따뜻하고 싶다'고 대답하기를 바란다. 그래서 오래오래 따뜻하게 사랑하기를!

빠져나올 수 없게 만드는 섹시한 대화의 기술

누구나 한 번쯤은 숨 막히는 사랑을 한다. 하지만 영원할 것같이 특별했던 사랑도 언제 숨이라도 제대로 쉬어보았냐는 듯 시들어간다. 이내 우리가 사랑하기는 했었냐는 듯 다른 사람을 찾고 싶어지고, 운명이라던 만남을 흔적도 없이 정리하고 싶어지는 때가 온다. 많은 사랑이 그렇게 빛이 바래고 모습을 달리한 채 소멸된다. 그러나 시간이 흐를수록 점점 더 강력하게 서로에게 귀속되어 헤어나올 수 없는 사랑을 만들 수도 있다. 영원히 특별하게 남고 싶은 그 남자의 욕구만 제대로 이해한다면 말이다. 남자의 심리는 상반되는 두 가지를 동시에 원한다. 『연애와 결혼의 과학』의 저자 타라 파커포프는, 성공적인 결혼생활은 남녀의 심리적 성차(性差)를 이해하는 것에서부터 시작된다고 말했다.

사랑하는 남자를 발견했다면 한 가지 사실만큼은 꼭 기억하자. 그는 지금 특별해지고 싶다. 당신에게 그리고 세상 모든 사람들에게. 무슨 말인가 하면, 수컷의 본능 중에는 자신이 속한 사회에서 특정 집단에 소속되고자 하는 욕망이 있다. 그 집단에 들어가기 위해 본래의 자기 행동을 바꾸거나 변형해 순종적인 사람으로 탈바꿈한다. 그런데 참 아이러니한 것은 일단 그 집단 속으로 들어가면, 그 무리 안에서는 뭔가 특별한 존재가 되고 싶어 하는 욕망을 분출한다.

책상 하나를 사이에 두고 마주 앉은 동료와 시시껄렁한 농담을 주고받고 있지만, 실은 '나는 너와 달라. 내가 더 잘났어!' 라는 무언의 암시를 포함하는 경우가 많다. 덥수룩한 수염을 기르거나 피어싱을 하거나 경차 한 대 값에 육박하는 오토바이를 타고 요란한 소리를 내며 도로를 질주하는 남자들도, 본질적으로는 차별화된 남성다움을 과시할 특별한 장치를 한 것이라고 볼 수 있다. 그만큼 남자들은 천성적으로 자신이 특별하다는 느낌이 없으면 행복할 수 없는 존재이다.

"자기 혼자만 특별한가요? 모두 소중한 존재잖아요. 특별함을 주장하는 남자라면 '왕자병' 아닐까요? 잘난 척하는 남자들은 딱 질색인걸요."

사실 나도 잘난 척을 밥 말아 먹듯 하는 남자들이 세상에서 가장 꼴 보기 싫다. 하지만 비록 앞에서는 겸손한 척 절제된 행동을 하는 남자들도 마음속으로는 '나는 왕이로소이다.'를 외치고 있다는 사실을 숙지하고 있어야 한다. 그저 잘 다듬어지고 교양 있게 훈련되어 있을 뿐이라는 것을 말이다.

그러므로 꼭 잡아두고 싶은 욕심나는 남자가 있다면 이 점을 잘 활용해야 한다.

"당신은 특별해. 지금까지 만나본 남자들과 차원이 달라."

손발이 오그라드는 칭찬이지만 남자에게는 중독성이 강한 말이다. 그의

특별함을 지지할수록 달콤한 칭찬과 격려에 빠져들어 언제까지고 세상에서 가장 특별한 남자라는 착각(?) 속에서 살고 싶다는 소망을 갖게 된다. 자신을 '대단한 놈'으로 만들어주는 여자와 한평생을 살아야겠다는 각오를 다지면서.

"당신은 언제부터 공부를 잘했어?"
"유치원 때부터 타고난 천재였지!"
"정말? 뭘 보고 천재라고 느꼈어?"
"아이큐가 너랑은 차원이 다르니까."
"그럼 앞으로 태어날 우리 자식들도 머리가 좋을 거야. 그치?"
"그럼! 서방님은 천재니까."

정말이지 연애하는 동안 남편은 '겸손한 평범남'이었다. 한 번도 '나 이렇게 잘났어.'라고 자기 입으로 떠들어본 적이 없다. 어쩌다가 잘하는 것을 치켜세우기라도 하면 부끄러워하며 겸손을 떨었다. 그래서 철석같이 믿었다. 내 남편은 자랑질 좋아하는 다른 남자들과는 차원이 다른 '진국 스타일'이라고.

그런데 이게 웬걸! 결혼 후 한집에서 동고동락해보니 그 역시 특별함을 인정받고 싶어 안달이 난 남자들 중 한 사람이었다. 자신이 알에서 태어난 주몽이라도 된 듯 태어날 때부터 뭔가 특별하고 탁월하고 위대하다는 심각한 왕자병이 있는 것이 아닌가.

모든 남자들은 영웅 신화에 시달린다.
"너같이 별 볼일 없는 게 무슨 이런 걸 한다고 까불어!"
"잘난 거 하나 없으면서 허세는!"
"연애는 한번 해봤어?"

이런 식의 무시와 비하가 담긴 빈정거림은 남자들에게 실질적인 사형 선고와도 같다. 그 순간 남자들은 아무리 천사 같은 얼굴의 여자라도 만정이 떨어질 것이다.

"당신처럼 특별한 남자를 만나본 적이 없어!"

"기절할 거 같아. 왜 이렇게 잘하는 거야? 오늘 밤 정말 끝내줘!"

"당신 어머니가 자부심을 가질 만해. 못하는 게 없잖아!"

"너처럼 옷 잘 입는 남자를 본 적이 없어. 진짜 최고야!"

어린아이처럼 수시로 칭찬받고 확인받고 싶어 하는 남자들에게 가장 섹시한 대화는 초등학생들에게 통할 법한 '최고야', '제일이야', '끝내줘' 등과 같은 유치한 최상급 표현이다. 간접적이고 은유적인 칭찬들은 필요 없다. 그저 알아듣기 편하게 "너, 참 대단해. 멋있어!"라는 직설적 화법이 진리이다.

남자들이 이렇게 칭찬에 목말라하는 데는 남녀의 보편적 정서 차이에서도 원인을 찾을 수 있다. 여자들은 서로에 대한 친밀감과 애정을 소소한 칭찬을 통해 표현한다.

"이거 어디서 샀어? 너한테 진짜 잘 어울려. 정말 어려 보이는걸!"

여자들은 서로를 칭찬하고 지지하는 습관을 통해 자신이 속한 공동체에서 인정받고 있음을 확인하고 인정받고자 하는 욕망을 충족시키기도 한다. 반면, 늘 강한 것이 선한 것이라고 교육받아온 남자들은 동성 간의 칭찬에 너무나 인색하다. 그런 달콤한 말은 동성애자나 하는 '기지배' 같은 것이라고 스스로를 옭아맨다. "오늘 입은 옷 정말 훌륭한걸요! 훨씬 부드럽고 지적으로 보여요."라는 말로 아침인사를 전하는 남자를 본 적 있느냐는 말이다. 남자들이 입에 배지도 않은 칭찬을 할 때는 오로지 마음에 드는 이성을 발견하고 구애를 할 때뿐이다.

언제나 특별하고 위대한 사람이라는 인정을 받고 싶은 남자의 숨겨진

욕구를 공략한다면, 빼어난 미인이 아니더라도 성공적인 사랑을 할 수 있다. 사랑의 유효기간이라는 3년이 지나도 그를 옴짝달싹 못하는 '내 것'으로 만들 수 있다는 말이다.

"박성민 과장님, 오늘은 몇 시에 퇴근하실 건가요? 관리자가 되시고부터 능력을 펼쳐주시느라 늘 야근이시네요."

남자의 이름을 대화 중 자주 불러주는 것과, 사원급 이상의 남자라면 직급을 자연스럽게 대화 중에 녹여주는 것도 특별함을 열망하는 남자의 욕망을 충족시키는 지혜로운 방법이다. 촉촉하게 그리고 쫀득하게 그를 흥분시키는 심리적 애무라고 볼 수 있다.

하지만 심각한 왕자병을 앓는 데다가 실제로 잘난 남자라면 무조건적인 칭찬은 오히려 역효과를 가져올 수 있다. 잘생긴 외모, 좋은 직업, 괜찮은 집안 등 뭐 하나 빠지는 게 없는 남자라면 주변에서 일등 신랑감이라는 칭찬을 수없이 들었을 것이고, "아무렴, 난 잘났지!"를 수없이 되새겼을 것이다. 그런 오만한 남자들에게는 평범한 칭찬보다 오히려 시기적절한 질타나 지적이 마음을 사로잡는 데 효과적일 수 있다. 겉으로 드러내지는 않았지만 은근히 콤플렉스로 작용하는 것이나, 한 번도 생각해보지 않은 생소한 것에 대해 문제의식을 제기하는 것이 상대방을 특별한 존재로 상기시키는 기회를 만들 수 있다. 이를테면 세련되지 못한 식사 예절이나 톤이 맞지 않는 패션 스타일, 친절하지 못한 태도 등 치명적이지는 않지만 콤플렉스로 작용할 수 있는 점들을 지적하며 조언하는 것이다.

"성민 씨, 생선 요리를 먹을 때는 생선을 뒤집어가면서 먹으면 안 돼. 살살 긁어서 먹다가 가시를 치우고 먹는 거야. 오늘은 중요한 손님들과 함께

한 자리였는데, 조금 더 신경 썼으면 좋았을 것 같아."

영리한 남자라면 여기까지만 조언해도, '당신이 잘나간다고 그렇게 잘난 척해봤자 사소한 식사 예절 하나 지키지 못하는군요. 품격 있는 집안에서 자란 건 아닌 거 같네요.'라는 열등감을 자극하는 메시지가 포함되어 있음을 느낄 테니까 충분히 적절한 지적이다.

그러나 여기서 한 발 더 나아가, "어릴 때 엄마한테 그런 교육도 안 받았어? 아까 식사하는 거 보니깐 좀 실망스럽더라."라는 식의 지적은 절대 금물이다. 아무리 잔소리하고 싶은 게 많고 못마땅한 것투성이에 지적해야 할 내용들뿐이더라도 직격탄을 날려서는 안 된다. 아무런 대꾸 없이 묵묵히 듣는 것 같아도 그는 지금 당신이 내뱉는 말들을 하나하나 모아서 복리로 굴려 '나를 무시한 나쁜 년'이라는 결론을 도출할 테니까. 그의 특별함을 지켜주되 지금 당장 고치면 좋을 습관을 한 가지 정도만 꼬집는 것이 바로 똑똑한 지적의 핵심이다.

자, 그럼 연습문제를 풀어볼까?

질문 : 6개월 정도 사귄 남자 친구가 요즘 매일 친구들과 어울려 늦게까지 술을 마신다. 술에 취해 통화하는 것도 싫고, 최근 늘어난 체중도 꼴 보기 싫다. 알아듣게 설명하려고 다음과 같이 말했을 때, 과연 무엇이 문제일까?

"배 나온 것 좀 봐. 이렇게 계속 운동도 않고 밤마다 친구들하고 술 마시고 다니면 어떻게 될 것 같아? 생각 좀 하고 다녀라. 내가 몇 번을 말해! 당신은 자기 관리 능력이 없어?"

아무리 진심으로 하는 조언이라 하더라도 명령조는 절대 금물! 숨 막히게 사랑하는 사이라면 웃어넘길 수도 있다. 하지만 조금씩 이성적인 시각으로 연애에 진입하는 단계가 되면, 남자는 명령조의 말들을 자신의 숨통을 옥죄고 함부로 대하는 잔소리로 느낀다.

'술을 줄이고 몸매 관리를 할 것'에 대한 똑똑한 지적은 바로 이런 것이다. "왜 이거 정말 자기 배야? 만날 운동도 않고 밤마다 친구들하고 술 마시더니 이렇게 돼버렸네. 아이고, 슬퍼! 배만 조금 들어가면 상위 3% 특상품 남자인데, 얼른 다시 옛날로 돌아가재"

    내가 소개팅 첫 만남에서 남편의 마음을 사로잡아 결혼까지 이끌어갈 수 있던 비결은 그를 특별한 남자라고 간접적으로 띄워준 데 있었던 것 같다. '스노보드 마니아'라고 자신을 소개한 남편에게, "와! 운동신경과 민첩성이 요구되는 그 어려운 스노보드를 어떻게 그렇게 잘 탈 수 있어요?"라고 반응한 그때부터 남편은 수다쟁이가 되었다. 과속 운전을 일삼는 모습을 보면서도, "이렇게 레이싱 선수처럼 운전하는 남자는 처음 봐요. 진짜 스릴 있어요."라고 마음에도 없는 말을 던진 순간, 그의 눈에서 애정 어린 레이저가 발사되는 것을 경험했으니까.

    결국 남자는 그렇다. 섹시하게 자신을 녹여줄 수 있는, 세상에서 가장 특별한 남자로 만드는 그 한마디를 해줄 수 있는 여자에게 평생을 걸고 싶어한다. 평생 특별하게 살 수 있도록 말이다.

오래오래 사랑하며 행복하게

위대한 사랑은 눈 깜짝할 사이에 찾아온다.
그래서 조금 전까지만 해도 삶이 완벽하다고 생각했는데,
그다음 순간 지금껏 이 사람 없이 어떻게 살았나 하는 생각이 든다.
___영화 〈Mr. 히치〉 중에서

사랑은 어쩌면 온유하고 아름답기보다 심술 맞고 변덕스러운 것인지 모른다. 사랑에 빠진 단계에서 사랑을 하는 단계로 이동하면서 모든 것이 순식간에 변해버리니까 말이다. 사랑에 빠졌을 때는 그렇게 뜨겁더니, 사랑한다고 덤덤하게 말하는 지금은 사랑인지 아닌지조차 헷갈릴 정도로 딱딱하게 변해버렸으니까.

그러나 인생이 변하듯 사랑도 변하고 우리도 변한다. 그 사실을 의심 없이 인정할 때에 오래오래 사랑하며 행복할 수 있다.

"사랑의 묘미는 흥분, 떨림, 전율, 짜릿함이잖아요. 그런 감정들로 삶이 아름답게 보이고 일상에 에너지가 넘치는 거 아닌가요? 안정적인 관계로 진입했다고 볼 수도 있겠지만, 지금은 뭔가 사랑의 불꽃이 확 사그라진 것 같아요. 예전처럼 재미있지도 않고 시들시들하네요. 이러다 자연스럽게

헤어지는 수순을 밟게 되는 건 아닐까요?"

 울퉁불퉁하고 표지판도 제대로 없지만 기대하지 않았던 숨 막히는 절경들을 만끽할 수 있는 국도 운전을 '사랑에 빠지는 단계'라고 비유한다면, 일정한 속도로 액셀러레이터만 밟아주면 계속 달릴 수 있는 고속도로 운전은 '사랑을 하는' 단계로 묘사할 수 있다. 훨씬 안정적이고 쉽고 착한 단계.

 하지만 밀고 당기고 의심하고 오해하고 가슴앓이 하는 감정을 반복하며 상대의 마음을 얻어가는 리드미컬한 관계를 지나, 서로만 바라보아야 하는 사람들로 묶인 관계로 진입하는 것은 과거와는 다른 종류의 인내와 노력이 수반된다는 것을 의미한다. 뭔가 개선이 필요하다는 판단이 들면, "그럴 때도 됐지."라며 자연적인 현상으로 받아들일 게 아니라 적극적으로 변화를 모색해야 제대로 '사랑하는' 사람들로 거듭날 수 있다.

 먼저 현재 둘 사이에 가장 문제가 되는 부분부터 진단해보자. 사랑이 우연이 아닌 것처럼 갈등이 시작되는 순간에도 까닭은 있다. 예를 들면, 화가 났을 때 오랫동안 말을 하지 않고 버티는 연애 스타일이 권태기를 낳은 것일 수도 있고, 수시로 휴대폰을 끄고 연락 두절하는 모습에 서서히 분노가 쌓였을 수도 있다. 지나친 워커홀릭 증세나 잘 맞지 않는 섹스 궁합 때문에 관계에 구멍이 생겼을지도 모른다. 말썽을 일으키는 원인이 모두 제각각이듯이 문제에 대한 답도 스스로 찾는 수밖에 없다.

 우리 부부의 경우, 남편은 완강한 채식주의자인 반면, 나는 고기라면 자다가도 벌떡 일어나는 마니아이다. 그러다보니 모처럼 얼굴을 맞대고 따뜻한 밥 한 끼를 먹으려고 해도 좀처럼 먹을 게 없다. 육식주의자와 채식주의자의 간극은 그렇게 멀더라.

"연애할 때 채식주의자라는 이야기 왜 안 했어? 내가 곱창구이를 얼마나 좋아하는지 알면서 어쩜 시치미를 뚝 떼고 가만히 있었어? 이건 사기 결혼이나 다름없어. 자, 내 몰골을 봐. 결혼하고 고기를 제대로 못 먹었더니 폭삭 늙었잖아!"

    진심으로 고백하건대 우리는 '고기'라는 첨예한 이슈를 둘러싸고 좁혀지지 않는 의견 차 때문에 극심한 갈등을 여러 번 경험했다. 이것은 지글지글 고기 익는 소리 위로 넘나드는 웃음꽃이 피어날 일이 없다는 뜻이며, 오늘은 무얼 먹을까 고심하며 설렐 수 있는 소소함을 공유할 수 없다는 의미이며, 더불어 먹고 싶은 것에 대한 욕망을 제대로 충족할 수 없는 아쉬움이 반복되는 일이기도 하므로. 아마도 우리가 결혼을 하지 않은 채 몇 년째 장기 연애를 하는 커플이었다면 나는 그에게 이별을 고했을 것이다. "우리 헤어져. 고기 먹지 않는 너에게 질렸어."라는 말을 남긴 채.

    식문화의 차이로 오는 권태감과 짜증은 부부생활 전반을 위협했다. 결국 나는 이 문제를 어떻게 해결할까 고민하다 '해산물 찜 요리'를 대안으로 낙점했다. 이글이글 해산물들이 익어가는 모습을 보며 가위와 집게로 새우, 조개, 낙지 들을 자르고 찜통에 넣다 보면 아쉬운 대로 고기 굽는 듯한 재미를 느낄 수 있었던 것이다. 뜨거움을 잠식시키는 원인을 찾아 적극적으로 해결하고자 할 때 조금씩 고개를 내밀던 갈등과 불화를 잠재울 수 있다.

    그래도 다행인 것은 문제 해결을 위한 노력은 남녀 둘 중 어느 한 사람만 주도하더라도 나타날 수 있다는 점이다.

"왜 내가 움직여야 해? 그가 먼저 노력해주면 좋잖아."

따지고 재고 계산하지 말자. 맨숭맨숭, 시들시들, 까칠까칠, 텁텁했던 사랑의 촉감을 다시금 짜릿짜릿, 보들보들, 반짝반짝, 촉촉하게 리모델링을 해야겠다고 마음을 먹는 것, 그것으로 관계의 변화가 시작된다는 사실이 중요한 거니까.

여기에 오래오래 사랑할 수 있는 두 번째 원칙이 숨겨져 있다. 두 사람이 오래도록 사랑하고 더 행복해지기 위해서는 지금의 관계를 위해 정기적인 노력을 기울여야 한다. 사랑이란 감정은 철없고 유치하기 이를 데가 없어서 자연스럽게 흘러가게끔 내버려두면 제멋대로 삐치고 나빠지기만 할 뿐이다. 헬스클럽에서 몸매를 가꾸고 정기적으로 피부 관리실에 다니듯 현상을 유지하고 나빠진 점은 바로잡으려는 노력과 투자가 필요하다.

"편한 사이가 된다는 건 꾸밈없는 관계가 된다는 뜻 아닌가요? 민낯으로 만나도 거리낌 없고 서로의 속내를 공유하고 인위적인 연출을 하지 않아도 되는 인간적인 관계가 된다는 의미 말이에요. 상대방에게 잘 보이려고 노력하고 투자하고 마음 쓰는 건 연애 초반에나 필요한 거 아닐까요?"

아니다! 편안한 사이가 되는 것을 '서로 무신경해진다'는 의미로 착각해서는 안 된다. 편안한 사람이지만 소중한 사람, 그리하여 가장 먼저 신경 쓰고 관심을 쏟아야 하는 사람이라는 표현을 해야만 '편해서 더 소중한 존재'가 될 수 있다.

"너, 호텔 제과점에서 파는 수제 초콜릿 먹고 싶다고 했잖아. 점심시간에 살짝 나가서 사왔어."

상대방이 무심코 내뱉었던 한마디를 기억했다가 짬을 내어 사왔다는 수줍은 초콜릿 상자, 우리가 사랑하는 것은 그 상자가 아니라 그가 내게 행하는 친밀한 몸짓이다. 안정적으로 사랑하는 사람들끼리 가장 필요한 것은 바로 이 몸짓이다. 이런 사소함을 통해 우리는 화려한 사랑 고백이나 뜨거운 스킨십 없이도 '여전히 사랑하는 사람들'이라는 확인을 나눌 수 있다.

- 종종 그가 좋아하는 간식거리를 사서 차에 넣어주기
- 달라진 헤어스타일에 호들갑을 떨며 멋있다고 반응하기
- 다 낡아 해진 지갑을 새 지갑으로 바꿔주기
- 혼자 듣기 아까운 음악영상을 아침인사로 보내기
- 점심시간에 잠시 짬을 내어 식사나 차를 함께하기
- 그의 자동차 위에 쌓인 눈 털어주기
- 어버이날에 그의 부모님을 위한 카네이션 꽃바구니 전하기
- 갑작스러운 폭우가 쏟아질 때 그의 회사 앞으로 우산 가지고 가기
- 연애 초반에 자주 쓰던 애칭으로 부르기
- 질 좋은 면 소재의 속옷 선물하기
- 그가 좋아하는 데이트 룩으로 스타일링 해보기

상대가 자신을 위해 마음을 쓰고 있다는 애정의 몸짓을 지속적으로 받을 때 심드렁하고 무심하게 변했던 사랑을 다시금 탄력 있는 상태로 변모시킬 수 있다.

그러나 꼭 명심해야 할 마지막 원칙이 있다. 그것은 바로 자신만의 시간을 30% 정도 확보하는 일이다. 누군가를 사랑한다는 것은 늘 함께해야 한다는 뜻이 아니다. 주말이면 모든 시간을 그와 함께 보내며 가고 싶은 곳, 먹고 싶은 것, 해보고 싶은 것이 생길 때마다 '그와 함께해야 하는 어떤 것'으로 규정해버리면 관계는 곧 생명력과 자기다운 색깔을 잃게 된다. 그리고 이내 숨 막힐 듯 답답하고 지루해지는 때가 온다.

매운 음식을 좋아하는 그를 위해 신당동 떡볶이를 먹으러 갔다면, 몇 달 전부터 기다려왔던 팀 버튼 전시회는 참고할 만한 책과 팸플릿을 안고 혼자 관람하는 게 어떨까? 혼자의 시간을 자기답게 보내며 자신만의 관심사, 사고, 행동방식을 지켜내야만 둘이 있을 때도 각자의 색깔을 유지하며 평화롭게 공존할 수 있다.

결국 오래오래 사랑하며 행복해지는 방법이란 자신의 존재를 믿고 긍정하는 첫걸음을 시작으로 상대방과 공존하는 길을 찾아가는 적극적인 노력 위에 있을 것이다.

오래전에 읽은, 공주와 왕자가 등장하는 동화 버전으로 이 장의 주제를 정리하면 이렇게 되지 않을까?

"그 여자는 늘 행복했고, 그 남자 역시 행복했답니다. 그래서 그 둘은 오래오래 행복하게 사랑할 수 있었답니다."

Step
4

이별

이제는 헤어져야 할 때
: 이별을 알리는 신호들

나를 두고 돌아서면서 정말로 날 사랑했다고 그렇다고
붙잡고도 싶었지만 나도 결국엔 안 될 걸 알기에
잡고 있던 손을 놓아주고 말았어 이젠 보낼게
      __ '노을'의 노래 〈붙잡고도〉 중에서

어디서부터가 사랑이고 어디서부터가 이별일까? 사랑이라는 감정만큼 애매모호하고 우유부단하고 음흉한 존재가 또 있을까 싶다. 헤어나오지 못할 만큼 뜨거웠는데, 또 어느 순간 더 이상 손을 댈 수 없을 정도로 차가워져 있음을 지각할 무렵, 우리는 이별이라는 거대한 감정의 폭풍에 휘말려 있음을 깨닫게 된다. 예측하지 못한 순간에 찾아왔다가, 다시 예고도 없이 떠나버리는 게 바로 사랑이다.

그러나 가만히 돌아보면, 이별은 늘 예견된 것이었다. 형식적인 전화, 뚝뚝 끊기는 대화, 떨림 없는 스킨십에 상대가 조금씩 어려워지고 시시해지

고 형편없게 느껴지고 어색해지는 상황이 반복될 때 우리는 이별이라는 거대한 소용돌이에 휘말렸음을 직감한다.

이별이 찾아왔는데, 더 정확히 말하면 이별을 해주어야 하는 시점이 왔는데 이미 끊어진 관계를 억지로 붙잡고 있거나 이별을 부인하는 것만큼 애석하고 안타까운 일도 없다. 사랑을 할 때는 두 사람의 합의가 필요하지만, 이별이란 놈은 고약해서 돌아선 한 사람의 마음으로도 충분히 성립된다. 일방적이고 난폭하고 무례하고 황망한 게 바로 이별의 속성이다.

따라서 이별은 떠나야 할 때를 알고 아름답게 떠나는 것이 원칙이다.

이별, 몸으로 시작을 알린다

"키스가 더럽다는 생각이 들기 시작했어. 사실 키스만큼 비위생적인 것도 없지!"

좋다고 징글징글하게 붙어 있을 때는 언제고, 이별의 그림자가 드리우면 미운 것만 보인다. 아니, 엄밀히 말해서 '더러운 것'만 보인다. 살짝 삐져나온 코털에 비위가 상하고, 머플러에 묻은 성분을 알 수 없는 얼룩도 역겹게 느껴진다. '후루룩' 소리를 내며 파스타를 돌려 먹는 모습에 입맛이 뚝 떨어지고, 그날따라 후덕한 얼굴 라인이 못생기게 느껴지던 그 무렵이었을 게다. 그와의 키스가 참 싫어진 때가.

키스 후 입술에 감돌던 비릿한 침 냄새가 못 견디게 싫어 티슈로 입술을 박박 문질러 닦아내기도 했다. 그 같은 기억이 몇 번 반복되자 나는 밀폐된 공간에서 단둘이 남겨지는 상황을 필사적으로 피했다. 그리고 얼마 뒤에 나는 이별을 선언했다. 그의 체취가 담긴 침 냄새 때문이었는지, 또는 식은 마음 탓이었는지는 여전히 알 수 없지만, 이별의 그림자가 드리우고부터 확실히 그와의 스킨십은 다르게 느껴졌다.

그렇다. 이별은 머리나 가슴보다 몸이 먼저 반응한다. 묘한 매력으로 느껴지던 그의 시큼한 겨드랑이 냄새가 역하게 느껴질 때, 온기 가득한 체온을 확인하던 그의 손이 세균의 온상처럼 느껴질 때, 열심히 살아온 삶의 훈장 같던 그의 눈가 주름이 단순한 노화 현상으로 보일 때 몸은 이미 알고 있었는지도 모른다. 이제 이별을 준비해야 할 때라는 것을.

오해와 서운함, 권태가 쌓이면 이별을 낳는다

"그래, 우리 이제 그만 만나자."

여자와 남자, 누구의 입을 통해서라도 이별선언이 공식화되었다면, 그것은 이제 더 이상 관계를 지속하고 싶은 이유도 열정도 없음을 의미한다. 진심을 다해 이어 온 관계였다면 그냥 심심하거나 귀찮아서 또는 사는 게 피곤해서 쉽게 이별을 결심하지는 않는다. 이별은 누구에게나 새로운 아픔인 탓이다.

'그만 헤어지자'는 말은 그동안 당신 때문에 힘들었다는 고백과 유사하다. 더 사랑받고 사랑하고 싶었으나 뜻대로 이루어지지 않았을 때, 기대만큼 상대방의 이해와 존중을 받지 못했을 때, 반복적 오해와 실망으로 더 이상 사랑할 힘이 없을 때 우리는 이별이라는 극적인 단어로 자신의 상태를 대변한다. 화를 내기도 하고 말다툼도 벌여보고 삐치기도 하면서 자신이 동원할 수 있는 모든 방법을 써보았으나 원하는 바를 얻지 못했을 때, 여자와 남자는 모두 좌절감을 경험한다.

'내가 이렇게 중요한 사람이구나!', '이만큼 사

랑받고 있구나!', '그녀에게 난 멋진 사람이구나!' 라는 긍정적 피드백을 실감할 때 연애 관계가 안정적으로 성장할 수 있다. 지금을 발판으로 다음을 도약할 수 있는 목표가 생기기 때문이다.

반면, 관계의 방향성을 상실하거나 상대로부터 아무런 자극도 얻지 못할 때 힘들고 아프더라도 다시 혼자가 되는 이별을 선택하고 싶어진다. 빠져나오기 힘든 권태, 있으나 없으나 별 차이 없는 만남, 오랫동안 한 사람에게 정체되어 있었다는 후회 등 이런 생각들이 반복적으로 밀려온다면 이별을 준비해야 할 때이다.

상대의 성장 속도를 따라가지 못할 때 이별은 똬리를 튼다

"어젯밤에 뭐 했어?"

"TV 보다 잠들었지 뭐!"

"넌 퇴근 후에 하고 싶은 것도 없니?"

"일하고 온 것도 피곤한데, 또 뭘 해야 해?"

특별히 그에게 나쁜 점이나 못된 점을 발견한 것은 아니었다. 단지 오래 만나면서 '시시해졌다' 또는 '실망스럽다' 는 말이 정확할 것 같다. 1년 남짓 유지하던 그와의 만남이 시들해지기 시작한 것은 더 나아지기 위해 매일매일 투쟁하듯 살아가던 나와 달리 그는 어제나 오늘이나, 아니 1년 전이나 후나 달라지는 게 없어 보인 무렵이다.

내가 관심 분야의 책을 읽고 커리어 개발에 열을 내면서 바지런한 성장을 하는 동안, 그는 변함없고 한결같이 그 자리, 그 상태로 내 곁에 있었다. 과거에는 그 '한결같음' 이 참 매력적이었는데 어느 순간부터 숨이 막혔다.

"제자리걸음만 하는 남자와 평생을 산다는 건 끔찍한 일이야. 서로가 더 성장할 수 있도록 키워주고 독려하는 관계가 필요해. 그와 같이 산다면 나도 저렇게 변해가겠지. 고인 물처럼 말이야."

　이별을 결심한 날, 나는 생각했다. 그가 잘못한 것은 없었노라고. 다만 서로의 성장 속도가 달랐던 것이 우리의 문제였다고 말이다. 손을 잡고 함께 걸어가려면 걷는 속도가 비슷해야 한다. 한 사람만 종종걸음으로 속도를 내거나 반대로 너무 느린 호흡이라면 '같이 걷기'가 어렵다. 오랫동안 손을 잡고 걷기 위해서는 상대의 성장 속도와 유사해야 한다. 서로 한 뼘씩 자라날 때 관계도 사랑도 두 뼘쯤 성숙할 수 있도록.

누구에게나 사랑의 유통기간은 적용된다

　사랑에도 수명이 있다. 쌩쌩 달릴 때는 모르지만, 사랑의 배터리가 다 되어갈 무렵에는 별별 이유들이 이별의 원인으로 고개를 내민다. 뜨거운 감정이나 설렘이 사라진 자리를 의무감이나 정 때문에 이어가고 싶지 않다는 저항감의 발동으로 이별을 결심할 수도 있고, 사랑보다는 취업, 이직, 승진 등 커리어 개발에 투자하고 싶은 의지가 이별을 재촉할 수도 있다. 애초부터 깊은 애정 없이 상황에 떠밀려 시작했다가 이제 그만 마무리 짓고 싶은 만남도 있다. 그러나 이 모든 가정들은 단지 '그럴 수도 있다'고 추측할 수 있는 요소들일 뿐이다.

　"그를 만나는 동안 일도 외모도 모두 최고의 상태였던 것 같아요. 하루하루가 특별하고 새로 태어난 기분이었어요. 이렇게 허망하게 헤어질 줄 몰랐지만……."

사랑을 얻으면 스스로를 대단히 가치 있는 사람이라고 여기게 된다. 그의 마음을 얻을 정도로 매력적이고 사랑스러운 여자라는 것을 깨달을 수 있었기 때문이다. 따라서 '난 참 괜찮은 사람이야.'라는 긍정을 지속적으로 확인할 수 있는 이 관계를 포기하고 싶지 않은 것이다. 조금 아쉬운 부분이 있더라도 과거보다 근사하게 보이는 달콤한 착시 효과를 벗어나기란 쉽지 않다.

그러나 신데렐라의 12시 종소리처럼 우리의 감정은 일정한 시간이 지나면서 현실 세계로 눈을 돌린다. 자신의 매력 정도와 상관없이 단지 그 무렵에 두 사람의 마음이 맞아 끌림으로써 연애가 시작되었을 뿐이라는 유쾌하지 않은 사실과 직면하게 된다.

그리고 이때 그동안 미루어놓았던 수많은 과제들이 보이기 시작한다. 곧 있을 연봉 협상, 불어난 몸무게, 성공적 이직을 위한 자기계발 전략, 느슨해진 인맥 관리 등 그가 떠난다 하더라도 안전할 만큼의 보호막을 만들기 위해 부단히 노력하고 투자해야 한다는 이성적인 판단들이 서서히 고개를 든다. 이별은 그렇게 때로는 본래의 나로 돌아오는 과정의 길목 어딘가에서 기다리기도 한다.

이별은 참 쌀쌀맞다. 사랑이 예고 없이 찾아와 나를 반겼다면, 이별은 납득할 수 없는 까닭만 남겨둔 채 예의 없이 떠나갔다. 그런데도 이별을 받아들였던 것은 언젠가 '우리'라는 이름으로 다시 만나거나 사랑하게 되더라도 당장은 이별이 필요한 때였기 때문이다. 힘들고 믿기 어렵겠지만 그것이 바로 사랑과 이별의 법칙이다.

이별의 순간에 대한 예고

1. 둘 중 누군가 연신 시계를 쳐다본다.
2. 어떤 이야기로 대화의 흐름을 이어가야 할지 자꾸 생각하며 말하게 된다.
3. 데이트 비용 부담에 대해 손해 보는 기분이 든다.
4. 어떻게든 스킨십을 피하고 싶어 별의별 핑계를 대는 자신을 발견한다.
5. 문자 메시지를 확인하고 자주 허무해진다.
6. 함께 걸을 때 어떤 자세를 취해야 할지 어색해진다.
7. 데이트 약속 시간을 잡기에는 할 일이나 하고 싶은 일이 참 많게 느껴진다.
8. 나를 바라보는 상대방의 눈에 사랑 가득한 온기를 찾아보기 힘들다.
9. 다툼 시 언어적·신체적으로 위험한 수위가 점차 높아져간다.
10. 자연스럽게 이별할 방법을 찾는 '우리'를 발견하게 된다.

이별 관찰, '우리는 왜 사랑했을까?'

별 기대 없이 켠 라디오에서 즐겨 듣던 노래가 흘러나왔다. 흥얼흥얼 가사 몇 마디를 따라 부르다 보니, '총 맞은 것처럼 사랑했던 남자들'이 떠올랐다. 불쑥불쑥 무례하게 기억 한가운데로 찾아오는 사람들.

'지금은 어디서 무엇을 할까? 잘 살고 있겠지?'

아련해지는 추억에 수줍은 미소가 피어날 무렵 뜬금없이 궁금해진다.

'그런데 대체 그를 왜 그렇게 사랑했던 걸까?'

"너, 예전에 부산 출신 남자랑 좋다고 난리 쳤잖아. 이름이 누구더라? 여하튼 썰렁하고 촌스러운 그 남자. 예전부터 궁금했는데, 넌 왜 그 남자가 좋았던 거야?"

"아, 그 남자! 그러게 말이다. 정말 미스터리지, 미스터리."

친구의 뜬금없는 질문에 한 남자가 떠올랐다. 이상형과 100km쯤 동떨어진 그에게 어찌 호감을 느꼈던 것일까? 곰곰이 생각해보았지만 좀처럼 답이 나오지 않았다. 그저 착하고 믿음직스러웠다는 애매모호한 대답밖에는.

하지만 사랑에 우연이란 없는 법! 그를 사랑한 이유를 찾기 위해 나를 돌아보았다. 그 무렵의 나는 불안과 열등감으로 똘똘 뭉쳐 있었다. 겉으로는 멀쩡해 보였지만, 아무도 없는 밤이 되면 신음 섞인 한탄으로 시간을 보냈다. 아버지의 퇴직 후 살림살이가 쪼들리자, 이대로 몰락한 가정의 주인공이 되는 것은 아닌지 불안했다. 어렵사리 취업을 했지만 밀린 등록금 대출금을 갚기 위해 주말이면 고등학생 대상의 과외까지 하면서 빚진 일상을 채워나갔다. 어디로 흘러갈지 모르는 인생의 뒷모습을 바라보는 일은 설명할 수 없이 고통스러웠다. 그 시절의 삶은 내게 늘 인색하고 쌀쌀맞았다.

'구멍이 있었으면 좋겠어. 숨을 들이쉬고 내쉴 창문 같은 구멍 말이야.'

그랬다. 수더분한 외모, 털털해 보이는 성격과 달리 성공에 대한 야망과 자기애로 똘똘 뭉쳐져 더 나은 삶을 위해 일에 매진하는 그 남자를 보며 나는 깊은 동질감을 느끼기도 했고, 지금의 결핍을 충족시키고 싶다는 보상심리도 들었다. 수많은 남자들 가운데 내 감정을 전이시킬 수 있을 정도로 '만만하게 매력적인' 그를 가슴에 품었던 것이다.

그런데 한참이 지난 어느 날, 우리는 같은 이유로 이별을 했다. 나의 환경과 상황이 나아지면서 그는 더 이상 사랑할 가치가 없는, 더 이상 쓸모가 없는 존재가 되어버렸다. 어머니의 사업이 번창하고 나 역시 직장에서 조금씩 성장하기 시작하면서 외부의 도움으로 채워 넣고 싶었던 결핍은 어느 정도 충족되었고, 그의 역할은 서서히 작아졌다.

"우린 어울리지 않는 거 같아. 어쩜 처음부터 아니었을지도 몰라. 이제

좀 지겹다."

그를 왜 사랑했느냐는 친구의 질문에 '미스터리'라고 답했지만, 이제 나는 알 것 같다. 나는 수다분하고 믿음직스러운 모습에 반했던 게 아니라 실은 고단했던 내 삶을 어루만져줄 수 있는 남자에게 끌렸던 것뿐이라는 것을 말이다. 그리고 그때는 그것이 사랑이었다는 것을.

누군가에게 호감을 느끼고 사랑의 감정이 움직이는 데는 분명한 원인이 있다. 처음 만난 순간의 끌림이나 페로몬의 역할도 있지만, 스스로도 인식하지 못했던 수면 아래 요인들에 따라 우연 같은 사랑이 싹트기도 하고 예기치 못한 이별을 맞이하기도 한다.

인생 초반부터 일어난 수많은 크고 작은 사건들과 기억들이 합쳐진 결과에 따라 누군가에게 매료되기도 하고, 반대로 진저리 나게 싫어지기도 한다. 감정이란 것은 자기 '역사'와 '이야기'에 의해 생성되기 때문이다. 갑작스럽게 발생하는 듯 보이지만 사실은 분명한 필요에 의해 생겨나고, 그 필요로 채워나가는 과정에서 때로는 온도를 알 수 없을 만큼 뜨거워지기도 차가워지기도 하면서 사랑이 생성되고 소멸된다.

이별 심리 치료사인 레이첼 A. 서스만은, "이런 요소들을 알아내려면 상당한 추리 과정이 필요"하며 "그것은 인생 초반에 일어난 유전적 · 생물학적 · 사회적 · 문화적 · 심리적 요소들이 파트너 선택이나 사랑과 이별을 슬퍼하는 기간에 어떤 영향을 미쳤는지 살펴보는 시간"이라고 조언했다.

이를테면 다음과 같은 질문들을 통해 사랑의 감정이 발생된 실마리를 찾는 것이다.

- 어떻게 자라고 성장했는가?
- 어떤 식으로 타인에게 애착을 가졌는가?

- 드러내고 싶지 않은 콤플렉스는 무엇인가?
- 지금까지 교제해온 남자들의 특징은 무엇인가?
- 사랑할 상대를 선택할 때 어떤 조건을 가장 중시했는가?
- 일방적으로 이별을 통보받았을 때 그 상황에 어떻게 대처했는가?
- 아직도 상처로 남은 그의 한마디는 무엇인가?

자칫 지루해 보일 수 있는 '왜 사랑하게 됐을까?'에 대한 답을 찾는 작업이 중요한 이유는, 그것이 결국 '왜 이별하게 됐을까?'와도 맞닿아 있기 때문이다. 그에게 끌렸던 그 이유 때문에 사랑이 끝나기도 하는데, 더 잔인한 것은 이 과정이 기약도 까닭도 없이 습관처럼 반복될 수 있다는 점이다. 이유를 찾아 적극적으로 문제를 해결할 때에 비로소 꿈꾸던 로맨스를 감히 실현할 수 있는 기회도 생긴다.

'서른 넘어서 어째 더 좋은 남자들이 꼬이는 걸까? 살맛 나는구나.'
서른 살 무렵, 나의 일기장 어딘가에 적힌 문장이다.
나의 이십 대란 가난하고 어리석고 형편없는 연애의 반복이었는데, 몸값이 주춤할 수 있는 서른에 오히려 풍요롭고 건강하고 똑똑한 연애의 주인공이었으니 정말 살맛 나는 세상이었다. 갑자기 성형수술을 하거나 급격한 다이어트로 외모의 변화를 꾀했던 것은 아니다. 차이가 있다면 지긋지긋하게 반복되는 몹쓸 연애를 끊는 훈련을 통해 좀 더 나은 내가 되고자 했을 뿐이다.

그의 사소한 한마디에 피가 역류하는 듯한 분노를 쏟아내고, 상대방을 찌르는 아픈 말만 골라서 하고, 이별을 암시하는 말들을 의도적으로 쏟아내고, 후회하고 반성하고 언제 그랬냐는 듯이 다시 애정을 구걸하고 용서를 빌다 헤어지는 '거지 같은 연애'의 막을 내리고 싶었다.

연애 휴식기를 선언하고 건강한 싱글의 삶을 보내기로 결심했다. 조찬 독서모임을 시작하고, 일주일에 세 번 규칙적으로 동네 학교 운동장을 뛰고, 대학원 수업에 충실하게 임하고, 3년짜리 새 적금을 들고, 여성 커뮤니티에 가입해 그동안 답답했던 문제들을 나누고 돌아보는 시간을 1년 남짓 보내면서 나는 조금씩 더 나은 상태로 변화되었다. 쉽사리 주눅 들지 않을 정도의 지식을 쌓고, 자기계발을 통해 몸값을 올리고, 또래 여성들과의 연대를 통해 주체적인 여성으로 살아가기 위한 지혜를 나누면서 스스로를 긍정하고 믿는 여유가 생겼다.

정말 신기한 일이었다. 잦은 분노, 조급함, 의심, 불안 등 내재된 감정들을 덜어내고 나니 연애 방식도 사랑할 파트너도 사랑의 질적 수준도 달라지더라. 일기장에 적은 고백처럼 점점 더 멋진 남자들과 더 성숙된 연애를 실현할 수 있게 되었다.

지나간 사랑을 부여잡고 한참을 바라보는 것은 어리석은 일이다. 그것은 돌아오지 않는 과거이고 이미 잊혀진 시간들일 뿐이니까. 그러나 지나간 사랑에는 지금의 우리를 회복시킬 수 있는 희망이 숨어 있다. 반복적으로 사랑에 실패하는 원인을 찾아내면 전혀 다른 방식으로 한층 성숙된 연애 관계를 만들어갈 수 있다.

아픔과 고통으로 얼룩진 연애 패턴을 버리고, 관계를 통해 성장하는 즐거움과 성취감을 맛볼 수 있는 '품격 있는' 사랑을 하고 싶다면 가만히 물어보자.

"왜 나는 너를 사랑했을까? 그리고 이별했을까?"

Action Play '우리는 왜 사랑했을까?'

마치 지금 저와 여러분이 서로 마주 보며 상담을 하고 있다고 상상하면서 아래 문제들에 답을 해보도록 해요. 메모를 해도 좋고, 녹음기를 이용해 독백을 하듯 대답해도 좋아요. 질문들은 서로 유기적으로 연결되어 있기 때문에 끝까지 곰곰이 생각하며 답을 하다 보면, 실타래처럼 엉켜 있는 사랑과 이별이라는 감정들에서 미처 보지 못한 자신이 보일지도 몰라요. 아래 질문에 대한 답을 쭉 써보고 이야기해보았는데도 왜 사랑했던 것인지, 또는 이별하게 된 것인지 감조차 잡지 못하겠다면 제게 이메일로 도움을 청하세요. w_school@naver.com

1. 사랑했던 그 남자를 떠올려보세요.
   그를 처음 만났을 때 기억에 남는 구체적인 모습이 있나요?
   제스처, 표정, 대화 내용 등 어떤 것이라도 좋아요.

2. 그와 교제하면서 어떤 점이 좋았나요?
   그에게 도움받았던 것, 정서적으로 안정적이었던 것, 그가 '내 남자'라는 사실 자체, 그 어떤 것이라도 좋아요. 다만, 정말 솔직한 마음을 들여다보세요. 무엇이 가장 좋았나요?

3. 그를 만날 때 자신의 상황은 어떠했나요?
   좋은 상황이었나요, 혹은 나쁜 상황이었나요? 그를 만날 때 가정환경, 일터환경, 사람들과의 관계, 경제적인 상황 등을 모두 고려한 자신의 상황을 기술해보세요.

4. 나의 상황이 그를 만나는 데 어떤 영향을 주었나요?

5. 그와 가장 동질감을 느끼고 '내 사람'이라는 믿음이 생긴 때는 언제였나요?
   어떤 감정을 느낀 구체적인 사건들을 몇 가지 이야기해보세요.

6. 어떤 상황에서 행복감을 느꼈나요?
   어렸을 때부터 주로 어떤 상황에서 행복하다고 느꼈죠?

7. 어떤 이별을 직감했나요?

8. 이별은 누가 야기했다고 생각하나요?
   그렇게 생각하는 까닭을 이야기해보세요.

9. 결국 그와 이별하게 된 원인은 무엇이라고 생각하나요?
   감정적인 원인도 좋고 특별한 사건이나 특수한 상황을 이야기해도 좋아요.

10. 이별 후 슬픔을 극복하기 위해 주로 어떤 행동을 했나요?
    왜 그런 행동을 해야만 했나요?

ADVICE!

1번부터 10번까지의 답변들 중 반복적으로 사용되는 '단어' 가 있는지 한번 살펴보세요. 예를 들어 '무조건적인 애정', '조건 없는 사랑' 등과 같은 유사한 단어가 반복적으로 사용되었다면, 당신은 그것이 결핍된 채 성장해왔고, 그런 이유로 애정에 대한 집착과 확인을 갈망하는 사람이 되었을지도 몰라요. 마치 그를 엄마 또는 아빠로 여긴 채 충족되지 못한 욕구를 채우려고 사랑했던 것은 아닌지 생각해보세요. 그 단어에 사랑하고 이별하게 된 태초의 이유가 존재할 수 있어요.

또 한 가지 체크할 것은 자신도 모르게 가장 장황하게 설명한 항목이 있는지 살펴보는 일이에요. 왜 그 질문에서 유독 예민하게 반응하고 복잡하게 이야기하고 싶었는지 숨겨진 마음을 들여다보는 거예요. 사람들은 애써 드러내고 싶지 않은 열등감과 관련된 이야기를 할 때 자신도 모르게 장황하게 이야기하는 습관이 있기 때문이에요.

'우리는 왜 사랑했을까?' 에 숨겨진 비밀을 발견하기를 바라며!

이별의 슬픔, 셀프 테라피로 '다독다독'

얼마 전, 또 한 명의 유명인이 자신의 손으로 생을 마감했다. 그가 남긴 마지막 문자에는 "끝까지 너와 함께하고 싶었다."는 애인을 향한 애절함이 묻어 있다. 헤어지자는 그녀의 한마디에 건장한 사내가 목숨을 저버린 것이다. 이처럼 이별이란 개인이 감당하는 스트레스 가운데 가장 높은 수준의 아픔이다.

"이렇게 힘든 건 다 그 자식 때문이야. 어떻게 내게 그럴 수 있어!"
"오죽 바보같이 못나고 별 볼일 없었으면 그가 떠났겠어. 인생이 한심스럽다."

가족처럼 늘 함께하던 이가 사라졌다는 허망감은 이내 분노로 표출되어 잔인한 복수로 대응하겠노라며 으르렁거린다. 그러고는 이렇게 끝낼 수는 없다며 상황을 부정해보았다가, 이게 최선이었다고 다독였다가 슬퍼했다

를 반복하다 결국 이별이 답이라고 결론을 내린다. 이처럼 이별은 일정한 단계를 거치면서 감정의 변화를 경험하게 되는데, 미국의 심리학자 퀴블러 로스(Kubler-Ross) 박사는 이별 후 애정을 박탈당한 사람들이 겪는 감정의 단계를 '분노', '부정', '타협', '우울', '수용'의 다섯 가지로 설명했다.

그런데 이별이 위험한 까닭은 세상에서 가장 소중한 두 가지를 동시에 부정하는 시간을 견뎌내야 하기 때문이다. 목숨처럼 사랑했던 '그 사람'과 세상에서 그 무엇보다 소중한 '나'라는 두 존재를 한꺼번에 나쁘고 초라한 것으로 부정하는 이 과정에서 우리는 회복하기 힘든 후유증을 남기기도 하고 극단적인 결정을 내리는 실수를 범하기도 한다.

8년 전, 뜨겁게 사랑했던 남자와 이별한 후 나는 죽고만 싶었다. 그가 남긴 추억과 사랑과 그리움을 증오와 분노로 청소하느라 감정적 파산 상태를 경험하던 그 무렵, 나는 스스로에게 거침없는 폭언들을 쏟아내며 매섭고 독하게 괴롭히기 시작했다.

"네가 그녀보다 나이도 많은 데다 연봉은 적으니까 그가 떠난 거야. 며칠 전 입은 촌스러운 미니스커트가 이별을 더 부추겼다는 걸 모르겠니? 지난 생일 선물이 허접해서 더 그랬을 수도 있어."

나는 점점 작아져갔고 갈 곳을 잃은 채 병들어갔다. 이렇게 힘든 감정을 불러일으킨 사건의 발단이 바로 '못난 나'라고 생각하자, 숨 쉬는 게 사치라고 느껴질 정도로 온 세상이 무섭고 아프고 두렵게 느껴졌다.

이별 후 가장 먼저 기억해야 할 것과 지금 걱정해야 할 것은 그와의 관계가 아니라 바로 당신이라는 점이다. 잘해주지 못했던 점을 반성하고 그에게 미안해하거나 다시 돌아올 것 같지 않은 그를 그리워하는 대신 적극적으로 자신을 구원해야 한다. 한없이 초라하게 작아져 있는 자신에게 '그건 네 잘못이 아니야.'라며 스스로 다독여줄 필요가 있다. 다친 마음을 들여다 보며 '그동안 얼마나 외롭고 힘들었니?'라고 스스로를 위로하면서 홀연 혼자가 되어 떨고 있는 자신에게 지지와 격려를 건네주어야 한다.

'이별의 책임이 왜 나한테 있단 말인가? 누가 증명할 수 있단 말인가?'라고 큰소리 떵떵 칠 수 있도록 응원해주고, 이별을 감지한 후부터 이미 축축한 곰팡이와 음울한 습기로 가득했던 마음에 다시 햇살이 비칠 수 있게 온갖 정성과 관심을 베풀어주어야 한다.

먼저 힘없이 망연자실한 자신을 설득하는 일이 중요하다.

"이별해도 괜찮아. 혼자 남는다고 죽지 않는다고!"

숨 쉬기가 힘들고 온몸이 감전된 듯한 느낌이 들더라도 고스란히 버텨내면 언제까지고 계속될 것 같은 이 거대한 감정을 매듭 지을 수 있다고 확신해야 한다. 믿음과 확신이 있어야 모든 불안과 두려움의 막을 내릴 수 있다.

그러나 마음을 다스리는 주문만으로 실연 극복이 어렵다면 도구를 활용한 힐링 테라피가 도움이 될 수 있다. 지금은 단지 꿈이라고, 자고 일어나면 아무 일도 없었다는 듯이 다시 그에게 돌아갈 수 있을 것이라는 환상만 좇고 있다면, 조금 더 적극적으로 스스로를 흔들어 깨워보자. 생활 속에서 적용할 수 있는 심신 회복 테라피들로 다시 온전한 당신으로 돌아올 수 있기를 기도하면서.

테라피 액션 1
혼자만의 공간을 리모델링하라

이별 후 가장 필요한 것은 아픈 자신을 보살필 방법을 찾는 거예요. 이때

나를 위한 편안한 공간을 만드는 작업은 중요한 의미가 있어요. 나만의 물건들로 채워져 마음껏 슬퍼할 수 있고 안심이 되는 장소가 위로의 첫 번째 단계예요. 꼭 온전한 방이 아니어도 집 안에서 마음 편하게 시간을 보낼 수 있는 조용한 귀퉁이라도 좋답니다.

1. 방 안에 향초를 피우고 은은한 조명 상태로 만들어주세요.
2. 이불은 새것으로 바꾸어주세요. 헤어진 남자 친구가 당신의 침대를 이용한 적이 있다면 아예 새 제품으로 교환하는 것을 추천해요.
3. 가구를 재배치하거나 커튼을 새로 달거나 기분을 전환할 수 있는 쿠션 몇 개를 새로 놓는 것도 좋은 방법이에요.
4. 이제 혼자만의 공간에서 자신을 마음껏 위로할 시간이에요. 매일 일기를 쓰며 감정을 쏟아내거나 규칙적인 명상을 시도해보세요. 특히 일기 쓰기는 이별을 하게 된 것이 전적으로 당신 잘못만이 아니었다는 것, 결국에는 헤어질 수밖에 없었다는 것, 그리고 헤어지는 편이 낫다는 것을 깨닫게 하는 위로를 전해줄 수 있거든요.

테라피 액션 2
요리의 즐거움을 만끽하라

자신이 좋아하는 음식을 정성껏 만들고 먹는 과정에 몰입하는 것 자체가 몸과 마음을 보살피는 훌륭한 테라피가 될 수 있답니다. 이 방법은 실제로 제가 자주 활용했던 방법인데, 휑한 마음을 달래는 데 큰 효과가 있어요.

1. 먼저 한두 시간 이내로 마무리할 수 있는 요리의 종류를 결정해주세요.
2. 지글지글 요리가 완성되는 것을 관찰할 수 있는 쿠키나 빵 굽기도 좋아요.
3. 정해진 레시피대로 따라하는 것보다 자신만의 색다른 요리법과 스타일링을 시도해보세요.
4. 혼자 차려 먹는 식탁이라도 자신만의 따뜻한 식사를 위해 정성껏 예쁘게 세팅하세요.
5. 쿠키, 케이크, 라코타 치즈 등 나눠 먹을 수 있는 음식을 만들었다면, 그동안 힘들 때마다 대화를 청하고 도움을 받았던 사람들에게 포장해 나눠주거나 간단한 초대로 감사의 마음을 전하는 것도 조금 더 행복해지는 방법이랍니다.

테라피 액션 3
말랑말랑 점토로 스트레스 이완하기

1. 컬러 고무찰흙이나 지점토를 준비해주세요.
2. 원하는 컬러를 한 움큼 뜯어 손으로 충분히 만져보세요. 흙은 모성의 기질을 지니고 있기 때문에 점토를 가지고 노는 것만으로도 약간의 이완감을 느낄 수 있어요.
3. 현재 자신을 닮은 것을 형상화해주세요. 예를 들면, '어항 속 물고기', '빈 접시' 등을 만들어 왜 그것이 자신과 닮았는지 생각해보세요.
4. 그 작품 속에 꼭 필요해 보이는 하나를 만들어 넣어주세요. 예를 들면, 빈 접시 위에 스푼을 만들어준다거나 어항 속 물고기에게 친구 물고기를 만들어주는 식이지요.
5. 자! 완성되었습니다. 작품 속에 담긴 당신 마음이 보이나요?
   스스로 빚은 작품에서 풍기는 정서를 느끼며, 전하고 싶은 메시지를 작품에 담아주세요. '다시 반짝반짝 빛나라! 최고 열정 지구인 김수정!' 이렇게 말이에요.

테라피 액션 4
종이배 띄워 보내기

1. 색종이를 넉넉하게 준비해주세요.
2. 색종이 속지에 그를 만나면서 행복했던 기억들을 하나씩 적어주세요.

한 가지 컬러의 색종이에는 하나의 기억만 적습니다.
3. 마음에 드는 7장의 색종이를 골라 속지에 그를 만나면서 힘들었던 것, 이별할 수밖에 없었던 까닭에 대해 적어주세요. 마찬가지로 한 가지 컬러에는 하나의 내용만 적습니다.
4. 글자가 보이지 않도록 겉면을 위로 보이게 해 종이배를 접어주세요.
5. 욕조에 물을 채우고 종이배를 하나하나 띄워주세요. 마치 강물에 기억들을 떠나보내듯이 말이죠. 종이배가 가라앉을 때마다 "안녕, 내 사랑!"이라고 애도해주세요. 그동안 묵은 감정이 눈물과 함께 정리되는 기분을 느낄 수 있어요.

그가 남긴 이별 사유의 진짜 의미 바로 알기

"나보다 더 좋은 사람 만나길 바라."
"넌 나한테 넘치는 사람이야. 행복해라!"
이별에는 최후통첩 같은 한마디가 던져진다.
'사랑해서 떠난다'는 유행가 가사 같은 말부터 진심인지 아닌지조차 헷갈리는 '좋은 사람 만나라'는 당부, 제2차 세계대전 당시 사용했던 독일군의 이니그마 암호보다 더 헷갈리는 '마음으로 사랑했던 사람은 너 한 사람이었어.'라는 마지막 인사는 두고두고 헤어짐의 이유를 곱씹게 만든다.
결국 이별을 하겠다는 것이고 이왕이면 좋게 헤어지자는 뻔한 스토리이지만, 남겨진 사람은 그 야릇한 말들에도 의미를 부여하며, 그것이 어떤 배경에서 유래된 말들인지 집착하게 된다. 여전히 나를 사랑한다는 뜻인지, 내가 싫어져서 떠난다는 뜻인지, 떠나야 한다면 숨은 이유가 무엇인지 그 진실을 찾기 위해.

그가 남긴 알쏭달쏭한 마지막 한마디에 담긴 진짜 의미를 찾아 오늘도 밤늦도록 네이버, 구글 사이트에서 검색을 하는 당신을 위해, 그가 남긴 이별의 말 속에 담긴 숨은 의미에 대해 같이 고민해보도록 하자.

나 같은 놈 말고 부디 좋은 남자 만나

"너 예쁜 거 좋아하고 좋은 거 좋아하는 사람이야. 명품 들면 어울리는 그런 여자였다고! 그런데 왜, 네가 왜 이렇게 됐어. 그거 다 나 때문이야. 나 같은 남자 만나서 그래. 나 같은 남자 만나서 네 꿈마저 작아졌잖아. 그러니까 좋은 사람 만나. 우리 둘이 결혼해봤자 350만 원도 채 안 되는 월급으로 학자금 대출 갚고, 어머니 수술비 대고, 전세는커녕 월세 45만 원씩 내고……. 더 불행해져. 그러니 좋은 사람 만나."

이것은 TV 드라마 〈청담동 앨리스〉에 나오는 대사이다.

믿기 힘들겠지만 정말 사랑해서 상대방을 아끼는 마음으로 이별을 고하는 경우도 있다. "나 같은 놈 말고 직업도 학벌도 번듯한 사람 만나라."라고 안타깝고 가슴 아프게 고한 이별이라면, 남자의 이별 사유는 사랑하는 여자의 장래를 위한 결단일 가능성이 높다.

세상 풍파 같은 것은 모르고 곱디곱게 자란 그녀가 자신의 거친 삶 속에서 함께 망가지고 초라해질 것이라고 생각하니 남자는 마음이 아리고 미안한 것이다. 욕심 같아서야 그녀를 평생 자기 옆에 두고 싶지만, 가진 것

도 해줄 것도 없는 상황을 생각하면 더 나은 미래를 위해 이쯤에서 그녀를 '보내주는' 것이 현명하다고 아픈 결정을 내린 것이다.

그러니까 "나 같은 놈 말고 더 좋은 사람 만나라."라는 이별의 말은 '그동안 고생만 시켜서 미안하다. 많이 고맙고 사랑했다.' 라는 의미가 된다. 그러나 사랑하기에 떠난다는 말을 당당한 변명으로 던지는 남자는, 이별 사유의 진실 여부와 상관없이 사랑 앞에서 무능한 겁쟁이다. 그 이별이 자신을 위한 것인지 진정 그녀를 위한 것인지는 별도로 생각해봐야 할 문제다.

어쨌거나 현실의 장벽 때문에 이별을 고하는 경우, 그와 헤어지고 싶지 않다면 가능성은 있다. 그에 대한 마음이 남아 있는 한 남을 것인지 떠날 것인지를 결정할 사람은 바로 당신이므로.

우리는 생각하는 게 너무 다른 거 같아

마지막을 고하는 자리에서 '생각', '가치관', '이념', '종교' 등의 단어가 나왔다면, 남자는 당신을 진지하게 만났음이 분명하다. 세속적인 문제가 아닌 가치 중심적인 문제로 이별을 고하게 되었다는 것은, 만남을 절대 가볍게 생각하지 않았고 당신을 배우자로까지 염두에 두고 만나왔음을 반증하는 말이기도 하다.

특히 '생각하는 바가 다르다' 는 말은 지속적으로 발생하는 갈등이 결혼생활을 고려할 때 쉽게 해결할 수 없는 문제점이라고 판단함으로써 이제 각자의 길을 가는 것이 서로에게 효과적이라는 결론을 내렸다는 의미로 풀이할 수 있다. 서로의 경제적 눈높이와 문화적 코드와 정치적 성향 등등 아무리 생각하고 고민해보아도 도저히 답이 나오지 않는 관계라고 결론을 내린 셈이다.

실제로 친구 J는 6개월 동안 사귄 남자 친구와 헤어질 때 같은 이야기를 들었다.

"너랑 나는 너무 달라. 서로가 속한 세상의 색깔이 흑과 백처럼 다르다고."

진보적인 성향의 그녀와 보수적인 이념을 중시한 남자 친구는 열정적이었던 연애 초기를 제외하고 사사건건 부딪쳤다. 지지하는 정당이 달랐고, 꿈꾸는 사회가 달랐고, 자본주의 사회를 바라보는 시각이 달랐고, 경제적 가치에 대한 정의가 달랐다. 같은 곳을 바라보며 걸어가고 싶었던 남자에게 다른 곳을 바라보는 그녀는 사랑하는 만큼 외롭고 고독하게 만드는 아이러니한 상대였던 것이다.

만일 이런 이별 사유를 들었다면, 다시 만나게 되더라도 결혼 계획은 접어두고 가볍게 만나는 연애가 될 가능성이 높다.

서로의 행복을 위해 헤어지는 게 좋겠어

공동의 행복을 위해 이별을 선택한다는 말은 남자에게 다른 여자가 생겼음을 조심스럽게 점쳐볼 수 있다. 실제로 남녀가 이별하는 이유 가운데 남자는 다른 여자가 생겼을 때 가장 이별을 희망한다(339쪽의 팁 참조). 이미 마음이 콩밭에 가 있으니, 애매모호하고 불편한 지금의 연애 관계는 빨리 정리해달라는 뜻이다. 즉, '서로의 행복을 위해 헤어지는 게 좋겠어.'라는 말에 숨겨진 또 다른 의미는 '어차피 난 마음이 떠났고 애정 없는 관계는 빨리 정리하는 것이 너와 나 모두에게 좋잖아.'라는 냉정한 속마음을 포함한다.

남자들은 이별의 순간만큼은 '착한 남자'로 남고 싶은 욕심이 있기 때문에 주로 '너를 위해' 떠난다는 레퍼토리를 쓰기 마련이다. 그런데 적극적으로 '너와 나를 위해 헤어지자.'라는 말을 건넸다는 것은 마음이 급하다는 증거이다. 구질구질하고 장황하게 이별 사유를 설명하지는 않지만, 그의 마음은 지금 외치고 있는 것이다.

　"오빠 마음 떠났거든! 쿨 하게 놓아줬으면 좋겠어. 그게 나도 좋고 너도 좋은 일이라고 생각해서 이렇게 말하는 거야. 서로의 행복을 위해 헤어지자고!"

지금은 헤어지지만 언젠가 다시 만나자

　알쏭달쏭한 말을 마지막으로 남기면 여자는 참 난감해진다. 지금은 이별이니 떠나보내야 하는 것 같기도 하고, 다시 보자니까 망부석처럼 그가 돌아올 날을 무작정 기다려야 할 것만 같다. 그러나 미래를 예견하며 이별을 고하는 속뜻은 '좋게 좋게 헤어지자'는 말을 돌려 말하는 것이다. 물론 아직은 약간의 미련과 애정이 남아 독하게 굴고 싶지 않은 연민이 작용하고 있다는 증거이기도 하다.

　주로 우유부단하고 주위 시선을 신경 쓰며 '착한 남자 콤플렉스'를 지닌 사람들이 자주 사용하는 이별의 변을 자세히 풀이하면 다음과 같다.

　"얼굴 마주 보고 너한테 독하게 헤어지자고 하려니 참 미치겠다. 그런데 난 말이지, 너한테 욕먹기도 두렵고 네가 주변 사람들한테 험담할까 봐 걱정도 되는데, 결론은 헤어지는 게 좋겠어. 마무리 잘 부탁한다. 서로 마땅한 사람 없으면 다시 만날 수도 있으니까 아름답게 헤어지는 걸로, 콜?"

편한 오빠, 동생 사이로 지내자

한때 연인이었던 관계를 '편한 오빠, 동생'으로 재편성하자는 말처럼 이기적이고 못된 이별 사유도 없다. '여보 당신'하고 싶던 남자를 어찌 한순간에 '아는 오빠'로 여기란 말인가! 이 말은 깨끗하게 마음의 정리가 되었다는 말과 매우 유사하다. 그동안 전화해도 무뚝뚝하게 굴고 연락도 잘 안 되고 같이 있어도 잘 웃지 않더니, 결국 남자는 자기만의 동굴로 들어가 여자에 대한 감정을 훌훌 털어내고 돌아와 그놈의 오빠 타령을 하는 것이다.

다른 이성이 생겼을 수도 있고, 그녀에게 질릴 대로 질렸을 수도 있고, 더 이상 호기심이나 매력을 느끼지 못해서일 수도 있고, 매사 제멋대로인 성격에 이력이 났을 수도 있다. 중요한 것은 어쨌거나 지금은 미련 없이 안녕을 고하고 싶은 때라는 것!

남자의 입에서 편한 오빠, 동생으로 지내자는 말이 나왔다면, 노려보며 한마디만 날려주자.

"오빠 동생, 너나 하세요!"

이별의 순간을 앞에 두고 수많은 미사여구가 등장하지만, 그 뜻은 의외로 싱거울 만큼 간단할 때가 많다. '이별을 먼저 고하기는 하지만, 미워하거나 다른 사람에게 험담은 하지 말아 달라'는 소박한(!) 바람을 피력하느라 끙끙대고 있을 뿐, 결국 '이제 우리는 끝났어. 알아듣지?'라는 말을 반복하는 것일 테니까.

그러므로 그 남자가 남긴 마지막 말을 무한 재생하며 의미를 해석하려고 애쓰는 시간은 어찌 보면 미련하고 소모적인 시간 낭비이다. 이별의 변을 통해 그의 진심과 약간의 가능성을 점쳐볼 수도 있겠지만, 이미 '안녕'이라는 사람에게 무슨 의미가 있겠는가.

팝 칼럼니스트 김태훈 씨는 칼럼을 통해 이런 말을 한 바 있다. 그의 말

을 빌려, 이별 후 아직도 남자 친구가 남긴 말을 수백 번 곱씹고 있는 그녀들에게 조언하고 싶은 말을 대신하려 한다.

"'그가 남긴 마지막 말은 잊어라. 그 말엔 아무런 의미도 담겨 있지 않다.' 연애라는 한 권의 책을 끝내며 그저 멋진 사인을 남겨두길 원하는 것뿐이다. 현란한 단어들이 사용되는 것은 이별의 아쉬움 때문이며 지난 시간을 영화처럼 멋지게 포장하기 위함이다. 그러니 결국 두 사람의 만남과 자신을 미화시키기 위한 의도에서 벗어나지 못한다. 당신이 던진 말처럼 그의 말에도 별뜻이 담겨 있지 않다는 것을 기억한다면 뒤돌아섬이 조금은 더 가볍게 느껴질 것이다."

남녀가 이별을 선택하는 이유

	남자	여자
1	다른 여자가 생겼다	장래에 대한 불안
2	얘기가 안 통한다	다른 남자가 생겼다
3	질렸다	질렸다
4	자기중심적인 성격 때문에	자기중심적인 성격 때문에
5	장래에 대한 불안	좋아하는 정도가 다르다

※ 출저 : 콥스 온라인(Cobs Online)에서 조사한 '남녀가 이별하는 이유'

지지부진한 이별 똑똑하게 끝어내기

"이젠 정말 그와 헤어지고 싶어요. 지지부진한 이 관계를 끝내야 할 것 같아요."

3년 사귀던 남자와 헤어지고 홀로서기에 잘 적응하는 듯 보였던 H는 눈물을 뚝뚝 흘리며 이젠 정말 헤어질 때라고 울부짖었다. 대체 그녀에게 무슨 일이 있었던 걸까?

"혼자 있는 밤이면 그에게 묻고 싶었어요. 어떻게 나한테 이럴 수 있느냐고 말이에요. 취업 준비생 시절에 만나 떡볶이 데이트를 해가며 1년간 뒷바라지해줬는데, 다른 여자들처럼 기념일에 값비싼 선물 한 번 사달라고 조른 적 없는데 어떻게 먼저 이별을 선언할 수 있는지, 내가 무슨 잘못을 한 거냐고 따지고 싶었어요. 우리가 결혼할 거라고 굴뚝같이 믿고 계신 부모님과 친구들에게 얼굴을 들 수가 없어요. '모든 게 내 잘못이다. 정말 미안하다'는 사과를 받고 싶었고 화풀이할 대상이 필요했어요. 그 허망한 욕심이 나를 더 망가뜨린다는 걸 이제야 깨달았지만 말이에요."

많은 여자들이 저지르는 가장 큰 실수 중 하나는 이별 후 잘잘못에 대한 집착이다. 열심히 사랑한 죄밖에 없는 자신이 불행해진 것에 대한 무죄를 입증하고 면죄부를 줄 수 있는 명분을 찾아 집착한다. H처럼 헤어진 남자에게 전화를 걸어 조목조목 누가 무엇을 잘못했고 뭘 실수한 것인지를 따져 가린 뒤, 상대방에게 잘못했다는 사과의 말을 직접 듣고 싶어 한다. 그런 작업을 거쳐야만 억울한 마음에 대한 위로와, 이별의 감정에 대한 매듭을 지을 수 있다고 믿는 탓이다.

"내가 정말 미안해. 모든 게 내 실수야. 당신은 아무 잘못도 없고, 모든 게 내 문제이자 부족함으로 일어난 거야. 널 아프게 해서 미안해."

심리 치료사 겸 작가인 레이첼 A. 서스만은 자신의 저서 『똑똑하게 이별하라』에서, 여자들이 헤어진 남자에게 계속 연락을 하거나 인연의 끈을 놓지 못하는 이유를 다음과 같이 설명했다.

1. 어떻게 해서든 그를 다시 돌아오게 만들 수 있다고 생각한다.
2. 버림받는 게 두렵고, 앞으로 어떻게 해야 할지 알 수 없어서 끝난 관계를 붙잡고 늘어진다.
3. 그와 끝났다는 사실을 도저히 받아들일 수 없다.
4. 눈에서 멀어져 마음까지 멀어질까 봐, 그러다 정말로 관계가 끝나버릴까 봐 불안해서 계속 연락한다.
5. 거짓말, 바람피우기, 잔인하고 고약한 그의 행동들에 대해 미안하다는 말을 듣고 싶다.

사실, '얼음땡' 놀이도 아니고 사랑했던 사람에 대한 감정을 단번에 끊어내기란 참 어렵다. 순간순간 '내가 잘못했으니 돌아오라'는 설득을 해보고 싶기도 하고, 별의별 쌍욕을 다 내뱉으면서 '너 같은 놈 만나 내 꼴이 이게 뭐냐고!' 라며 따지고 싶기도 하다. 아니, 별다른 목적이 없더라도 늘 그랬던 것처럼 습관적으로 전화를 걸어 목소리를 들으며 오늘 하루의 안부를 묻고 싶어진다. 그렇게 해야 아직은 '우리'일 것만 같다.

그러나 이별 경보가 울렸다면 그것으로 관계는 끝을 내야 한다. 그와 다시 연락하는 순간, 그동안 어렵게 덜어냈던 감정은 억울하게도 다시 원점 상태가 된다. 이미 남이 되어버린 사람과 소모적인 감정싸움을 하다 보면 심신이 피폐해질 뿐만 아니라, 아물지 않은 상처에 생채기를 내고 자극시켜 방향을 상실한 집착과 분노만 키우게 된다. 다른 사랑이 와도 바라볼 여유를 허락하지 않게 만들며, 과거에 매몰된 비정상적인 사고와 생활 리듬을 생산하게 한다. 사랑 한번 잘못한 죄로 폐인이 되는 삶을 자청하는 꼴이 되는 셈이다.

결론만 말하면, 이미 끝난 남자와는 보지도 듣지도 않고 무조건 연락을 끊는 것이 최선이다. 열 받아서 한 번, 아직 남아 있는 미련을 덜어내기 위해 한 번, 다른 여자랑 금방 사랑에 빠질까 봐 두려워서 한 번, 정말 이별인지 다시 한 번 확인하고 싶어서 한 번, 너무 냉랭해진 목소리가 믿기지 않아서 또 한 번……. 그렇게 헤어진 남자에게 연락을 하는 순간, 결론 없는 이별의 늪으로 빠지게 된다.

"설마, 이렇게 안녕이겠어? 설마, 이렇게 내가 초라하게 내버려지겠어?"

미안하지만 이별이 성립되면 그런 자위는 따끔하게 뿌리 뽑아야 한다. 당장은 힘들지만, '그래! 그놈이 날 버렸고 우린 헤어졌지.' 라고 인정하는 연습이 필요하다. 이별에 집착하고 분노할수록 스스로를 파멸로 이끄는 형벌이 가중되기 때문이다.

인류학자 헬렌 피셔는 『왜 우리는 사랑에 빠지는가』라는 책을 쓰면서 홍

미로운 실험을 했다. 이별을 겪는 여자들에게 헤어진 남자의 사진을 보여주며 뇌를 촬영한 것이다. 이것은 사랑을 잃어버리면 감정적인 반응뿐만 아니라 신체적·화학적인 반응이 일어난다는 자신의 논지를 입증하기 위한 실험이었다.

연구 결과에 따르면, 헤어진 남자의 사진을 보여주는 순간 여자들의 뇌는 폭죽이 터지듯 반응하며 굉장히 부정적인 감정을 경험하는 것으로 나타냈다. 단지 사진을 보았을 뿐인데 말이다. 만일 사진이 아닌 실제 그를 만나거나 경험하게 된다면, 우리 뇌는 헤어짐을 다시 번복하고 부정하는 혼란을 겪느라 고도의 스트레스와 불안, 집착 증세에 시달리기 쉽다.

"다른 남자를 만나도 그만 한 사람이 없는 것 같아요. 결국 미우나 고우나 그놈이 내 인생에 유일한 남자처럼 느껴지는 일들만 일어나거든요. 그와 재결합을 하지 않으면 영원히 혼자가 될 것 같은 불안감에 또 연락을 하게 되죠. 이젠 별 도리가 없다고요. 그의 마음을 다시 빼앗는 수밖에."

이미 다른 여자의 애인이 된 남자를 인정하지 못한 채 그의 집 앞을 배회하고 싶지 않다면, 한창 바쁜 업무 중에도 그의 SNS를 뒤지느라 정신 팔려 있고 싶지 않다면, 새로운 사랑이 찾아와도 고개를 돌려 바라볼 여유를 지니지 못한 여자가 되지 않으려면, 지금 당장 지긋지긋한 이별의 쇠사슬을 끊어내자.

그럼 지금부터 이별의 늪을 탈출하는 연습을 시작해볼까?

그와 헤어져야 하는 열 가지 이유에 대한 가이드를 작성하라

사귀는 동안 분통 터지는 어떤 일들이 있었는지 상세히 기록하라. 만일 폭력적 언행이 오고 갔거나, 배신적인 행위를 했다거나, 거짓말을 일삼는 행동이 있다면 더욱 자세하게 묘사하자. 생각나는 대로 다 쓰고, 생각이

나지 않으면 친구에게 전화를 걸어 그 상황을 더 상세하게 기억해내도 좋다. 치명적인 결함 앞에는 별표(★)도 쳐라.

  내 경우에는 빌린 돈 안 갚고 치사하게 변명한 것, 양다리 걸치다 두 번이나 걸린 것, 엉덩이가 처졌다는 신체적 약점을 핑계로 모욕감을 주었던 사건, 전 여자 친구와 연락하다 걸린 것 등을 소상하게 정리한 종이를 축소 복사해 다이어리에 끼워놓은 후, 헤어진 그에게 다시 연락하고 싶어질 때마다 소리 내어 읽었다. 자꾸만 연락하고 싶은 충동 때문에 마음이 어지럽다면 다음의 시트지를 사용해보자. 생각나는 대로 다툰 사건 열 가지와 그의 잘못을 구체적으로 기록할 것!

다툰 날짜	다툰 핵심 이유	그의 잘못	나의 잘못

연락이 하고 싶어질 때는 일단 시간을 미뤄라

지금 당장 안부를 묻는 문자 한 통이라도 보내지 않으면 죽을 것 같은 순간들도 찾아오기 마련이다. 이런 위기가 찾아올 때는 '30분 뒤에 연락해보자.' 하는 방식으로 미루고 지금 당장은 다른 일에 몰두한다. 충동적 감정을 '조금 뒤에' 라는 조건으로 타협한 뒤 막상 그 시간이 왔을 때는 또 30분, 1시간 뒤로 그와 연락할 시간을 늦춰보자. 시간을 미루는 것만으로 위기의 시간을 넘길 수 있고 집착이 줄어드는 효과를 볼 수 있다.

그와 관련된 모든 정보를 지워라

상징적 작업이라도 좋다. 그와 관련된 모든 정보를 이 순간부터 싹 다 지워라. 휴대폰 번호, 집 전화번호, 다이어리에 기록된 그의 생일은 물론 그와 연결되었던 각종 SNS 관계부터 정리하자. 술에 취해 전화하는 일이 없도록, 그의 소식들에 무의미하게 신경 쓰는 일이 없도록 그와 관련된 정보부터 청소할 것.

응원해줄 수 있는 사람에게 도움을 청한다

헤어진 남자에게 연락하고 싶어질 때마다 대신 연락해도 기꺼이 받아줄 수 있는 응원군단에게 연락해 한참 수다를 떨어라. 외로움의 허기가 가시면 그에게 연락하고 싶은 마음이 훨씬 가라앉는다. 그의 단점과 추함을 속속들이 알고 있는 지인과 맥주 한잔하며, 그와 연애하면서 얼마나 고생하고 손해 보는 게 많았는지를 되돌아보는 폭풍 수다도 좋은 방법이다.

그에게 연락이 오면 바로 반응하지 말 것

"오예! 드디어 왔어, 왔어! 연락이 왔다고!"

그에게서 문자나 전화가 왔다고 해서 흥분한 나머지 금방 답장을 보내거나 응답하지 말 것. 문자나 이메일이라면 여러 번 곱씹어 읽고 그에게 연락이 온 까닭에 대해 곰곰이 생각해본 뒤 냉정하게 행동해야 한다. 반가운 마음에 감정적으로 반응했다가는 몇 배의 실망감과 배신감에 몸을 떨지도 모른다.

도저히 모른 척하기 힘들다면 간결하게 짧은 메시지로 어떤 용건으로 다시 연락했는지 정도만 묻자. 감정을 억제하고 이성적으로 생각했던 바를 전하는 게 중요하다.

헤어진 남자에게 연락하고 싶은 충동이 얼마나 강렬하고 깊은지 잘 안다. 하지만 그 충동에 저항하며 이별을 있는 그대로 인정해야 슬픔을 극복할 수 있다. 이별 후에 느끼는 모든 감정을 자기 자신을 알아가는 동시에 내재된 한계점을 극복해가는 과정으로 활용할 때, 이별은 비로소 가슴 벅찬 성장통으로 무르익을 수 있다. 누군가를 사랑하고 이별하고, 그 감정들에 반응하는 자신을 객관적으로 관찰할 때 스스로도 몰랐던 자신을 만날 수 있다. 그 깨달음을 통해 조금씩 어른으로 성장할 기회를 얻기도 한다. 그리고 이별의 끝자락에는 다시 사랑하고 싶은 용기가 기다리고 있음을 기억하자.

참고 서적

- 『광휘의 속삭임 〈방문객〉』, 정현종, 문학과지성사, 2008.
- 『긍정 심리학』, 권석만, 학지사, 2008.
- 『김태훈의 러브 토크』, 김태훈, 링거스그룹, 2012.
- 『나, 너, 우리』, 뤼스 이리가라이, 동문선, 1998.
- 『남자들에게』, 시오노 나나미, 한길사, 1995.
- 『똑똑하게 이별하라』, 레이철 A. 서스만, 시공사, 2012.
- 『바람이 분다 당신이 좋다』, 이병률, 2012. 달.
- 『반야심경』, 오쇼 라즈니쉬, 태일출판사, 2011.
- 『뽑히는 자기소개서』, 신길자, 서울문화사, 2013.
- 『사랑은 지독한 그러나 너무나 정상적인 혼란』, 울리히 베크, 엘리자베트 베크-게른스하임, 새물결, 1999.
- 『사랑의 기초 〈한 남자〉』, 알랭 드 보통, 톨, 2012.
- 『성과를 향한 도전』, 피터 드러커, 간디서원, 2010.
- 『스님의 주례사』, 법륜, 휴, 2010.
- 『심리학이 들려주는 사랑의 기술』, 한스 요아힘 마츠, 중앙북스, 2008.
- 『아내의 역사』, 메릴린 옐롬, 책과함께, 2012.
- 『여성 학교』, 이리스 라디쉬, 나무생각, 2008.
- 『여자가 겪는 인생의 사계절』, 대니엘 J 레빈슨, 이화여자대학교출판부, 2004.
- 『여자, 시즌 2: 달라진 나로 두 번째 인생을 살아라』, 권진선, 글담, 2007.
- 『여자의 마음을 치유하는 옷장 심리학』, 제니퍼 바움가르트너, 명진출판, 2013.
- 『연애과 결혼의 원칙』, 마거릿 켄트, 황금가지, 2007.

- 『연애와 결혼의 과학』, 타라 파커포프, 민음사, 2012.
- 『왜 우리는 사랑에 빠지는가』, 헬렌 피셔, 생각의나무, 2005.
- 『우리는 사랑일까』, 알랭 드 보통, 은행나무, 2011.
- 『위대한 나의 발견 강점 혁명』, 마커스 버킹엄, 청림출판, 2005.
- 『인물화 테스트』, 다카하시 마사하루, 다카하시 요리코, 한국색채심리분석연구소, 2009.
- 『인생학교 〈섹스〉』, 알랭 드 보통, 쌤앤파커스, 2013.
- 『인생학교 〈일〉』, 로먼 크르즈나릭, 쌤앤파커스, 2013.
- 『짧은 뱀』, 베르나르 뒤 부슈롱, 문학세계사, 2006.
- 『최고의 유학 전문가 콜린 박의 미국 유학파일 101』, 콜린 박, 넥서스, 2013.
- 『통섭의 식탁』, 최재천, 명진출판, 2011.
- 『펄 벅의 인생 수업』, 펄 벅, 책비, 2012.
- 『프렌치 시크』, 데브라 올리비에, 웅진윙스, 2010.
- 『40대 전직의 기술』, 사토 후미오, 북폴리오, 2005.
- 『If의 심리학』, 닐 로즈, 21세기북스, 2008.

여자 Life 스쿨 : 더 나은 나를 꿈꾸는 여자들의 인생학교

1판 1쇄 발행 2013년 5월 25일
지은이 이재은
기획편집 조윤지 **디자인** 최영진
외주편집 김경미 **일러스트** 임비

펴낸곳 책비 **펴낸이** 조윤지 **등록번호** 215-92-69299
주 소 경기도 성남시 분당구 야탑동 시그마3 918호
전 화 031-707-3536 **팩 스** 031-708-3577
블로그 blog.naver.com/readerb

'책비' 페이스북
www.facebook.com/TheReaderPress

Copyright ⓒ 2013 이재은
ISBN 978-89-97263-51-6

책값은 뒤표지에 있습니다. 잘못된 책은 구입처에서 교환해 드립니다.

책비(TheReaderPress)는 여러분의 기발한 아이디어와 양질의 원고를
설레는 마음으로 기다립니다. 출간을 원하는 원고의 구체적인 기획안과
연락처를 기재해 투고해 주세요. 다양한 아이디어와 실력을 갖춘 필자와
기획자 여러분에게 책비의 문은 언제나 열려 있습니다.
이메일 readerb@naver.com

 복습 문제

나의 인생 곡선 그리기 (P.20~22 참고)

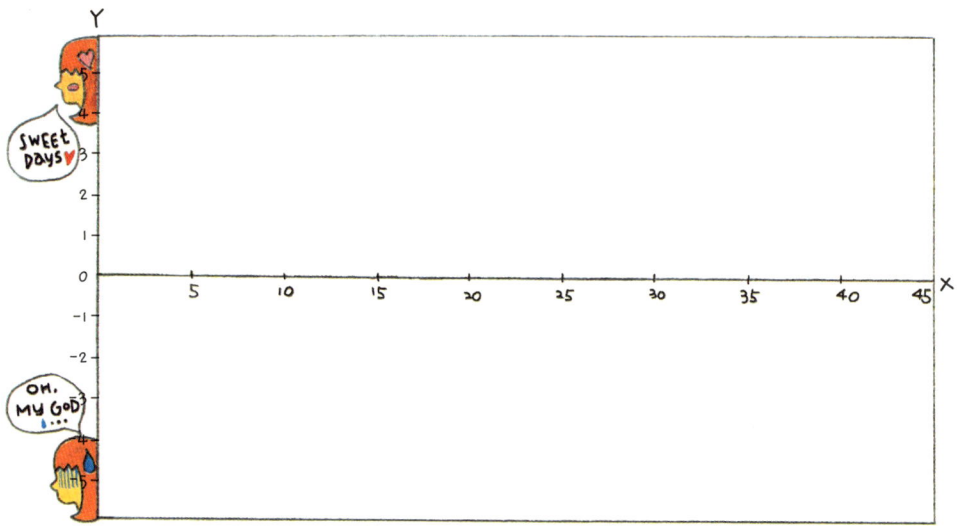

자신감 회복을 위한 팔팔 프로젝트 (P.37~38 참고)

기간	목표 내용	실행 여부
1주		
2주		
3주		
4주		
5주		
6주		
7주		
8주		
총점		

4개의 보따리로 숨겨진 재능 찾기(P.30~33 참고)

당신의 숨겨진 달란트가 궁금하다면, 다음 4개의 보따리 작업을 함께해보자. 막연하게 생각하고 있는 것들이 구체적으로 보이기 시작할 것이다.

1. 유년기, 청소년기 그리고 현재에 이르기까지 관심이 있거나 직업으로 삼기 위해 고민했던 열 가지 직업들을 순서에 상관없이 쭉 나열하세요.

2. 열거한 열 가지 직업들을 보고 유사성이 있다고 판단되는 직업끼리 4개의 보따리에 나누어 넣어주세요. 그리고 각 보따리에 담긴 직업들의 공통점은 무엇인지 간단하게 써주세요.
3. 공통점으로 도출된 단어들끼리 나열해보세요.
4. 4개의 단어들을 엮은 뒤 잘할 수 있는 직업들을 정리해보세요.